Gertrude Lübbe-Wolff · Demophobie

Gertrude Lübbe-Wolff

Demophobie

Muss man die direkte Demokratie fürchten?

KlostermannRoteReihe

Bibliographische Information der Deutschen Nationalbibliothek

Die Deutsche Nationalbibliothek verzeichnet diese Publikation in der Deutschen Nationalbibliographie; detaillierte bibliographische Daten sind im Internet über *http://dnb.dnb.de* abrufbar.

© Vittorio Klostermann GmbH · Frankfurt am Main · 2023

Alle Rechte vorbehalten, insbesondere die des Nachdrucks und der Übersetzung. Ohne Genehmigung des Verlages ist es nicht gestattet, dieses Werk oder Teile in einem photomechanischen oder sonstigen Reproduktionsverfahren oder unter Verwendung elektronischer Systeme zu verarbeiten, zu vervielfältigen und zu verbreiten.
Gedruckt auf alterungsbeständigem Papier.
Satz: Marion Juhas, Frankfurt am Main
Druck: docupoint GmbH, Barleben
Printed in Germany
ISSN 1865-7095
ISBN 978-3-465-04613-4

Michael gewidmet

Inhalt

Vorwort 9

I. Direkte Demokratie in Deutschland 11

II. Vorbehalte gegen direktdemokratische Entscheidungen 19
   1. „Für Sachentscheidungen ist das Volk zu dumm" 19
   2. „Direkte Demokratie begünstigt Demagogen" 29
   3. „Vor allem in Finanzfragen ist dem Volk
      nichts zuzutrauen" 40
   4. „Das Volk wird rechtslastige oder zumindest
      konservative Entscheidungen treffen" –
      oder linkslastige, oder jedenfalls unedle 46
   5. „Direkte Demokratie ist unsozial" 67
   6. „Ja-Nein-Entscheidungen sind zu simpel
      und kompromisswidrig" 98
   7. „Direkte Demokratie gefährdet Minderheiten" 107
   8. „Direkte Demokratie passt nur zu kleinen
      Einheiten" 120
   9. „Direkte Demokratie passt nicht zur
      repräsentativen" 122
  10. „Es fehlt an Verantwortung" 130

III. Vernachlässigte Argumente *für* direktdemokratisches
    Entscheiden 133
   1. Lösung des Problems der festgeschnürten
      Politikpakete 133
   2. Demokratisierung der auswärtigen Politik 137

3. Gegengewicht zur Kurzfristorientierung
   repräsentativdemokratischer Politik 139
4. Fehlerkorrekturfreundlichkeit 141

IV. Fazit 147

V. Anhang zur Terminologie............................. 149

Literatur.. 161
Abkürzungen 210

Vorwort

Dies ist ein von einer Juristin verfasstes, aber kein juristisches Buch, und auch keines, das sich hauptsächlich an Wissenschaftler wendet. Es will nicht Verfassungs- und sonstige Rechtsfragen beantworten, die sich in Deutschland und anderswo in Bezug auf direktdemokratische Entscheidungsverfahren und die verfassungsrechtlichen Möglichkeiten ihres Ausbaus stellen, sondern einen Beitrag zur Diskussion über Vor- und Nachteile, Chancen und Risiken direkter Demokratie leisten. Einschätzungen dazu prägen auch die juristische Auslegung von Verfassungs- und sonstigen Gesetzestexten in Fragen der zugelassenen und der verfassungsrechtlich zulässigen Reichweite direktdemokratischer Verfahren. Auch das juristische Urteilen sollte also davon profitieren können, wenn verbreitete Annahmen über direkte Demokratie mit Erfahrungen konfrontiert werden, Aufmerksamkeit auf Hintergründe und Wandlungen von Funktionsbedingungen und Beurteilungen direkter Demokratie gelenkt und der Sinn für die Bedeutung der näheren Ausgestaltung geschärft wird.

Damit das Buch nach Inhalt und Umfang für Interessenten ohne juristische oder politikwissenschaftliche Fachkenntnisse lesbar bleibt, habe ich neben den fälligen Literatur- und Rechtsprechungsnachweisen auch einiges an näherer Erläuterung und vertiefender inhaltlicher Auseinandersetzung in die Fußnoten verbannt, die man je nach Bedarf und Interesse nutzen oder unbeachtet lassen kann.

Für Auskünfte und/oder Hinweise danke ich Helmut Eschweiler, Andreas Gross und Christine Landfried, außerdem Otmar Jung, der mir behilflich war, in seinen zahlreichen Werken zur direkten Demokratie eine in meinen Notizen verlorengegangene, Wilhelm Hoegners Ausführungen zu diesem Thema betreffende Stelle wiederzufinden. Weil Ines Bergmann und Harold Derksen verlässlich zahlreiche erbetene Bücher und Aufsätze bestellt, Kurierdienste zwischen der Universitätsbibliothek und meinem Büro geleistet und zahlreiche Kopien angefertigt haben, konnte ich mich aufs Recherchieren, Lesen und Schreiben konzentrieren – herzlichen Dank! Ebenso herzlich danke ich Vittorio E. Klostermann für die Aufnahme der Schrift in die „Rote Reihe" seines Verlages, für wertvolle Hinweise und für die ebenso hilfreiche wie angenehme Kooperation, sowie Martin Warny für ein Lektorat, wie ich es in dieser Kombination von höchster Sachkunde und Zurückhaltung gegenüber den Eigenheiten des lektorierten Texts noch nicht erlebt habe, und für die auch hier äußerst angenehme Zusammenarbeit. Michael Wolff verdanke ich ... er weiß schon was alles, und was davon auch für den Abschluss der Arbeit an diesem Buch wichtig war.

Bielefeld, Oktober 2022   Gertrude Lübbe-Wolff

I. Direkte Demokratie in Deutschland

In Deutschland gibt es direktdemokratische Entscheidungsmöglichkeiten in den Ländern und Kommunen. Auf der Bundesebene dagegen, dort also, wo die meisten und die wichtigsten Gesetze gemacht werden, haben wir eine fast rein repräsentativdemokratische Verfassung. Die Bürger sind, was politisches Entscheiden angeht, weitestgehend auf Wahlen beschränkt. Volksabstimmungen sind im Grundgesetz nur für etwaige Länderneugliederungen ausdrücklich vorgesehen.[1] Diskutiert wird außerdem, ob nach der Rechtsprechung des Bundesverfassungsgerichts eine Verfassungsneuschöpfung durch Volksabstimmung nötig wäre, wenn beschlossen werden sollte, die Europäische Union in einen Staat zu verwandeln.[2] Direktes Abstimmen des Bürgers über Sachfragen – nur das bezeichne ich im Folgenden als direktdemokratisch[3] – ist

---

[1] Art. 29, 118, 118a GG.
[2] Bejahend z.B. Masing 2018, S. 96, Rn. 78; der Verfasser selbst hält die so verstandene Rechtsprechung allerdings nicht für richtig, ebd. S. 97, Rn. 79. Das Bundesverfassungsgericht hat in seiner Entscheidung zum Vertrag von Lissabon (BVerfGE 123, 267) *obiter dictum* angemerkt, dass eine Übertragung von Befugnissen auf die EU, die „die Schwelle zum Bundesstaat" überschreiten würde, „in Deutschland eine freie Entscheidung des Volkes jenseits der Geltungskraft des Grundgesetzes" – also auch jenseits der Geltungskraft des Art. 79 Abs. 3 GG, der eine Aufgabe der deutschen Eigenstaatlichkeit nach Auffassung des Gerichts gerade nicht erlaubt – voraussetzen würde (S. 364). Dabei nimmt das Gericht auf eine Verfassungsablösung gemäß Art. 146 GG Bezug (s. auch, explizit, S. 332), dem zufolge das Grundgesetz, „das nach Vollendung der Einheit und Freiheit Deutschlands für das gesamte deutsche Volk gilt", seine Gültigkeit an dem Tage verliert, „an dem eine Verfassung in Kraft tritt, die von dem deutschen Volke in freier Entscheidung beschlossen worden ist". Zu der Frage, ob die hier angesprochene Verfassungsablösung durch den *pouvoir constituant* eine Volksabstimmung erfordert, näher (im Ergebnis verneinend) Dreier 2018, Rn. 52 zu Art. 146 GG, m.w.N. auch zur Gegenauffassung. Kritisch schon zu der bundesverfassungsgerichtlichen Unterstellung der Möglichkeit, auf der Grundlage geltenden Verfassungsrechts einen von den Verfassungsänderungsgrenzen des Art. 79 Abs. 3 GG dispensierten Verfassungsgeber zu institutionalisieren, wie auch zu der Annahme des Bundesverfassungsgerichts, Art. 79 Abs. 3 GG setze der EU-Integration Grenzen, Möllers 2021, S. 361 f., Rn. 79.
[3] S. Anhang zur Terminologie.

in Deutschland ansonsten auf Bundesebene nach geltendem Verfassungsrecht nicht möglich.[4]

Bis vor wenigen Jahren sah es so aus, als würde sich das bald ändern. Ein immer größerer Teil der Bürger – nach einigen Umfragen 70 % oder sogar über 80 % – sprach sich dafür aus, auch auf der Ebene des Bundes die repräsentative Demokratie um direktdemokratische Entscheidungsmöglichkeiten zu ergänzen.[5] Partei- oder Wahlprogramme aller heute im Bundestag vertretenen Parteien außer der CDU sahen die Einführung von Volksabstimmungen auf Bundesebene vor. Auch wenn unter Politikern die Skepsis verbreiteter war als unter den Bürgern[6] – der Druck der öffentlichen Meinung schien doch zu wachsen.

Inzwischen ist aber eine Trendumkehr zu beobachten. Die Zustimmungsraten für direktdemokratische Entscheidungsverfahren sind gesunken, und die Mehrzahl der heute im Bundestag vertretenen Parteien versprach vor der Bundestagswahl vom September 2021 keinen Einsatz für die Einführung solcher Verfahren auf Bundesebene mehr.

Die SPD, in deren Grundsatzprogramm von 2007 es noch hieß, dass in gesetzlich festzulegenden Grenzen Volksbegehren und Volksentscheide „die parlamentarische Demokratie ergänzen" sollten, „und zwar nicht nur in den Gemeinden und Ländern, sondern auch im Bund", sprach schon in ihrem Wahlprogramm 2017

---

[4] Zur Notwendigkeit einer verfassungsrechtlichen Grundlage für die Einführung solcher Entscheidungen s.u. Fn. 27.

[5] S. Feld / Hessami / Reil 2011, S. 115 zu Allensbach- und Emnid-Umfragewerten von 51 % bis 83 % Zustimmung zur Einführung von Volksabstimmungen auf Bundesebene im Zeitraum zwischen 1998 und 2010; S. 121 f. zu einer eigenen Untersuchung der Verfasser – Befragung von Bürgern und Befragung von Politikern –, die 75 % Zustimmung bei befragten Bürgern ergab, dagegen nur 44 % bei befragten Politikern. S. auch Wagschal 2021, S. 669 ff., 677 ff. zu eher schwach ausgebildeten Präferenzen für direkte Demokratie bei Politikern auf der kommunalen Ebene (Bürgermeister und Gemeinderäte). Decker 2016, S. 11, gibt ohne Nennung von Quellen an, bei Umfragen liege die Zustimmung in der Regel bei 80 %. Dass es nur um eine Ergänzung, nicht um seine Ersetzung der repräsentativen Demokratie gehen kann, sollte in der Diskussion über direkte Demokratie eine Selbstverständlichkeit sein; irreführend insofern Sommer 2022, der schon im Untertitel seines Buches („Warum die Volksvertretung überholt ist und die Zukunft der direkten Demokratie gehört") einen gegenteiligen Eindruck erweckt.

[6] S. die in Fn. 5 wiedergegebenen Daten aus Feld / Hessami / Reil 2011. Dieses Einstellungsmuster findet sich, angesichts der jeweiligen Interessenlage wenig überraschend, nicht nur in Deutschland, s. Svensson 2018a, S. 101: „*All in all, it seems obvious that the public, taken as a whole, endorses referendums to a higher degree than political elites*" (der Referendumsbegriff wird hier im weiten Sinne, s. Anhang zur Terminologie, verwendet); für die zugrundeliegenden Befunde ebd. S. 95 ff.

I. Direkte Demokratie in Deutschland

nur noch unbestimmt davon, „direkte Demokratiebeteiligung auf Bundesebene stärken" zu wollen.[7] Zwar gibt es in der SPD Stimmen, die an dem 2007 formulierten Ziel festhalten. Prominenteste Befürworterin ist Bundestagspräsidentin Bärbel Bas.[8] Im Programm der SPD zur Bundestagswahl 2021 aber hieß es bloß noch, man werde „die Erfahrungen mit Bürgerräten aufgreifen" und es sich „zur Aufgabe machen, neue Wege der unmittelbaren Beteiligung an staatlichen Entscheidungen zu gehen". Durch eine „systematische und frühzeitige Beteiligung der Bürger*innen an staatlichen Projekten" könnten „Rechtswege verkürzt und Verfahren beschleunigt werden".[9] Gesetzgebung per Volksentscheid auf Bundesebene ist damit vorerst vom Programmtisch. Man hat sich auf informatorische und beratende Mitwirkung von Bürgern an politischen Entscheidungen und auf frühzeitige Bürgerbeteiligung als Mittel effizienterer Projektplanung zurückgezogen.

Nicht viel anders, nur etwas langsamer und unentschiedener, das Umschwenken bei den Grünen: Sie wollten noch laut Wahlprogramm von 2017 „Volksinitiativen, Volksbegehren und Volksentscheide in die Verfassung einführen".[10] Bis 2021 hatten aber auch sie es sich anders überlegt und versprachen nur noch „Bürger*innenräte", mit deren Beratungsergebnissen sich das Parlament „beschäftigen muss". Eine „stärkere Institutionalisierung", unter anderem „direktdemokratische Verfahren zu einzelnen Beratungsergebnissen", wollen sie laut Bundestagswahlprogramm 2021 in der kommenden Wahlperiode, der inzwischen laufenden also, „prüfen".[11]

Auch die FDP hat sich von der Position ihres Grundsatzprogramms von 2012 („Wir Liberalen setzen uns ... für die Einführung von Volksbegehren und Volksentscheiden auch auf der Ebene des Bundes ein")[12] mittlerweile verabschiedet. Bereits das Programm zur Bundestagswahl 2017 stellte Unterstützung für „den probeweisen Ausbau von Instrumenten der direkten Demokratie" nur für die Ebene der Länder und Kommunen in Aussicht.[13] Im Programm zur Wahl 2021 war auch davon nicht mehr die Rede. Befürwortet wurde zwar eine Volksabstimmung, sogar eine gemeinsame europäische, über eine künftige Verfassung der EU, mit

---

[7] SPD 2007, S. 32 f.; SPD 2017, S. 79.
[8] Bärbel Bas hat sich zahlreichen online leicht auffindbaren Medienberichten zufolge für mehr direkte Demokratie auf Bundesebene, auch in Form von Volksentscheiden, ausgesprochen.
[9] SPD 2021, S. 25.
[10] BÜNDNIS 90/Die GRÜNEN 2017, S. 148.
[11] BÜNDNIS 90/DIE GRÜNEN 2021, S. 178.
[12] FDP 2012, S. 73.
[13] FDP 2017, S. 96.

der diese zu einem europäischen Bundesstaat werden soll. Da dieses Vorhaben in absehbarer Zeit null Aussicht auf Verwirklichung hat, kann man auch seine Bestätigung durch einen europäischen Volksentscheid der Unionsbürger vergessen. Was den politischen Realbetrieb der laufenden Legislaturperiode angeht, will sich auch die FDP nur noch Formen der Bürgerbeteiligung ohne jeden verbindlichen Entscheidungsoutput – Bürgerräte und Ähnliches – vorstellen.[14]

Bei der CSU war im Programm zur jüngsten Bundestagswahl zu direktdemokratischen Entscheidungen nichts mehr zu lesen.[15] Auch das war nicht ohne weiteres zu erwarten. Bayern ist in Deutschland traditionell ein Hort der direkten Demokratie,[16] und noch zur Bundestagswahl 2017 hatte die CSU in ihrem Wahlprogramm sogar „garantiert", dass der Wille, in wichtigen politischen Fragen bundesweite Volksentscheide einzuführen, „bei einer unionsgeführten Bundesregierung im nächsten Regierungsvertrag verankert" werde.[17] Im Koalitionsvertrag zwischen CDU,

---

[14] FDP 2021 S. 44 (zur Volksabstimmung über „die neue Europäische Verfassung"), S. 48 (zur „Möglichkeit der Bürgerberatung durch Hausparlamente, die Erweiterung des Petitionsrechts um das ‚Bürgerplenarverfahren' oder durch per Zufallsauswahl besetzte Bürgerräte", wobei Auftraggeber solcher Beteiligungen, Adressat der eingeholten Bürgermeinung und Entscheider stets die Parlamente sein sollen, S. 39 f.).
[15] CSU 2021.
[16] Bei von *Mehr Demokratie e.V.* seit 2003 in Abständen veröffentlichten Rankings der direktdemokratischen Verfahren in den Ländern (einschließlich der kommunalen Ebene) nach Bürgerfreundlichkeit ist Bayern in der Regel auf Spitzenplätzen vertreten, zuletzt 2016 und 2021 ganz oben gleichauf mit Bremen, s. Mehr Demokratie e.V. 2021, S. 6 f. Über lange Zeit war Bayern auch das Bundesland, in dem mit Abstand die meisten Anträge auf Zulassung eines Volksbegehrens gestellt worden waren, s. Weixner 2002, S. 245 (30 % aller Anträge). Inzwischen hat sich der Abstand deutlich verringert, und was die Zahl der absolvierten Volksentscheide angeht, ist Bayern sogar überholt worden. Im Zeitraum 1946 bis 2020 gab es in Bayern 60, in Hamburg 57 und in Berlin 56 Initiativen; in einen Volksentscheid mündeten die Initiativen siebenmal in Hamburg und je sechsmal in Bayern und Berlin, s. Mehr Demokratie e.V. 2021, S. 8.
[17] CSU 2017, S. 2; s. auch CSU 2016, S. 79 (die „direkte Demokratie mit Bürger- und Volksentscheiden ist eine wichtige Ergänzung" der parlamentarischen Demokratie) und S. 86 f. („Die CSU möchte künftig auch im Bund das Volk bei grundlegenden Fragen für Land und Menschen direkt beteiligen. Insbesondere bei nicht zu revidierenden Weichenstellungen und bei europäischen Fragen von besonderer Tragweite soll die Bevölkerung in Abstimmungen entscheiden. Wir wollen, dass das Grundgesetz durch das deutsche Volk auch auf dem Weg von Volksbegehren und Volksentscheid mit Zweidrittel-Mehrheit geändert werden kann. Der Wesenskern der Verfassung, der Grundrechte und der föderalen Ordnung sind davon ausgenommen." S. aber Feld / Hessami / Reil 2011, S. 123 ff. zur, wie überall in Deutschland, auch in Bayern unter Politikern weit mehr als unter den Bürgern verbreiteten Ablehnung solcher Reform.

I. Direkte Demokratie in Deutschland

CSU und SPD für die 19. Wahlperiode (2017–2021) fand sich dann allerdings nur die Absicht, eine Kommission einzusetzen, die „Vorschläge erarbeiten soll, ob und in welcher Form unsere bewährte parlamentarisch-repräsentative Demokratie durch weitere Elemente der Bürgerbeteiligung und direkter Demokratie ergänzt werden kann".[18] Zur Einsetzung einer solchen Kommission ist es nicht gekommen.

Der Koalitionsvertrag der gegenwärtigen Regierungsparteien SPD, Bündnis 90/Die Grünen und FDP stellt auch weitere Prüfung nicht mehr in Aussicht. Der Rückzug von jedem Plan, den Bürgern auf Bundesebene unmittelbare Entscheidungsmöglichkeiten einzuräumen, scheint perfekt. Die Koalitionäre wollen stattdessen „die Entscheidungsfindung verbessern, indem wir neue Formen des Bürgerdialogs wie etwa Bürgerräte nutzen, ohne das Prinzip der Repräsentation aufzugeben".[19] Das Petitionsverfahren soll gestärkt werden.[20] Angekündigt wird frühzeitigere Bürgerbeteiligung als Instrument der Beschleunigung von Planungs- und Genehmigungsverfahren.[21] Unterstützt werden soll „Bürgerbeteiligung in Verantwortung der kommunalen Selbstverwaltung [...], z.B. bei regionalen Entwicklungskonzepten, Regionalmanagements und Regionalbudgets."[22]

Bürgerräte und andere für die nationale Ebene vorgesehene Formate zur unverbindlichen Beteiligung verdanken ihre gegenwärtige Konjunktur im deutschen rechtspolitischen Diskurs nicht zuletzt dem Bedürfnis, den Bürgern zu der entscheidenden Mitsprache, die ihnen entgegen zeitweilig genährten Erwartungen nun doch verwehrt werden soll, eine Alternative zu bieten. Einen ähnlichen Zusammenhang gibt es in Frankreich, wo Präsident Macron in seiner Sorbonne-Rede vom 26. September 2017 weiteren französischen Volksabstimmungen über die künftige Verfassung der EU eine deutliche Absage erteilte – die Bürger würden ja sowieso immer „Nein" sagen –, dafür aber eine großangelegte offene Debatte in Aussicht stellte.[23] Auf diese Anregung geht die „Konferenz zur Zukunft Europas" zurück.[24] Solche Formen der Bürgerbeteiligung auf nationaler oder europäischer Ebene haben günstigenfalls einen Informationswert und produzieren Lerneffekte für die unmittelbar daran Beteiligten. Auch nur ansatzweise ähnlich weitreichende

---

[18] CDU, CSU und SPD 2018, S. 163.
[19] SPD, BÜNDNIS 90/DIE GRÜNEN und FDP 2021, S. 10.
[20] Ebd., S. 10.
[21] Ebd., S. 8, 12 f., 61.
[22] Ebd., S. 128.
[23] Macron 2017.
[24] Zu dieser Konferenz näher Landfried 2017 sowie, nach Abschluss der Konferenz, dies. 2022.

direkte und indirekte, unter anderem das Demokratievertrauen stärkende Effekte, wie sie – das wird im Folgenden zu zeigen sein – von zweckmäßig ausgestalteten Möglichkeiten verbindlichen direktdemokratischen Entscheidens ausgehen, sind aber von ihnen schon deshalb nicht zu erwarten, weil die Anzahl der beteiligten oder auch nur irgendetwas davon mitbekommenden Bürger dafür viel zu klein ist. Hinzu kommt der enttäuschungsträchtige bloß konsultative Charakter der Mitwirkung.[25]

Zur neuen Angst vor dem Bürger als Entscheider haben zunächst vor allem der Schock des Brexit-Votums der Briten im Juni 2016 und der Schock des Wahlsiegs von Donald Trump im November desselben Jahres beigetragen. In den Folgejahren verfestigte sich der Eindruck, dass sich in dieser Präsidentenwahl ein allgemeinerer Trend zu demokratieunverträglichem Populismus zeigte.[26] Bedenken hat es auch geweckt, dass besonders eine populistische Partei wie die AfD sich entschieden für Volksabstimmungen einsetzt und in vielen Ländern populistische Politiker, wie Viktor Orbán in Ungarn oder Recep Tayyip Erdogan in der Türkei, sich des Instruments der Volksabstimmung zur Bestätigung ihrer Politik und ihrer politischen Führerschaft bedienen.

Was ist von diesem Stimmungsumschwung zu halten? Sind die Einwände, die der direkten Demokratie traditionell von ihren Gegnern entgegengehalten werden und bis heute auch die juristischen Auseinandersetzungen um Möglichkeiten und Grenzen di-

---

[25] Dass bei solchen Bürgerräten und Bürgerkonferenzen auf nationaler und europäischer Ebene nicht jeder einzelne Bürger als Entscheidungsberechtigter involviert ist und die politische Bestimmungskraft der Ergebnisse noch weit geringer ist als diejenige von – je nach den Umständen durchaus durchschlagskräftigen – unverbindlichen Volksabstimmungen, hat zwangsläufig zur Folge, dass auch die Medienberichterstattung darüber wenig intensiv ausfällt und daher nur wenige Bürger von dieser Form der Kommunikation zwischen Bürgerschaft (bzw. einem sehr kleinen Teil davon) und Politik überhaupt Notiz nehmen. S. aber für Überlegungen zu Möglichkeiten produktiver Verbindung direktdemokratischer Entscheidungsverfahren mit anderen Formen der Bürgerbeteiligung Reidinger / Wezel 2018, passim; Dienel 2018, passim; Landemore 2018, S. 323 f.; Altman 2019, S. 183 ff.

[26] Der Terminus „Populismus" hat mir wegen einer Konnotation der Skepsis gegen „das Volk" (*populus*) und eine auf es ausgerichtete Politik immer missfallen, und ich kann ihn nach wie vor nicht ganz ohne Widerstreben verwenden. Er hat sich aber inzwischen zur Bezeichnung eines Phänomens, das einen Namen braucht, so weit durchgesetzt, dass man schlecht ohne ihn auskommt, und Präzisierungen erfahren, in denen keinerlei antidemokratische Untertöne mitschwingen (s. insbesondere Müller 2016, S. 42 ff., zur für populistische Politik bzw. populistische Politikverkaufsstile charakteristischen Identifikation ihrer selbst als Sache des eigentlichen – eines moralisch reinen, homogenen – Volkes, in Abgrenzung zu als unmoralisch, korrupt und parasitär dargestellten Eliten).

I. Direkte Demokratie in Deutschland

rekter Demokratie prägen,[27] vielleicht doch berechtigt? Sehen wir uns in einem ersten Schritt diese traditionellen Vorbehalte näher an (II.). In einem weiteren Schritt soll dann die Bedeutung direktdemokratischer Instrumente gerade angesichts der Herausforderungen besprochen werden, vor denen die Demokratie gegenwärtig steht (III.).

---

[27] In Deutschland ist seit längerem unstreitig, dass Art. 79 Abs. 3 GG einer Ergänzung des Grundgesetzes um direktdemokratische Entscheidungsverfahren nicht prinzipiell im Wege stünde; s. statt vieler Menzel 2002, S. 397 m. Fn. 9 zur bereits damals „ganz h.L."; Dreier / Wittreck 2009, S. 18 f.; Neumann 2009, S. 341; Dreier 2015, Rn. 105 zu Art. 20 GG; Grzeszick 2021b, Rn. 77, 115 zu Art. 20 GG. Eine Verfassungsänderung wäre allerdings nach ganz herrschender Meinung erforderlich, bloß einfachgesetzliche Regelung also nicht ausreichend (sog. Verfassungsvorbehalt), s. statt vieler Grzeszick 2021b, Rn. 113 zu Art. 20 GG; Chen 2018, S. 66 ff.; Müller-Franken 2005, S. 20, m. zahlr. w.N.; a.A. Meyer 2012, S. 542 f.; Neumann 2020, S. 265 f.; zur älteren diesbezüglichen Kontroverse s. Bleckmann 1978, S. 217 ff. und ausführlich Bugiel 1991, S. 79 ff. u. passim, jew. m.w.N. Vertreten wird aber nach wie vor die früher verbreitete Meinung (s. Nawiasky 1950, S. 66; ausf. Nachw. bei Bugiel 1991, S. 445 f.), dass – über Art. 28 Abs. 1 Satz 1 GG auch für die Ebene der Länder – eine „Prävalenz" der repräsentativen Demokratie geboten und eine Ergänzung um direktdemokratische Instrumente daher nur in engen Grenzen zulässig sei; so Selmer / Hummel 2009, S.139; Isensee 2010, S. 130 f. Für die Gegenauffassung Wittreck 2005, S. 163 ff., 179; Dreier / Wittreck 2009, S. 18 f.; Klatt 2011, S. 27, 36 ff.; Schuler-Harms 2013, S. 440; Kaiser 2017, S. 718 f.; Chen 2018, S. 84 ff.; Pautsch 2019, S. 25 ff., 35 ff.; Ciftci / Fisahn 2019, S. 185, 189 f. Die Rechtsprechung zu dieser Frage ist uneinheitlich; restriktiv z.B. ThürVerfGH, Urt. v. 19. September 2001 – 4/01 –, Rn. 177 ff., juris; HambVerfG, Urt. v. 13.10.2016 – 2/16 –, juris, Rn. 224 ff.; w.N. zur Rechtsprechung auch weiterer Verfassungsgerichte bei Pautsch 2019, S. 20 f. m. Fn. 17. Insgesamt „offenbart die Praxis der Landesverfassungsgerichte noch immer eine Skepsis gegenüber der Volksgesetzgebung", Seferovic 2021, S. 546. Besonders weitreichend eingeschränkt sind die Möglichkeiten des Ausbaus direktdemokratischer Instrumente auf Landes- und Kommunalebene in Österreich durch die Rechtsprechung des österreichischen Verfassungsgerichtshofs, der zufolge die österreichische Verfassung durch das „Grundkonzept einer repräsentativ-demokratischen Verfassung" mit nur einzelnen direktdemokratischen Elementen charakterisiert und dieses Grundkonzept über das Homogenitätsprinzip der Bundesverfassung auch für die Länderebene, einschließlich der Gemeinden, verbindlich ist, s. österrVfGH, Erkenntnis v. 6.10.2020, G 166-168/2020-15, V 340/2020-15, m.w.N.; zur gleichsinnigen vorausgegangenen Rechtsprechung und zu den – sehr reformrestriktiven – Konsequenzen Eberhard 2019, S. 63 ff.; ders. 2015, S. 329 f.; Lachmayer 2010, S. 87 f.; Eberhard / Lachmayer 2009, S. 248 ff. Kritisch zu dieser Rechtsprechung, insbesondere zur Erstreckung bzw. zur Art und Weise der Erstreckung der Verbindlichkeit dieses Konzepts auf die Länderebene Öhlinger 2015, S. 293 (s. auch bereits ders. 2000, passim); Willi 2005, 18 ff. (117 ff.); Gamper 2003, S. 444 ff.; Pernthaler 2000, S. 808 ff.; speziell zur Frage der Zulässigkeit von Veto-Referenden in den Ländern befürwortend Bußjäger / Sonntag 2015, S. 356 ff.

II. Vorbehalte gegen direktdemokratische Entscheidungen

1. „Für Sachentscheidungen ist das Volk zu dumm"

Immer wieder hört man, für Sachentscheidungen sei das Volk nicht qualifiziert.[28] Mit diesem Argument wurden direktdemokratische Instrumente vor ihrer Einführung zunächst auch dort bekämpft, wo sie seit langem Teil des politischen Entscheidungssystems sind.[29] Inzwischen gibt es sogar wieder Autoren, die der Meinung sind, das Volk sei auch für die Wahl seiner Repräsentan-

---

[28] Diese Einschätzung ist so verbreitet, dass dafür hier nur eine ganz zufällige Auswahl von Beispielen angeführt werden kann, s. etwa Ogorek 2019, S. 61 („Vor allem aber setzen Mitwirkungsrechte voraus, dass der Bürger *weiß, worüber er abstimmt*. … Auf Bundes- oder supranationaler Ebene sind die Implikationen regelmäßig zu komplex, als dass sie volksabstimmungstauglich wären"); Reinhard 1999, S. 435 (Gegen direkte Demokratie spreche u.a., dass die Masse der Bürger ebenso borniert wie verführbar ist, …"); völkerrechtliche und unionsrechtliche Fragen betreffend Schmahl 2021, S. 262 f. Vgl. auch Hermann 2014, S. 123: „Auch die schwächeren Formen der Kritik an der direkten Demokratie zielen letztlich auf die Urteilskraft der Stimmbevölkerung. So impliziert das Argument, die direkte Demokratie schwäche Parlament und Parteien […], dass eine Machtverschiebung von der Elite zur Basis problematisch sei" (zu dem Schwächungsargument näher u. Text m. Fn. 376); w.N. zur Verwendung des Inkompetenzarguments in Rechtsprechung und Literatur bei Klatt 2011, S. 8, 19; Schünemann 2017, S. 32 ff. Für *partielle* Unfähigkeit der Bürger zu sachgerechten Entscheidungen, der er durch entsprechende inhaltliche Einschränkung der Anwendbarkeit direktdemokratischer Instrumente auf „ohne besondere Fachkompetenz" Beurteilbares Rechnung tragen will, Kruse 2021, S. 245 ff. (246). Die Annahme der Unfähigkeit des Bürgers zu adäquater, realitätsorientierter Sachentscheidung hatte im 20. Jahrhundert besonders nachdrücklich Joseph Schumpeter in Anknüpfung an Gustave Le Bons *Psychologie des foules* (Deutsch: Psychologie der Massen) zur Grundlage seines rein repräsentativen Demokratiekonzepts gemacht, s. Schumpeter 2011 / 1947, S. 256 ff. Zu Le Bon, der für seine Massenanalyse besonders häufig auf Beispiele von zur Masse degenerierten Parlamenten zurückgriff, s. noch u. Fn. 367.
[29] S. z.B. zur Diskussion in der Schweiz Sigg 1978, S. 19 f., 23; in Kalifornien Cronin 1989, S. 52; in Massachusetts Cronin 1989, S. 54; allgemeiner zur Diskussion der *voter competence* in den USA Cronin 1989, S. 61 ff.

ten zu dumm und müsse deshalb, ohne Mitwirkung durch Wahl seitens der dafür zu Blöden, durch Experten vertreten werden. Es wird wieder für *Epistocracy*, für eine Herrschaft (nur) der Wissenden, geworben.[30] Neu ist das nicht. Schon Platon dachte so. Gegner jeglicher Demokratie waren auch in jüngerer Zeit nie um das Argument verlegen, das Volk sei dafür nicht hinreichend urteilsfähig.[31] Institutionelle Überbleibsel der Idee, dass nur Gebildete wählen oder Gebildete mehr Einfluss haben sollten, haben sich in westlichen Demokratien vereinzelt bis ins späte zwanzigste Jahrhundert gerettet.[32] Aber heute handelt es sich dann doch um eine steile These, mit der man es höchstens in die Zeitungen schafft. In demokratischen Staaten geht inzwischen die herrschende Mei-

[30] Brennan 2017, S. 204 ff. u. passim. Zutreffender Hinweis, dass jede Argumentation gegen direktdemokratische Entscheidungen, die „auf den ungenügenden Sachverstand der Bürger abzielt, letztlich auch die repräsentative Demokratie unter Rechtfertigungsdruck setzen bzw. delegitimieren müsste", bei Dreier / Wittreck 2010, S. 27.

[31] In den Worten Wilhelm Hoegners, des ersten bayerischen Ministerpräsidenten unter der neuen bayerischen Verfassung von 1946, der sich schon während der Nazizeit „Gedanken über eine neue deutsche Verfassung" mit starken direktdemokratischen Elementen gemacht hatte: „Einst hat man den aufgeklärten Absolutismus des fürstlichen Polizeistaates mit der Behauptung rechtfertigen wollen, die Staatsbürger seien beschränkt von Verstand und nicht in der Lage, das allgemeine Beste zu erkennen" (Hoegner o.J., S. 16). Als Beispiele aus nachabsolutistischer Zeit s. statt vieler Gumplowicz 1897, S. 320: „... wie es überhaupt ganz unberechenbar ist, zu welchen selbstmörderischen Narrheiten sich die Massen, die immer dumm sind, weil sie eben Massen sind, verführen lassen können" (mit Stoßrichtung gegen das allgemeine Wahlrecht); Jung 1930, S. 248: „Der schwerste Denkfehler der Verteidiger des allgemeinen Stimmrechts liegt in der falschen Annahme, als ob jeder Stimmberechtigte die Fähigkeit besäße, auch sein Bestes zu erkennen." In Theorie und Praxis war der allmähliche Übergang zu demokratischen Regierungsformen bzw. zu deren Befürwortung gekennzeichnet von Reserven gegen ein allgemeines und gleiches Wahlrecht, die sich u.a. aus der Skepsis gegen die Mitwirkungskompetenz von Teilen der Bevölkerung speisten. Aus der Theoriegeschichte ist das bekannteste Beispiel John Stuart Mills Vorschlag (in seinen „Considerations on Representative Government", Kapitel „Of the Extension of the Suffrage"), die politischen Einwirkungsmöglichkeiten der qualifizierter Urteilsfähigen durch Vergabe von Extrastimmen zu stärken (Mill 1972/1861, S. 284 ff.; s. auch, zum edukativen Wert des Wahlrechts als einem der Gründe, die dagegen sprechen, dem schwächeren Urteilsvermögen von Teilen der Bevölkerung durch gänzliche Vorenthaltung des Stimmrechts zu entsprechen, ebd. S. 277 f.). Zur Ideengeschichte der Warnung vor dem Volk und zur historischen Funktion des Repräsentationsgedankens in diesem Zusammenhang Majer 2000, S. 31 ff.; Manow 2020, S. 29 ff.

[32] In den USA wurden *literacy tests* als Voraussetzungen des aktiven Wahlrechts erst 1970 durch entsprechende Ergänzung des *Voting Rights Act* abgeschafft. Der US Supreme Court billigte das in seiner Entscheidung Oregon v. Mitchell, 400 U.S. 112 (1970) nur mit knappstmöglicher Mehrheit und ohne eine von einer Richtermehrheit getragene Begründung.

II.1. „Für Sachentscheidungen ist das Volk zu dumm" 21

nung, selbst unter denen, die der Ansicht sind, „dass sich heute weite Teile des Volks in der Tat als ein Problem der Demokratie erweisen",[33] davon aus, dass man dem gemeinen Wähler die Wahl seiner Repräsentanten durchaus überlassen kann. Nur für politische Sachentscheidungen ist er nach verbreiteter Auffassung nicht klug genug.

Diese Ansicht überzeugt so wenig wie die Meinung, dass Dummheit oder Uninformiertheit der Stimmbürger einer demokratischen Regierungsform, auch der repräsentativen, überhaupt entgegensteht. Schwer nachvollziehbar ist schon die Prämisse, dass die Wahl politischer Repräsentanten weniger Klugheit erfordere als Entscheidungen darüber, ob man das Waffenrecht ändern, die Abschiebung von Ausländern erleichtern, ein bedingungsloses Grundeinkommen einführen, Albanien in die EU aufnehmen oder dieser die Möglichkeit einräumen soll, Steuergesetze mit Mehrheit statt einstimmig zu beschließen. All diese Fragen werden, wenn nicht unmittelbar durch das Volk, dann durch seine politischen Repräsentanten beantwortet – teils durch explizite positive oder negative Beschlüsse, teils dadurch, dass das Thema nicht auf die Tagesordnung gesetzt wird. Warum sollte die Aufgabe, das Entscheidungsverhalten von Parteien und Politikern in diesen und allen möglichen anderen Materien adäquat vorherzusehen, zu bewerten und demgemäß eine informierte Wahlentscheidung zu treffen, anspruchsloser sein als die Aufgabe, sich vernünftig an einer Sachentscheidung in einer oder mehreren dieser Angelegenheiten zu beteiligen?[34]

Diesen Vergleich werden Anhänger rein repräsentativer Demokratie natürlich zurückweisen und die Annahme, dass Wahlentscheidungen auf einer Detailbeurteilung des voraussichtlichen Entscheidungsverhaltens der zur Wahl Stehenden in allen möglichen Angelegenheiten beruhen oder beruhen sollten, zu einem Missverständnis des Sinns von Wahlen erklären: Hier gehe es nur um personales Vertrauen oder darum, Missbilligung zur Geltung bringen und diejenigen in die Wüste schicken zu können, die in der zurückliegenden Wahlperiode enttäuscht haben. Jeder Wahlomat unterstellt allerdings höhere Rationalitätsansprüche, und wenn man die für überzogen halten möchte, müsste man erklären können, weshalb die Fähigkeit der Bürger zur Teilnahme einerseits an Wahlen, andererseits an Sachabstimmungen an ganz unter-

---

[33] So Ley / Franzius / Stein 2020.
[34] Das in Frageform vorgebrachte Argument ist im Kern alt, s. etwa zu historischen Diskussionen über Schwierigkeitsgrad und Kompetenzbedarfe einerseits bei Wahl-, andererseits bei Abstimmungsentscheidungen in den USA Cronin 1989, S. 61. Wie hier Eichenberger 2019, S. 40; ders. 2021, S. 603 f.

schiedlichen Rationalitätsansprüchen gemessen werden sollte. Ist es weniger schlimm, wenn unzureichende Folgenvoraussicht üble Autokraten an die Macht bringt, als wenn sie zu einer „falschen" Entscheidung in einer Rentenfrage oder einer Verfassungsfrage der EU führt? Und wenn ein nicht auf umfängliche Sachkunde, sondern auf Vertrauen gestütztes Votieren des Bürgers bei Wahlen hinnehmbar erscheint, warum kann man ihm dann nicht zubilligen, auch seine Entscheidung in Sachfragen von Vertrauensgesichtspunkten abhängig zu machen?[35]

Schweizer, die im Rahmen einer empirischen Untersuchung nach den Gründen für ihre Nichtbeteiligung an Wahlen und Abstimmungen gefragt wurden, gaben teilweise das Gefühl, unzureichend informiert zu sein, als Grund an, fanden aber ganz überwiegend das Wählen schwieriger als das Abstimmen über Sachfragen und gaben bei Wahlen häufiger als bei Abstimmungen zu geringes Wissen als Grund für ihre Nichtbeteiligung an.[36]

Im Übrigen kommt es auch nicht ausschließlich darauf an, dass die sachlich bestbegründete Entscheidung getroffen wird. Es geht um Selbstbestimmung, soweit diese eben in Angelegenheiten, über die allgemeinverbindlich kollektiv entschieden wird, möglich ist. Selbstbestimmung hat einen von der Weisheit der selbstbestimmt getroffenen Entscheidung unabhängigen Eigenwert. Man wundert sich daher nicht über Studien, die um die Jahrtausendwende für die Schweiz einen positiven Zusammenhang zwischen direktdemokratischen Mitwirkungsmöglichkeiten und Lebenszufriedenheit, und später dasselbe auch für die USA festgestellt haben.[37]

---

[35] Zu Vertrauen (z.B. auf Partei- oder Regierungsempfehlungen, Medieninformationen, Verbandsstellungnahmen etc.) als einem Entscheidungsfaktor bei Sachabstimmungen Matsusaka 2020, S. 172 ff.; Linder / Mueller 2017, S. 336 ff.; ähnlich (Verweis auf für die Bürger hilfreiche Vorstrukturierung der jeweiligen Debatte durch Parteien und andere politische Akteure) Cheneval / el-Wakil 2018b, S. 297. S. auch, zu je nach den Umständen variierender, u.a. von der Kampagnenintensität abhängiger Bedeutung argumentebasierten (im Sinne von: auf argumentativer Erarbeitung eines eigenen Standpunkts beruhenden) oder vertrauensbasierten Entscheidungsverhaltens Kriesi / Bernhard 2014, S. 10 ff.
[36] S. Heidelberger 2018, S. 200 ff. Die Befragten hatten auch zu einem größeren Anteil an Wahlen als an Abstimmungen wegen eines als unzureichend empfundenen eigenen Informationsstandes nicht teilgenommen (ebd. S. 200 f.). Ob Bürger, die Gelegenheit sowohl zu Wahl- als auch zu Abstimmungsentscheidungen haben, *generell* nicht das Abstimmen in Sachfragen, sondern das Wählen für das schwierigere Geschäft halten, ist an diesen Ergebnissen der Befragung speziell von Bürgern, die ihre Aktivbürgerrechte nicht oder nur sehr wenig wahrgenommen hatten, noch nicht ablesbar. Für größere Virulenz des Überforderungsproblems bei Wahl- als bei Abstimmungsentscheidungen auch Eichenberger 2019, S. 31.
[37] S. die Zusammenfassung eigener Untersuchungen (wonach der statistische Unterschied der Zufriedenheit in Abhängigkeit vom Zuwachs an

II.1. „Für Sachentscheidungen ist das Volk zu dumm"

Einige weitere Untersuchungen haben nur einen deutlich schwächer ausgeprägten Zusammenhang (stattdessen Unterschiede im Zufriedenheitsniveau der Angehörigen unterschiedlicher Sprachgruppen) gefunden[38] oder eher (nur) einen „Zusammenhang zwischen der Nutzungshäufigkeit direktdemokratischer Instrumente und der *Zufriedenheit mit dem Funktionieren der Demokratie*",[39] oder zumindest eine in Abhängigkeit von der Verfügbarkeit direktdemokratischer Entscheidungsmöglichkeiten schwindende Diskrepanz der Zufriedenheiten der Wähler von Regierungs- und Oppositionsparteien mit dem jeweiligen demokratischen System konstatiert.[40] Immerhin. Festgestellt wurde auch, dass in Abhängigkeit von den direktdemokratischen Einwirkungsmöglichkeiten die Bürger sich verstärkt als politisch mitwirkungskompetent wahrnehmen,[41] erheblich gesteigertes Vertrauen in ihre gewählten Repräsentanten und in die repräsentativdemokratischen Institutionen haben und mit der Demokratie im eigenen Land deutlich zufriedener sind.[42]

---

solchen Beteiligungsrechten in mathematisch näher bestimmter Hinsicht sogar ausgeprägter war als der Zufriedenheitsunterschied zwischen Angehörigen der untersten Einkommensschicht und der Gruppe mit der höchsten Zufriedenheit) bei Frey / Stutzer 2013, S. 501; kurzer Überblick über Design und Ergebnisse der Untersuchungen von Frey / Stutzer auch bei Dorn et al. 2008, S. 231 f. Für die USA Radcliff / Shufeldt 2016, S. 1412 ff.
[38] Dorn et al. 2008, S. 232 ff.
[39] Vatter 2020, S. 379 (Hervorh. i.O.) fasst so das Ergebnis der Studie von Stadelmann-Steffen / Vatter 2011 zusammen. Für diese Studie wurden die Ergebnisse einer Befragung verwendet, die zwischen *life satisfaction* und *satisfaction with democracy* unterschieden und deren Niveau getrennt erfragt hatte (s. Stadelmann-Steffen / Vatter 2011, S. 542). Den Befragten könnte mit dieser Differenzierung nahegelegt worden sein, den Grad ihrer Zufriedenheit mit der Demokratie aus dem Grad ihrer Lebenszufriedenheit gewissermaßen herauszurechnen.
[40] Leeman / Stadelmann-Steffen 2022, S. 101 ff. (m.w.N. auf S. 99).
[41] Bernhard / Bühlmann 2014, S. 85 ff., am Beispiel schweizerischer Gemeinden. Die Verfasser sprechen zusammenfassend von einem gesteigerten „Wirksamkeitsgefühl"; die obige Wiedergabe bezieht sich auf die sechs Fragen, anhand derer sie das so bezeichnete Gefühl operationalisiert haben. Diese Fragen betrafen neben dem Urteil über eigene politische Kompetenzen die Wahrnehmung des Gemeinderats als an den Sorgen und Wünschen der Bürger interessiert oder daran nicht bzw. nur dann interessiert, wenn es gerade um Wahlen geht, s. i.E. ebd. S. 88.
[42] S. die in Fn. 39 und Fn. 41 genannten Untersuchungen sowie, zu im internationalen Vergleich exorbitant hohem Vertrauen der Schweizer in ihre repräsentativdemokratischen Institutionen und exorbitant hoher Zufriedenheit mit der Demokratie ihres Landes, Linder / Mueller 2017, S. 77; speziell zum Institutionenvertrauen und zur Zufriedenheit mit der Demokratie im eigenen Land im Vergleich zu Deutschland Pickel 2014, S. 44 f. Zur Wechselseitigkeit dieses Vertrauenszusammenhangs zwischen Stimmbevölkerung und „Eliten" Hermann 2014, S. 135 f. Für hohe Bürgerzufriedenheit mit dem politischen System im gleichfalls stark

Alle Wahrscheinlichkeit spricht im Übrigen dafür, dass für den Stimmbürger gerade die Möglichkeit, über eine Sachfrage abzustimmen, die Motivation, sich kundig zu machen, wesentlich erhöht.[43] Soll man die Mühe aufwenden, sich über Sachfragen, die zur politischen Entscheidung anstehen, ein möglichst fundiertes Urteil zu bilden, wenn sowieso nicht man selbst entscheidet, sondern die gewählten Repräsentanten? Diese Frage muss der zur Beteiligung an unmittelbarer Sachentscheidung Berechtigte sich nicht stellen. Tatsächlich ist empirisch nachgewiesen, dass direktdemokratische Partizipation den Informationsstand verbessert.[44] Direktdemokratische Entscheidungsmöglichkeiten führen dazu, dass die Bürger sich besser informieren und Politiker ihre Politik eingehender und substanzhaltiger erklären, wo direktdemokratische Entscheidungen anliegen. So ist zum Beispiel ein höherer Informationsstand in Angelegenheiten der Europäischen Union dort festgestellt worden, wo die Bürger in solchen Angelegenheiten per Volksabstimmung entscheiden konnten.[45] Aus der Phase der Vorbereitung des schottischen Unabhängigkeitsreferendums wird über eine in Großbritannien zuvor nie dagewesene Informationsnachfrage und Intensität der öffentlichen wie privaten Debatte berichtet.[46] Es ist wohl auch

---

von direktdemokratischen Institutionen geprägten Liechtenstein Rehmet / Wagner / Weber 2020, S. 65. Zu höherem Vertrauen in die Regierungsinstitutionen (im weitesten Sinne) in US-amerikanischen *initiative states* verglichen mit Gliedstaaten ohne Volksinitiative Matsusaka 2020, S. 165 f. Allg. zum Zusammenhang zwischen Verfügbarkeit oder tatsächlicher Nutzung direktdemokratischer Instrumente und Zufriedenheit mit der Demokratie Matsusaka 2019, S. 153 ff., m. zahlr. w.N. Zu entscheidungsakzeptanzsteigernden Wirkungen s. auch noch u. Text m. Fn. 130.

[43] Theoretische Erwägungen dazu bei Feld / Kirchgässner / Savioz 1999, S. 47 ff.; Feld / Kirchgässner 2000, S. 289 ff (dort ausführlich auch zu den deliberationsauslösenden Wirkungen der schweizerischen direktdemokratischen Entscheidungsmöglichkeiten und zu der davon abhängigen erhöhten Neigung der Repräsentanten, in Diskussionen einzutreten und Information zu liefern).

[44] Feld / Kirchgässner 2000, S. 298 f.; Heidelberger 2018, S. 21 f.; Lanz / Nai 2018, S. 348; Westle / Tausendpfund 2019, S. 25 f., jew. m.w.N., sowie nachf. im Text. Für moderate entsprechende Effekte (nur, aber immerhin!) bei denen, die ihre Mitentscheidungsrechte tatsächlich ausüben, in den USA Schlozman / Yohai 2008, S. 479 ff., mit Hinweisen auch zu älteren Untersuchungen. Gegen die Annahme eines edukativen Effekts direkter Demokratie ist die Untersuchung von Barth / Burnett / Parry 2020 gerichtet; sie weist allerdings nur einen hohen Grad an Unkenntnis bevorstehender Abstimmungen und ihrer Gegenstände bei befragten Bürgern in Arkansas nach, ohne irgendwelche komparativen Schlüsse zu ermöglichen.

[45] Benz / Stutzer 2004; s. auch Frey 2014; ders. 2016b. Allgemein Milic / Rousselot / Vatter 2014, S. 95 f. m.w.N.

[46] Tierney 2018, S. 202 (mit dem Hinweis, dass dabei auch die Einräumung ausreichender Zeit eine Rolle spielte).

II.1. „Für Sachentscheidungen ist das Volk zu dumm"

kein Zufall, dass man in schweizerischen Zeitungen häufig, besonders im Vorfeld von Abstimmungen, sehr detaillierte und gerade in ihrer Detailliertheit ausgesprochen spannende Informationen über komplexe Sachthemen findet.

Wo die Bürger sich über Sachfragen informieren, weil sie dabei mitzuentscheiden haben, steigt nicht nur die Sachkunde bezogen auf einzelne zur Abstimmung stehende Gegenstände, sondern die staatsbürgerliche Kompetenz ganz allgemein, denn jeder ernsthafte Versuch, sich ein Urteil zu bilden, fördert tendenziell die Urteilskraft auch über den konkreten Fall hinaus und trägt insofern zu verbessertem Funktionieren der Demokratie auch in ihren repräsentativen Elementen bei. Auch positive Wirkungen ausgebauter Direktdemokratie auf Kommunikation, Vernetzung und zivilgesellschaftliches Engagement in der Bürgerschaft werden verzeichnet.[47]

Hier wie sonst hängen die Wirkungen direktdemokratischer Entscheidungsmöglichkeiten allerdings von der näheren Ausgestaltung ab. Von einem System beispielsweise, in dem die Regierenden nach Gusto hier oder da Volksabstimmungen anberaumen, wenn sie sich davon Bestätigung ihres Kurses, Legitimationsbeschaffung und/oder Auflösung interner Blockaden versprechen, kann man eine Förderung der Bürgerkompetenz nicht oder zumindest längst nicht im selben Maß erwarten wie dort, wo Initiativen aus der Bürgerschaft möglich und die Rahmenbedingungen dafür so ausgestaltet sind, dass der Initiativprozess sein Potential entfalten kann, ein hohes Maß an gesellschaftlicher Kommunikation auszulösen.[48] Dieses Potential ist umso größer, je mehr das Verfahren darauf ausgerichtet ist, politische Verständigungsbemühungen auszulösen, und seine Aktivierung setzt voraus, dass für solche Bemühungen und für die öffentliche Diskussion genügend Zeit zur Verfügung steht.[49] Unter beiden Gesichtspunkten sind die direktdemokratischen Verfahren in den USA weniger günstig ausgestaltet als die schweizerischen.[50] Unter anderem deshalb verwundert es nicht, wenn hier eher schwächer ausgeprägte bür-

---

[47] S. für die Schweiz Milic / Rousselot / Vatter 2014, S. 94, m. Nachw. zu einschlägigen Einzelstudien.
[48] Zur Bedeutung dieses Gesichtspunkts Möckli 2018, S. 150; s. auch ebd. S. 85.
[49] Zum Zeitbedarf Gross 2002, S. 336 ff.; Möckli 2018, S. 154 (zur Institution des sog. resolutiven Referendums, mit dem in der Schweiz besonderen Dringlichkeiten Rechnung getragen wird, ebd. S. 89, 154 f.); s. auch o. Fn. 46. Zum Zeitrahmen für die – auch parlamentarische – Behandlung von Initiativen, der dazu führen kann, dass in der Schweiz von der Lancierung einer Initiative bis zur Abstimmung sechs Jahre vergehen können, näher Tschentscher 2021, S. 427.
[50] Näher dazu u. Text m. Fn. 307 ff.

gerkompetenzsteigernde Wirkungen der direkten Demokratie verzeichnet werden.[51]

Unter günstigen Bedingungen, zu denen auch gehört, dass die Anzahl der Vorlagen das bewältigbare Maß nicht übersteigt,[52] können sich die Bürger im Rahmen der öffentlichen Diskussion, die ihrer Entscheidung vorausgeht, über die wichtigsten Aspekte der jeweiligen Angelegenheit durchaus ein Bild verschaffen. Vernünftigerweise ist es hier auch den gewählten Regierungen und/oder parlamentarischen Repräsentanten gestattet, sich einzubringen und zu versuchen, die Bürger zu überzeugen. In der Schweiz zum Beispiel gibt zu einer Volksinitiative, die auf den Erlass einer bestimmten Regelung gerichtet ist, die Bundesversammlung eine Stellungnahme ab.[53] Außerdem kann sie einen Gegenvorschlag unterbreiten, der ebenfalls zum Gegenstand der Abstimmung wird,[54] und in die Konkurrenz um die besseren Gründe kann sie auch ihre Meinung zu den Schwächen der von den Bürgern initiierten Vorlage einbringen. Alle regierungsseitigen Stellungnahmen („Regierung" hier im weiten Sinne, wie engl. *government*, gebraucht) sowie Stellungnahmen von Unternehmen, die direkt oder indirekt unter dem bestimmenden Einfluss eines Gemeinwesens stehen, unterliegen – nicht nur auf der Bundesebene – strenger gerichtlicher Kontrolle hinsichtlich der jeweiligen Zuständigkeit und hinsichtlich ihrer Sachlichkeit.[55] Falschinformationen und irreführende oder rein propagandistische Äußerungen können dazu führen, dass die nachfolgende Abstimmung für ungültig erklärt wird.[56]

---

[51] S.o. Fn. 44.
[52] Dazu näher u. Text m. Fn. 208 ff. und 365.
[53] Art. 139 Abs. 5 Satz 2 schweizBV: „Die Bundesversammlung empfiehlt die Initiative zur Annahme oder zur Ablehnung." Der Bundesrat - so in der Schweiz die Bezeichnung für die Regierung - ist gesetzlich informationsverpflichtet, Art. 10a Abs. 1 schweizBPR, darf aber nicht abweichend von der Haltung der Bundesversammlung Stellung nehmen, Art. 10a Abs. 4 schweizBPR; s. dazu Sigg 2014, S. 141 f.
[54] Zur – auch außerhalb der Schweiz weit verbreiteten – Möglichkeit des Gegenvorschlags näher u. Text m. Fn. 301 ff.
[55] BGE 138 I 61 und BGE 145 I 207, betr. jeweils Abstimmungserläuterungen des Bundesrates; BGE 145 I 1, betr. u.a. eine Intervention der Bundeskanzlei; BGE 145 I S. 175, betr. eine Stellungnahme der Schweizerischen Nationalbank; BGE 145 I 282, betr. u.a. eine Publikation des Bundesamts für Sozialversicherungen auf dessen Webseiten; BGE 146 I 129, betr. Stellungnahme einer Gemeinde in einem kantonalen Abstimmungskampf; s. auch van der Heiden et al. 2013, S. 93 ff.; Tschentscher / Marbach 2020, S. 157 f.; Martenet 2021, S. 133 ff.; Besson / Boillet 2021, S. 239 ff.
[56] Zu den insoweit geltenden Grundsätzen BGE 145 I 1 (5), m.w.N. Die Volksabstimmung über die Initiative „Für Ehe und Familie – gegen die Heiratsstrafe" wurde 2019 vom Bundesgericht wegen vorausgegangener Fehlinformation seitens des Bundesrates über die Anzahl der Doppelverdienerehen für ungültig erklärt, BGE 145 I 207. Für ein Beispiel auf

Die Ausgewogenheit und Sachlichkeit der Diskussion kann und sollte nicht nur durch Anforderungen an die Sachlichkeit etwaiger Regierungskommunikation gezielt gefördert werden. Auch der abstimmungsbezogenen privaten Kommunikation müssen gewisse Grenzen gesetzt sein.[57] In gut funktionierenden Systemen mit direktdemokratischen Entscheidungsmöglichkeiten wird außerdem gezielt auf ausgewogene Information unter Beteiligung der verschiedenen Seiten hingearbeitet. In der Schweiz gehört zum Standardinstrumentarium im Vorfeld einer Volksabstimmung die Verteilung einer Regierungsbroschüre an alle Haushalte, in der sowohl die Argumente der Befürworter als auch die Argumente der Gegner der Initiative einander sachlich gegenübergestellt sind („Abstimmungsbüechli").[58] Ähnliche Vorkehrungen gibt es in einigen US-Staaten.[59] Auch in Deutschland sind vor direktdemokratischen Abstimmungen auf Landesebene amtliche Informationen weitgehend üblich; in etlichen Bundesländern ist ausdrücklich vorgesehen, dass die Stimmbürger mit ausgewogenen bzw. mit näher spezifizierten unterschiedlichen Stellungnahmen zum Abstimmungsgegenstand versorgt werden.[60] Vergleichbare Vorschriften gibt es auch für die kommunale Ebene.[61] In Irland wird vor Volksabstimmungen eine unabhängige *Referendum Commission* gebildet, die die öffentliche Debatte und eine hohe Abstimmungsbeteiligung fördern soll und dazu Materialien, TV- und Kinospots

---

Gemeindebene, Informationen betreffend, die (nur) den *Anschein* einer behördlichen Mitteilung erweckten, Tschentscher / Marbach 2020, S. 157. Zum Schutz der freien demokratischen Willensbildung gegen Beeinträchtigung durch Private, insbesondere im Zuge des Unterschriftensammelns, Jacquemoud 2020.

[57] S. z.B. zum über ein Freihandelsabkommen (mit den USA und verschiedenen lateinamerikanischen Staaten) geführten costaricanischen Abstimmungskampf, in dem Firmen ihren Mitarbeitern Kündigungen schickten, die im Fall einer Ablehnung des Abkommens in der Volksabstimmung wirksam werden sollten, Raventós Vorst 2014, S. 178.

[58] Art. 11 Abs. 2 schweizBPR; s. auch Uwe Serdült / Beat Kuoni, Finanzielle und mediale Rahmenbedingungen von Volksabstimmungen in der Schweiz und Deutschland, in: Neumann, Peter / Renger, Denise (Hrsg.), Sachunmittelbare Demokratie im interdisziplinären und internationalen Kontext 2008/2009. Deutschland, Österreich, Schweiz, Baden-Baden (Nomos) 2010, S. 235–255 (246). Das jeweilige Abstimmungsbüchlein zu den in der Schweiz auf Bundesebene abgehaltenen oder bevorstehenden Volksabstimmungen findet man auf der Datenplattform <https://swissvotes.ch/votes>, Abruf 13.12.2021, unter den Detailinformationen zu den einzelnen Abstimmungen.

[59] Cronin 1989, S. 80 f.; dort S. 83 auch zu unzureichender Presseberichterstattung.

[60] S. z.B. § 36 bbgVAG; § 19 Abs. 2 hambVAbstG; als Sollvorschrift § 8 Abs. 2 Sätze 1, 2 bwVAbstG.

[61] Näher Seybold 2021, S. 373 f.

erstellt.⁶² Für Volksabstimmungen lassen sich ebenso wie für Parlamentswahlen mediale Formate entwickeln, die darauf zielen, dass im Vorfeld auch Diskussion mit Andersdenkenden stattfindet.⁶³ Es ist im Übrigen auch nicht so, als entschieden gewählte Repräsentanten immer nur aus rein sachlichen Gründen. Dazu später noch. Schon an dieser Stelle sollte man sich aber klar machen: Selbstverständlich gibt es immer Bürger, die ihre demokratischen Rechte unzureichend informiert wahrnehmen.⁶⁴ Aber das gilt nicht nur für Entscheidungen bei Sachabstimmungen.⁶⁵ Und selbstverständlich können auch auf direktdemokratischem Weg dumme, hässliche oder sonstwie unerfreuliche Entscheidungen zustandekommen. Abgesehen davon, dass man sich über die Klugheit und die ethische Qualität von Entscheidungen in vielen Fällen mit guten Gründen streiten kann, sollte man aber jedenfalls den typischen Fehler vermeiden, der in Kritiken direkter Demokratie immer wieder gemacht wird. Ich nenne ihn den Idealvergleichsfehler: Direktdemokratische Entscheidungsprozesse und Entscheidungsergebnisse werden, statt mit realen repräsentativdemokratischen, mit einem Ideal kultivierten, vernünftigen, ethisch hochstehenden Entscheidens verglichen – und schneiden dann natürlich schlecht ab, weil man immer auf diese oder jene unschönen Verfahrensabläufe, „niedrigen" Motive oder bedenklichen Ergebnisse verweisen kann. Mit dieser realitätsabgekoppelten Methode⁶⁶ lässt sich ebensogut die repräsentative Demokratie verunglimpfen, wie es deren Verächter ja auch stets getan haben und weiterhin tun.

---

[62] Barrett 2019, S. 214 ff.; Rehmet / Wagner / Weber 2020, S. 78, 81 f.; Rehmet / Wölfel 2021, S. 4; s. auch die Webseite dieser (nichtständigen) Kommission <https://www.refcom.ie/en/>, Abruf 28.6.2022. Zu Problemen mit von Privaten und über das Internet verbreiteten Informationen – Problemen, die sich bei Abstimmungen nicht anders als bei Wahlen stellen – s. für Irland Barrett 2019, S. 219 ff.; für unterschiedliche Länder Beiträge dazu in Baume / Boillet / Martenet (Hrsg.) 2021.
[63] Bächtiger 2013.
[64] Illustrative ältere Beispiele für inkompetente Wahrnehmung direktdemokratischer Entscheidungsrechte durch Teile der Bürgerschaft (teilweise allerdings verursacht durch inkompetente, missverständnisträchtige Formulierung der Abstimmungsfrage) bei Cronin 1989, S. 74; Möckli 2018, S. 119; ders. 1994, S. 219, 300 ff. (zum Informationsniveau s. auch ebd. S. 186 ff.; zu einer Untersuchung aus dem Jahr 1990, die eine Verbesserung des Informationsniveaus in den zurückliegenden zehn Jahren konstatiert, S. 187).
[65] Für wählerbezogene Inkompetenzbeispiele s. statt vieler Achen / Bartels 2016, S. 30 ff., Brennan 2017, S. 24 ff., m.w.N.
[66] Kritisch dazu auch Feld / Kirchgässner / Savioz 1999, S. 56; Chollet 2018, S. 344; Morel 2019, S. 205; Eichenberger 2019, S. 39; ders. 2021, S. 594 (Eichenberger spricht in Anknüpfung an Demsetz 1969, S. 1, der den Terminus in anderem Zusammenhang verwendet, von einem „Nirwana-Ansatz").

Was immer man im Politischen für falsch oder richtig hält: Niemand behauptet, dass nicht auch direktdemokratische Verfahren falsche Entscheidungen hervorbringen können. Die Wahrscheinlichkeit, dass das geschieht, hängt nicht zuletzt von der näheren Ausgestaltung ab. Eines allerdings gilt ganz unabhängig davon: Es hat große Vorteile, wenn man seine Fehler selber machen darf. Das ist lehrreich, stärkt die Urteilsfähigkeit, und beugt der vulgären Politikverachtung vor, die alles Missliche der Inkompetenz oder dem schlechten Charakter der politischen Repräsentanten anlastet.

2. „Direkte Demokratie begünstigt Demagogen"

Das zweite Bedenken hängt mit dem ersten zusammen, ist aber nicht mit ihm identisch. Direkte Demokratie, so heißt es, spiele den Demagogen in die Hände. Dieses Argument war auch in den Diskussionen des Parlamentarischen Rats über die – letztlich abgelehnte – Aufnahme von Volksabstimmungen über Verfassungsänderungen in das Grundgesetz zu hören. Der spätere Bundespräsident Heuss, der sich nicht scheute, das Volk in diesem Zusammenhang einem bissigen Hund gleichzusetzen, bezeichnete dort die Volksgesetzgebung als „eine Prämie für jeden Demagogen" – ein Klassiker unter den Argumenten gegen die direkte Demokratie, auf den immer wieder gern zurückgegriffen wird.[67]

---

[67] Parlamentarischer Rat 1948/49, Dritte Sitzung, 9.9.1948, S. 27 ff. (43): „Ich meine: Cave canem," – lateinisch für: Hüte Dich vor dem Hund – „ich warne davor, mit dieser Geschichte die künftige Demokratie zu belasten. Warum denn? In die Weimarer Verfassung ist das Volksbegehren aus einer gewissen Verliebtheit meines Freundes Konrad Hausmann [sic; die gemeinte Person ist Conrad Haußmann] in die Schweiz hineingekommen, weil Württemberg in der Nähe der Schweiz liegt und weil die Schweiz es hat. Das ist von ihm als eine konservative Angelegenheit begriffen worden, wie es ja vielfach in der Schweiz gewirkt hat. Das Volksbegehren, die Volksinitiative, in den übersehbaren Dingen mit einer staatsbürgerlichen Tradition wohltätig, ist in der Zeit der Vermassung und Entwurzelung, in der großräumigen Demokratie die Prämie für jeden Demagogen und die dauernde Erschütterung des mühsamen Ansehens, worum sich die Gesetzgebungskörper, die vom Volk gewählt sind, noch werden bemühen müssen, um es zu gewinnen." Zur sachlichen Unrichtigkeit des Verweises auf Conrad Haußmann s. Jung 1994, S. 282 f.; zu dessen Eintreten gegen jede Form der Volksinitiative in der Verfassungsgebenden Landesversammlung für Württemberg-Baden ebd., S. 66. S. auch die unten, Fn. 70, wiedergegebene briefliche Mitteilung Heuss' an Günther Wichert. Der Abgeordnete Katz (SPD) argumentierte im Hauptausschuss, Verfassungsreferenden böten die Möglichkeit zu „demagogischen Experimenten" und

In Deutschland ist dieser Gedanke nicht erst nach dem Ende der Nazidiktatur aufgekommen.[68] In der Frühzeit der Bundesrepublik war er aber nicht zuletzt deshalb besonders populär, weil er einem besonderen Interesse diente: dem Selbstentlastungsinteresse der Eliten. Nicht sie sollten versagt haben, sondern das gemeine Volk.[69] In diesen Zusammenhang gehörte auch die Erzählung, direktdemokratische Entscheidungsmöglichkeiten seien mitverantwortlich dafür, dass es zur nationalsozialistischen Machtergreifung kam. In der Weimarer Republik hätten sie sich nicht bewährt und zur Zerrüttung beigetragen.[70]

„vielleicht eine Propagandamöglichkeit und eine Möglichkeit der Unruhestiftung" (Parlamentarischer Rat, Verhandlungen des Hauptausschusses, Bonn 1948/49, 12. Sitzung, 1.12.1948, S. 144 und S. 145). Als Beispiele für die zahlreichen zustimmenden Wiederholungen s. Reinhard 1999, S. 435 (die Berufung auf Heuss setzt sich dort fort mit der Bemerkung, dass die ebenso bornierte wie verführbare Masse der Bürger einerseits dazu neige, notwendige aber unbequeme Innovationen zu blockieren, wie in der Schweiz, und „andererseits sich allzu leicht vor den Karren von Demagogen wie Hitler spannen" lasse); Krings 2012, S. 20 f. Ein Zusammenhang mit den Gedanken der Verführbarkeit des Volks durch Demagogen scheint auch in dem verbreiteten, meist gedankenlos übernommenen und nicht näher begründeten Hinweis auf die Untauglichkeit direkter Demokratie für die moderne „Massendemokratie" oder „Massengesellschaft" (dazu u., II.9.) auf (zur Geschichte antidemokratischer politiktheoretischer Thematisierung der „Masse" Flam / Schönemann 2014, S. 209 ff.). Aus der Rechtsprechung s. etwa BayVerfGH, Entsch. v. 14.6.1985 – Vf. 20-IX-85 –, Rn. 119: die Institution der Volksgesetzgebung könne „ein gefährliches Instrument der politischen Agitation und Demagogie werden"; demgegenüber schon – aus nicht näher erläuterten und unter der Prämisse der zum Ausdruck gebrachten Befürchtung nicht recht nachvollziehbaren Gründen – etwas zurückgenommen die Warnung vor Agitations- und Polarisierungsgefahr bei einer Volksgesetzgebung, *wenn* diese „relativ leicht und ohne Sicherstellung einer hinreichenden Verankerung im Volk in Gang gesetzt werden könnte", in BayVerfGH, Beschluss v. 31.3.2000 – Vf. 2-IX-00 –, Rn. 154, juris.

[68] S. z.B. aus der Weimarer Zeit Thoma 1930, S. 199: „Aber das ist eben der eigentliche Sinn des Parlamentarismus in der deutschen Liberaldemokratie, dass im normalen Gang der Staatsgeschäfte die Entscheidung über die Richtlinien der Politik, die Besetzung der Ministerien, die Erlassung der Gesetze und die Aufstellung des Finanzplans einer verhältnismäßig kleinen Zahl von Auserlesenen, nämlich den Abgeordneten, anvertraut sein soll, nicht der breiten Masse der ungeschulten und demagogisch verführbaren Aktivbürgerschaft."

[69] Treffend dazu Jung 1994, S. 292 f.; ders. 1995, S. 17 f.

[70] Theodor Heuss' erwähnte Warnung vor der demagogiebegünstigenden Wirkung direkter Demokratie wurde in diesem Sinne verstanden und war auch so gemeint, s. Heuss' (in Auftrag gegebenen) Brief an Günther Wichert v. 8.10.1948, in: Becker (Hrsg.) 2007, S. 414 f.: „Herr Dr. Heuß ... bittet mich nur, Ihnen mitzuteilen, daß er den Gedanken des Volksbegehrens, der von Ihnen vorgetragen wurde, in seiner ersten großen Bonner Rede abgelehnt hat. Die Schweizer Verhältnisse sind ihm wohl bekannt.

II.2. „Direkte Demokratie begünstigt Demagogen"

Schließlich, so hieß es, sei Hitler plebiszitär an die Macht gekommen.[71] Man kann der Weimarer Verfassung Verschiedenes vorwerfen, aber gewiss nicht, dass die darin enthaltenen Elemente direkter Demokratie einen relevanten Beitrag zum Aufstieg der Nationalsozialisten und ihrer Machtübernahme geleistet hätten.[72] Zur Verwirrung trägt hier unter anderem die extensive Anwendung des Wortes „plebiszitär" bei. So heißt es bei Ernst Fraenkel: „In ihrer Geburtsstunde hatte sich die Weimarer Republik zu einem plebiszitären Typ der Demokratie bekannt; in ihrer Todesstunde erhielt sie die Quittung."[73] Als das entscheidende krankmachende „plebiszitäre" Element hatte er dabei aber nicht die im oben erläuterten Sinne direktdemokratischen, *Sach*entscheidungen der Bürgerschaft ermöglichenden Elemente der Weimarer Verfassung im Auge, obgleich er auch die nicht schätzte, sondern das Parlamentsauflösungsrecht des Reichspräsidenten, weil damit das Volk zur Konfliktlösung per Wahlentscheidung aufgerufen wurde. Der in der Literatur nicht selten vorkommende extensive – auch auf Wah-

---

Die Erfahrungen, die die Weimarer Republik mit dem Volksbegehren gemacht hat, sind ein Zeichen dafür, dass diese Einrichtung in der großräumigen Demokratie fast nur eine Chance für Demagogen darstellt." Für eine „mittelbare, vorwiegend zersetzende" Wirkung des Referendums Schiffers 1971, S. 287 (dem Wandel der herrschenden Meinung entsprechend deutlich zurückhaltender ders. 2000, S. 51 ff., 60 ff.). Für zerrüttende Wirkung der Weimarer Volksabstimmungen Weber 1970, S. 178 f., 180. Kritische Darstellung der Geschichte des gegen direktdemokratische Institutionen gerichteten „Weimar"-Arguments – das in der Phase der Grundgesetzgebung auch keineswegs so dominant gewesen sei wie unterstellt – bei Wirsching 2003, S. 336 ff., 342 ff. (die stattdessen ebd. S. 341, m.w.N., hervorgehobene Befürchtung einer Instrumentalisierung etwaiger direktdemokratischer westdeutscher Verfassungsinstitutionen durch SED und sowjetische Kräfte ist mit dem Weimar-Argument keineswegs unverträglich, sondern passt im Gegenteil bestens dazu). Zum Fortbestand des Mythos von der abträglichen Wirkung direktdemokratischer Instrumente in der Weimarer Republik tragen auch Schilderungen bei, die der Annahme solcher abträglichen Wirkungen Bedeutung für die Ausgestaltung des Grundgesetzes zuschreiben, ohne den Mythoscharakter offenzulegen; s. z.B. Salw-Hanslmaier / Möller 2020, S. 77.
[71] Näher u. Text m. Fn. 73ff.
[72] So auch die heute vorherrschende Meinung, s. statt vieler Jung 1989, S. 148 u. passim; ders. 2002, S. 23 ff.; Obst 1989, S. 101 ff.; Wiegand 2006, S. 71 ff., 136 ff.; Rux 2008, S. 146 ff., 191 f; Dreier / Wittreck 2009, S. 21 f.; Decker 2016, S. 149; Gusy 2018, S. 134 ff. (136); Patzelt 2021, S. 105 ff.; einen spezifischen Beitrag der Integration direktdemokratischer Elemente in die Weimarer Verfassung zum Scheitern dieser Verfassung naheleged dagegen Geppert / Wirsching 2022, S. 419 („ ... die Weimarer Republik mit ihrer Verfassung, die unterschiedliche Demokratiemodelle verknüpfte und damit scheiterte ...").
[73] Fraenkel 1991/1958, S. 197; zu dessen Begriff des Plebsziträren s.u., Anhang zur Terminologie, Fn. 433.

len anwendbare – Begriff des Plebiszitären[74] führt in der Diskussion über die Bedeutung der direktdemokratischen Verfassungselemente für das Scheitern der Weimarer Republik auch dadurch leicht zu Missverständnissen, dass er es erlaubt, den Wahlsieg der Nationalsozialisten vom 5. März 1933 und das dadurch ermöglichte Ermächtigungsgesetz vom 24. März 1933 zu Ergebnissen eines Plebiszits zu erklären und damit Assoziationen ans Direktdemokratische zu wecken.[75] Tatsächlich ist aber Hitler im Modus der repräsentativen Demokratie Reichskanzler geworden, nachdem die NSDAP im Modus der repräsentativen Demokratie zur stärksten Partei aufgestiegen war, und das Ermächtigungsgesetz wurde nicht vom Volk beschlossen, sondern von seinen gewählten Repräsentanten, darunter der spätere erste Bundespräsident der Bundesrepublik Deutschland, Theodor Heuss. Im Gegensatz zu einer verbreiteten Legende ging es bei der Machtergreifung – insbesondere bei einem ihrer Zentralstücke, dem Ermächtigungsgesetz[76] – nicht legal zu.[77] Aber eben auch nicht direktdemokratisch.

Während der ganzen Zeit der Weimarer Republik hat es auf

[74] S.u. Text m. Fn. 433 f.
[75] Näher Lübbe-Wolff 2018, S. 133. S. auch, zu Theodor Heuss' Rechtfertigung seiner Zustimmung zum Ermächtigungsgesetz vom 24. März 1933 damit, dass Hitler ohnehin schon die Macht gehabt habe, weil er sich durch die Wahl vom 5. März 1933 „plebiszitär" legitimiert gesehen habe, und dazu, dass Heuss damit der Sache nach Carl Schmitt folgte, Jung 1994, S. 292 f.; vgl. Schmitt 1933, S. 7: die Reichstagswahl vom 5. März sei „in Wirklichkeit, rechtswissenschaftlich betrachtet, eine Volksabstimmung, ein Plebiszit" gewesen, „durch welches das deutsche Volk Adolf Hitler, den Führer der nationalsozialistischen Bewegung, als politischen Führer des deutschen Volkes anerkannt hat". (Was an dieser Betrachtung rechtswissenschaftlich sein soll, erschließt sich nicht). Zu diesem weiten Begriff des Plebiszits s.u., Anhang m. Terminologie, Text m. Fn. 433; kritisch dazu gerade im Hinblick auf die legitimatorische und entlastende Funktion im Zusammenhang mit der nationalsozialistischen Machtergreifung bereits Jung 1994, S. 292 f.; ders. 1995, S. 16 ff.
[76] Häufig wird die „Machtergreifung" im Anschluss an den nationalsozialistischen Sprachgebrauch mit Adolf Hitlers Ernennung zum Reichskanzler am 30. Januar 1933 identifiziert; so auch BVerfGE 5, 85 (94). Angemessener ist die nationalsozialistische Machteroberung aber als ein mehrschrittiger Prozess zu begreifen, s. Bracher 1962, passim; Jasper 1986, S. 126 ff. (134 ff.). Über die relative Bedeutung der verschiedenen Einzelschritte lässt sich streiten. Dem Ermächtigungsgesetz vom 24.3.1933 kommt aber jedenfalls deshalb zentrale Bedeutung zu, weil die – wenn auch zuvor schon durch vorausgegangene Ermächtigungsgesetze und Notverordnungen lädierte – Weimarer Verfassung damit, unter anderem durch Übertragung des Gesetzgebungsrechts an die Regierung, praktisch weitgehend außer Kraft gesetzt wurde (zur entscheidenden Bedeutung dieses Gesetzes statt vieler Apelt 1964, S. 436).
[77] S. zu den Rechtsbrüchen beim Zustandekommen des Ermächtigungsgesetzes vom 24.3.1933 Bracher 1962, S. 223 f., 235 f. Für Illegalität auch der Ernennung Hitlers zum Reichskanzler Mommsen 2009, S. 119.

Reichsebene nur acht Anläufe zu einem Volksbegehren gegeben, die nicht schon frühzeitig im Sande verliefen. Zum größten Teil blieb es bei belanglosen Ansätzen, weil das Projekt von den Initiatoren nicht weiterverfolgt wurde, sich durch Rechtsänderung erledigte oder der Zulassungsantrag abgelehnt wurde. Von den drei weiter gediehenen Verfahren scheiterte eines (gegen den Panzerkreuzerbau) schon am Unterschriftenquorum.[78] Zwei weitere (gegen die Fürstenenteignung und gegen den Young-Plan) wurden jeweils von über 90 Prozent der Abstimmenden unterstützt, verfehlten aber das Beteiligungsquorum von 50 % der Stimmberechtigten.[79]

Nachdem der Übergang zur nationalsozialistischen Diktatur mit dem Ermächtigungsgesetz praktisch vollzogen war, gab es mehrere Volksabstimmungen, die jeweils mit großer Mehrheit Hitlers Politik unterstützten (zum Austritt aus dem Völkerbund, zur nachträglichen Absegnung der bereits vollzogenen Zusammenlegung der Ämter von Reichskanzler und Reichspräsident, zur sogenannten „Rheinlandbefreiung" und zum Anschluss Österreichs). Sie fanden schon nicht mehr unter Bedingungen eines freiheitlichen, demokratischen Systems statt. Grundlage dieser Abstimmungen waren auch nicht mehr die Bestimmungen der Weimarer Verfassung, sondern ein nationalsozialistisches „Gesetz über Volksabstimmungen", das solche Abstimmungen in der Form vorsah, die den Interessen des Führers am besten diente: ohne irgendein Beteiligungs- oder Zustimmungsquorum, dennoch mit der Möglichkeit, mit einfacher Stimmenmehrheit und ohne dass zuvor das Parlament mit der üblichen Zweidrittelmehrheit zugestimmt hätte, auch die Verfassung zu ändern, außerdem nicht auf Initiative des Volkes, sondern allein auf Initiative der Regierung, und ohne irgendeine Einschränkung ihres Ermessens, eine Volksbefragung zu beliebigen Plänen anzuordnen oder nicht: „Die Reichsregie-

---

[78] Zum Begriff des Unterschriftenquorums s. Anhang zur Terminologie, unter „Quoren". Unterschriftenquoren werden (verfassungs)gesetzlich üblicherweise als absolute Zahl der erforderlichen Unterschriften oder als Anteil der Stimmberechtigten, dem die Zahl der Unterschriften entsprechen muss, festgelegt. Unter der Weimarer Reichsverfassung lag das Unterschriftenquorum für den Regelfall bei einem Zehntel der Stimmberechtigten (Art. 73 Abs. 3 Satz 1 WRV; für einen Sonderfall, in dem ein Zwanzigstel genügte, s. Art. 73 Abs. 2 WRV).
[79] Jung 1989, S. 49 ff., 109 ff. (126 f.); Schiffers 2000, S. 52 ff., 60 ff.; Rux 2008, S. 146 ff.; Gusy 2018, S. 135 f. Über die acht in ein förmliches Verfahrensstadium gelangten Ansätze hinaus gab es zu verschiedenen weiteren Themen Erwägungen, ein Referendumsverfahren oder eine Initiative einzuleiten, die frühzeitig im Sande verliefen, s. Schiffers 1971, S. 285 f.; ders. 2000, S. 53 f. Zum 50-%-Beteiligungsquorum nach Art. 75 WRV und zur extensiven Auslegung der Bestimmung Möller 2019, S. 32, m.w.N. Zu Beteiligungsquoren näher u. Text m. Fn. 191 ff.

rung kann das Volk befragen, ob es einer von der Reichsregierung beabsichtigten Maßnahme zustimmt oder nicht."[80] Verbindliche Konsequenzen waren außerdem, ganz gemäß dem ausschließlichen Zuschnitt auf das Nutzungsinteresse der Regierung, nur für den Fall vorgesehen, dass das Volk der beabsichtigten Regierungsmaßnahme *zustimmte*.[81]

---

[80] Gesetz über Volksabstimmung vom 14. Juli 1933, RGBl. 1933 I S. 479 <http://www.verfassungen.de/de33-45/volksabstimmung33.htm>, Abruf 2.7.2022. Wörtlich zitierte Vorschrift: § 1 Abs. 1; hierauf folgte als Abs. 2 die Bestimmung: „Bei der Maßnahme nach Abs. 1 kann es sich auch um ein Gesetz handeln." Zur Maßgeblichkeit der einfachen Mehrheit der abgegebenen Stimmen, auch für den Fall der Verfassungsänderung, § 2 Sätze 1 und 2 des Gesetzes. Näher zu dem Gesetz Jung 1995, S. 20 ff.; Wiegand 2006, S. 142 ff..; Neumann 2020, S. 211 ff.; zu den Volksabstimmungen unter diesem Gesetz Schneider 1955, S. 160 ff. (mit der Annahme, in Deutschland habe *„das nationalsozialistische Regime die plebiszitären Formen in Verruf gebracht"*, ebd. S. 160, Hervorh. i.O.; mit Verweis auf zusätzlich durch das Schauspiel „volksdemokratischer" Abstimmungen in der Sowjetischen Besatzungszone verstärkte Abneigung ebd. S. 163); Jung 1995; Wiegand 2006, S. 145 ff. Unter welchen Voraussetzungen Verfassungsänderungen durch Volksabstimmung sinnvollerweise möglich sein sollten, ist eine wichtige Frage, der hier nicht gründlicher nachgegangen werden kann. Für die naheliegende Annahme, hier seien „erhöhte Quoren" geboten, Menzel 2002, S. 398 (direktdemokratische Verfahren auf Länderebene betreffend und offenbar eine entsprechende grundgesetzliche Vorgabe unterstellend); ebenso in der Sache Möller 2019, S. 195 f.; für das Erfordernis einer Zweidrittel-Abstimmungsmehrheit Neumann 2009, S. 817; Heußner 2021, S. 76. International sind nach Morel 2019, S. 217, qualifizierte Mehrheitserfordernisse für Verfassungsänderungen im Wege der Volksgesetzgebung eine Seltenheit; Morel verweist auf Florida und Britisch-Kolumbien als Ausnahmen. Eine Reihe deutscher Bundesländer verlangt für Verfassungsänderungen ebenfalls qualifizierte Mehrheiten, s. Überblicke bei Chen 2018, S. 104 ff.; Kuoni 2015, S. 85 ff.; Kost 2013, S. 62 f. In der Schweiz besteht die Möglichkeit der Verfassungsänderung mit einfacher Mehrheit von „Volk und Ständen" (Art. 142 Abs. 2 i.V.m. Art. 139 Abs. 4 Satz 1, Abs. 5 Satz 1, 140 Abs. 1 schweizBV) sogar ohne Beteiligungs- oder Zustimmungsquorum. Mit den „Ständen" sind die Kantone gemeint; deren mehrheitliche Zustimmung bemisst sich danach, ob in der Mehrheit der Kantone die Stimmbürger für die Änderung gestimmt haben, s. Art. 142 Abs. 3 schweizBV: „Das Ergebnis der Volksabstimmung im Kanton gilt als dessen Standesstimme." Sechs der Kantone verfügen nur über je eine halbe Stimme, Art. 142 Abs. 4 schweizBV, so dass das Votum der dortigen Stimmbürgerschaft für die Ermittlung des Ständemehr nur halb so viel zählt wie das der Stimmbürger in den anderen Kantonen.
[81] Nach Art. 3 des Gesetzes über Volksabstimmung (Fn. 80) i.V.m. mit Art. 3 des Gesetzes zur Behebung der Not von Volk und Reich v. 24. März 1933 war die beabsichtigte Maßnahme in diesem Fall vom Reichspräsidenten auszufertigen und im Reichsgesetzblatt zu verkünden, erhielt also Gesetzeskraft. Für den – angesichts der Rahmenbedingungen allerdings höchst unwahrscheinlichen – Fall eines ablehnenden Ergebnisses sah das Gesetz dagegen keinerlei Rechtsfolge vor. Dass die Antwort des befragten

II.2. „Direkte Demokratie begünstigt Demagogen"

Wenn im Wege repräsentativdemokratischer Wahl Politiker und Parteien an die Macht gelangt sind, die sich diese Macht ohne Rücksicht auf demokratische und rechtsstaatliche Grundsätze zu sichern suchen, ist es nichts Ungewöhnliches, dass als Instrument der Machthaber unter bestenfalls noch pseudodemokratischen Rahmenbedingungen auch Volksabstimmungen oder Volksbefragungen eingesetzt werden und deren Politik bestätigen. Auch in vollendeten Diktaturen gehören Anrufungen des Volkes „von oben" – nicht dagegen selbstverständlich Initiativen aus dem Volk – zum typischen Arsenal der Machterhaltungswaffen.[82] Die Beispiele dafür sind Legion[83] und nichts, was die direkte Demokratie als solche, und diese gar auch in ihren vernünftigsten Ausprägungen, diskreditierte.

Referenden, die nach Ermessen von der Regierung oder von einem Staatspräsidenten initiiert werden oder auch nicht, stärken tendenziell nicht die Bürgerschaft, sondern die Macht der Exekutive,[84] statt, wie sie sollten (dazu näher u. III.2.), der zunehmenden Exekutivlastigkeit der Politik entgegenzuwirken. Sie führen dazu, dass Sachfragen und Personelles – nämlich die Haltung zu dem Präsidenten oder der Regierung, die ihr Anliegen dem Volk zur Abstimmung unterbreiten – auf ungute Weise vermischt werden,[85] können unter Umständen direkt zur Ineffektivierung von Volksinitiativen eingesetzt werden,[86] und lösen nicht die positiven indi-

---

Volkes „galt" (Jung 1995, S. 28), trifft daher *de jure* nur für den Fall der Zustimmung zu.
[82] Ausführlich dazu Altman 2011, S. 88 ff. (auch dazu, dass dies Abstimmungsniederlagen der Machthaber nicht ausnahmslos ausschließt); s. auch ders. 2019, S. 84 f.; Schiller 2016, S. 447. Zum verbreiteten Gebrauch von Referenden durch „*authoritarian leaders*" Topaloff 2017, S. 128 f. Was die Entwicklung etwaiger direktdemokratischer Elemente angeht, sind denn auch die Abschaffung oder Erschwerung direktdemokratischer Verfahren, die von den Bürgern initiiert werden können, und die Einführung, der Ausbau und/oder die verstärkte Nutzung „von oben" einsetzbarer Instrumente typische Erscheinungsformen *ent*demokratisierender Entwicklung, s. neben dem im Text m. Fn. 80 f. erwähnten historischen deutschen Fall z.B. für Ungarn nach 2011 Pállinger 2021, S. 512 ff.; ders. 2014; Pomaránski 2018, S. 110 ff.; László 2016.
[83] Für einige davon s. Altman 2011, S. 89 ff.; Möckli 2018, S. 110, ders. 1994, S. 161 ff.
[84] Kritisch zu dieser verbreiteten Variante Heußner 2021, S. 59 ff. (mit Hinweis auf Tendenzen in Deutschland zum Ausbau auf Länderebene); Patzelt 2021, S. 107 ff., 116 ff.; Pautsch 2021, S. 153 ff.; Chevenal 2020, S. 124; Cheneval / el-Wakil 2018b, S. 299 f.; Lissidini 2017, S. 134 f.; a.A. Grzeszick 2021a, S. 133 ff.
[85] Eine Vermischung von Sach- und Personalfragen liegt auch dort nahe, wo Volksabstimmungen durch parlamentarische Minderheiten ausgelöst werden können, s. Möckli 1998, S. 106.
[86] Ein Beispiel aus Costa Rica: Nachdem eine gegen das Freihandelsabkommen mit den USA und einer Reihe lateinamerikanischer Staaten

rekten Effekte auf das repräsentativdemokratische System aus, die mit den sinnvolleren instrumentellen Ausgestaltungen verbunden sind.[87] Außerdem verringert sich, wo die Möglichkeit des von der Exekutivspitze anberaumten Referendums besteht, der Spielraum für die Zulassung von Volksinitiativen, denn die Ressourcen für vernünftiges direktdemokratisches Entscheiden sind begrenzt.[88]

gerichtete Volksinitiative durch Gerichtsentscheid zur Unterschriftensammlung zugelassen worden war, überholte der Staatspräsident, der sich zuvor stets gegen eine Volksabstimmung über das Abkommen gewandt hatte, diese Initiative und verkürzte die Diskussionszeit, indem er seinerseits in Kooperation mit dem Parlament eine Volksabstimmung zum selben Thema auslöste, s. Willis / Seiz 2012, S. 130; Raventós Vorst 2014, S. 172 f. Die Abstimmung ging mit knapper Mehrheit (51,6 %, Raventós Vorst 2014, S. 167) zugunsten der Annahme des Abkommens aus.

[87] Dazu näher in den vorausgegangenen und nachfolgenden Abschnitten; s. insbesondere zur fehlenden Eignung, die Bildung von Kompromissen und die davon abhängigen Integrationswirkungen zu fördern, u. Textabsatz mit Fn. 325; zur fehlenden responsivitätserhöhenden Wirkung u. Text m. Fn. 371 ff.

[88] Dazu näher u., Text m. Fn. 365. Ich würde vermuten, dass sich diese Konkurrenz um die knappe Ressource „bürgerschaftliches Engagement" darin widerspiegelt, dass in Ländern, die sowohl die Möglichkeit des exekutivisch oder von Seiten der Parlamentsmehrheit (kurz: „von oben") anberaumten Referendums als auch die Möglichkeit des volksinitiierten Volksentscheids kennen, die Initiative statistisch an anspruchsvollere Voraussetzungen (höhere Unterschriftenquoren, kurze Fristen für deren Beibringung und/oder engere Anwendungsbereiche) geknüpft ist als dort, wo sie nicht mit der Initiative „von oben" konkurriert. Eine systematische Untersuchung dieser Frage ist mir nicht bekannt. Die Betrachtung der EU-Mitgliedstaaten, die (nach den betreffenden Angaben bei Morel 2018c, S. 512 ff.) diese Kombinationscharakteristik aufweisen, zeigt aber jedenfalls durchweg hohe Hürden für die Volksinitiative. So liegt z.B. für Kroatien die Hürde des Unterschriftenquorums mit 10 % der Stimmberechtigten (s. Marczewska-Rytko 2018, S. 72) hoch, zumal die Unterschriftensammlung innerhalb der extrem kurzen Frist von 15 Tagen erfolgen muss, ebd. S. 24; zu einem Gesetzentwurf, der diese Frist auf – immer noch äußerst knappe – 30 Tage ausdehnen soll, s. <https://vlada.gov.hr/news/new-referendum-bill/33012>, Abruf 4.2.2022. Bei 10 % liegt auch das erforderliche Unterstützerquorum für alle Arten der volksinitiierten Volksabstimmung in Lettland (s. Maj 2018a, S.136 f., 138; S. 138 auch zu der hier immerhin großzügigeren Frist von 12 Monaten). Auf etwa den gleichen Prozentsatz läuft auch das zahlenmäßige Quorum für das ohnehin schon dem Anwendungsbereich nach eng, nämlich auf Verfassungsänderungen begrenzte volksinitiierte Begehren einer Volksabstimmung in Luxemburg – 25.000 laut Wählerverzeichnis Stimmberechtigte – hinaus (Art. 114 luxembVerf; Rehmet 2015, S. 3). Noch höher ist das Quorum in Litauen angesetzt (300.000 Unterschriften, Art. 9 Abs. 3 litVerf; s. auch Maj 2018b, S. 151; angesichts einer Bevölkerungszahl von rund 2,8 Mio. sind damit weit mehr als 10 % der Stimmberechtigten gefordert). In Bulgarien erfordert eine Volksinitiative 400.000 Unterschriften (Peicheva 2018, S. 62), was bei einer Bevölkerung von ca. 6,9 Mio. (die Zahl der Stimmberechtigten liegt allerdings, vermutlich aufgrund des hohen Anteils an im Ausland leben-

II.2. „Direkte Demokratie begünstigt Demagogen"

Entsprechendes gilt grundsätzlich auch für einzelne *ad hoc* vom *Gesetzgeber* anberaumte Volksabstimmungen. Das Brexit-Referendum war so ein *ad hoc* vom britischen Gesetzgeber aus tagespolitischen Erwägungen der regierenden Mehrheit anberaumtes Referendum. Es litt allerdings auch noch an weiteren, teilweise noch gravierenderen Fehlern, die es zum warnenden Beispiel gegen direkte Demokratie als solche völlig untauglich machen. Darauf wird zurückzukommen sein.[89]

Volksabstimmungen sollten für bestimmte Fälle obligatorisch oder durch eine Parlamentsminderheit auslösbar und im Übrigen auf Initiative aus dem Volk möglich sein.[90] Nach Ermessen „von

den Staatsbürgern, fast genauso hoch, s. <https://www.electionguide.org/countries/id/34/>, Abruf 30.6.2022) ebenfalls eine hohe Hürde darstellt (zum Vergleich: in der Schweiz mit einer Bevölkerungszahl von etwas über achteinhalb Millionen – unter denen sich allerdings viele nicht stimmberechtigte Ausländer befinden (der Ausländeranteil an der Wohnbevölkerung beträgt etwas mehr als ein Viertel) – erfordert eine Verfassungsinitiative 100.000 und ein volksinitiiertes fakultatives Referendum zu näher bestimmten parlamentsbeschlossenen Rechtsakten 50.000 Unterschriften, für deren Einwerbung die Initianten 18 Monate bzw., im Fall des fakultativen Referendums, 100 Tage Zeit haben, Art. 138 Abs. 1, 139 Abs. 1, Art. 141 Abs. 1 schweizBV). Niedriger als in Kroatien und Bulgarien, wenn auch nicht so niedrig wie in der Schweiz, liegt das Unterschriftenquorum in Ungarn (200.000 bei einer Bevölkerung von etwas unter 10 Mio.); dafür ist das Feld der überhaupt initiativfähigen Gegenstände aber erheblich eingeschränkt, s. Abschnitt Der Staat, Art. 8 Abs. 1, 2 ungarGG, und gegen die behördliche Nichtzulassung einer Initiative wegen offensichtlichen Verstoßes gegen den verfassungsrechtlichen Sinn und Zweck der Institution der nationalen Volksabstimmung gibt es keinen Rechtsschutz, s. Art. 10 Abs. 2 des einschlägigen einfachen Gesetzes CCXXXVIII aus 2013, Stand 21.12.2020 (Veröffentlichung durch die Venedig-Kommission <https://www.venice.coe.int/webforms/documents/default.aspx?pdffile=CDL-REF(2021)063-e>, Abruf 30.6.2022).

[89] S.u. Text m. Fn. 146 ff.
[90] Naheliegend und tatsächlich verbreitet sind obligatorische Volksabstimmungen für Verfassungsänderungen. Anstelle eines obligatorischen Volksentscheids für *jede* Verfassungsänderung sind Differenzierungen nach Gewicht bzw. Kontroversialität der Änderung erwägenswert. Solche Differenzierungen können auch prozedural vermittelte sein, etwa derart, dass eine *kleine* Parlamentsminderheit mit der Befugnis ausgestattet wird, einen Volksentscheid über eine Verfassungsänderung auszulösen, womit sich die Anrufung der Bürger in politisch weitgehend unstrittigen Fällen erübrigen würde, s. zu dieser Variante und ihrer *ratio* Parlamentarischer Rat, Verhandlungen des Hauptausschusses, Bonn 1948/49, 12. Sitzung, 1.12.1948, S. 145 (Äußerung des Abg. Dr. Süsterhenn, CDU). Die Notwendigkeit der Bestätigung einer – zunächst von Bundestag und Bundesrat jeweils mit Zweidrittelmehrheit zu beschließenden – Verfassungsänderung durch Volksabstimmung war in Art. 106 Abs. 1 des Grundgesetzentwurfs des Verfassungskonvents von Herrenchiemsee vorgesehen. Der Vorschlag setzte sich im Parlamentarischen Rat letztlich nicht durch. Einerseits wurde gegen das mit dem Entwurf vorgeschlagene hohe Beteiligungs-

oben" anberaumte Volksabstimmungen sind, *auch als zusätzliches Instrument* neben den schon genannten, nicht wünschenswert. Nicht zufällig findet man im internationalen Vergleich statistisch volksinitiierte direktdemokratische Verfahren stärker als die „von oben" oder obligatorisch aktivierten mit positiver Demokratiequalität verbunden.[91]

International sind allerdings bislang – neben den häufig vorgesehenen obligatorischen Referenden – Referenden, die von einer Parlamentsmehrheit und/oder durch die Spitze der Exekutive initiiert werden können, sehr viel verbreiteter als die Möglichkeit

quorum von 50 % der Stimmberechtigten eingewandt, in Kombination mit dem für das parlamentarische Verfahren in beiden Kammern geltenden qualifizierten Mehrheitserfordernis würden damit Verfassungsänderungen übermäßig erschwert. Andererseits hieß es, auch vorgeschlagene niedrigere Quoren von 25 oder 30 % könnten nicht befriedigen. Dazu und zu verschiedenen weiteren vorgeschlagenen Varianten (Notwendigkeit eines Volksentscheids erst nach einer Übergangsfrist, in der Änderungen einfacher bleiben sollten, oder nur auf Antrag einer Parlamentsminderheit), die sich nicht durchsetzten, und zum schließlichen Wegfall jedes Erfordernisses einer Volksabstimmung bei Verfassungsänderungen näher v. Doemming / Füsslein / Matz 1951, S. 574 ff. zu Art. 79 GG. Überlegungen zur Beschränkung eines obligatorischen Verfassungsreferendums auf bestimmte Kernelemente der Verfassung bei Decker 2016, S. 162. Vorschlag obligatorischer Referenden für Gesetze, die der Zustimmung des Bundesrats bedürfen, im Fall der Verweigerung dieser Zustimmung mit einer Mehrheit von 50 bis 66 % der Stimmen, und für Verfassungsänderungen bei Hornig 2017, S. 139 ff., 141 ff. Gleichfalls naheliegend und verbreitet sind verfassungsrechtliche Regelungen, die eine Volksabstimmung für die Übertragung von Hoheitsrechten auf transnationale Einrichtungen generell oder jedenfalls insoweit obligatorisch machen, als durch die Übertragung Möglichkeiten transnationaler Hoheitsentscheidungen, die dem nationalen Verfassungsrecht vorgehen, eröffnet, erweitert oder hinsichtlich des Verfahrens modifiziert werden.
[91] Lauth / Lemm 2021, S. 583 f. Dass in dieser Untersuchung die nach Ermessen „von oben" aktivierten Instrumente (PL = Plebiszite) mit den obligatorischen Referenden (OR) zu einer Gruppe (TD-MDD, *top-down mechanisms of direct democracy*) zusammengefasst und den volksinitiierten (CI-MDD, *citizen-initiated mechanisms of direct democracy*) gegenübergestellt werden, ist angesichts der aus den o.g. theoretischen Gründen vorhersagbaren vollkommen unterschiedlichen Demokratierelevanz von PL und OR höchst unplausibel (s. denn auch für die nicht überraschende Inkohärenz der Zusammenhänge mit der Demokratiequalität in der letzteren Gruppe und Zweifel am Sinn der Zusammenfassung ebd. S. 584, 568) und erklärt die teilweise überraschenden Ergebnisse, zu denen die Untersuchung bei Beschränkung der Betrachtung auf *demokratische* Staaten (ebd. S. 584 f.) und Differenzierung nach TD-MDD und CI-MDD gelangt. Der bei Betrachtung sowohl demokratischer als auch nichtdemokratischer Staaten festgestellte positive Zusammenhang von direkter Demokratie und Demokratiequalität dürfte noch wesentlich stärker ausfallen, als er in dieser Untersuchung ausgefallen ist, wenn die nach Ermessen *top-down* aktivierte Variante (PL) ausgeklammert würde.

II.2. „Direkte Demokratie begünstigt Demagogen"

der Initiative aus dem Volk.[92] Was bislang international an Erfahrungen mit direktdemokratischen Entscheidungssystemen vorliegt, stammt daher zu einem großen Teil aus Staaten von schwach ausgeprägter oder definitiv nicht gegebener demokratischer Qualität, die nach wie vor die große Mehrheit bilden, und zu einem großen Teil handelt es sich *nicht* um Erfahrungen mit denjenigen Typen direktdemokratischer Entscheidung, die geeignet sind, die demokratische Qualität des jeweiligen Entscheidungssystems zu verbessern. Daran sollte man bei jeder Auswertung solcher Erfahrungen denken. Nur so lässt sich der zweite Fehler vermeiden, an dem – neben dem Idealvergleichsfehler[93] – Beiträge zur Diskussion über direktdemokratische Entscheidungsverfahren häufig leiden: Dem Pauschalierungsfehler, der darin besteht, dass „der" direkten Demokratie bestimmte Vor- oder Nachteile zu- oder abgesprochen werden, ohne zu berücksichtigen, dass direktdemokratisches Entscheiden in sehr unterschiedlichen Ausgestaltungen mit sehr unterschiedlichen Wirkungstendenzen möglich ist und praktiziert wird.[94]

---

[92] S. den verdienstvollen Überblick von Morel 2018c, S. 512 ff., über die im Jahr 2016 weltweit (in 195 Staaten) für die nationale Ebene vorgesehenen oder nicht vorgesehenen Typen direktdemokratischer Entscheidung sowie die Aufschlüsselung bei Morel 2018a, S. 37, wonach von den 195 Staaten 24 % die Möglichkeit der volksinitiierten Volksabstimmung, 7 % die Möglichkeit der von einer institutionellen Minderheit (z.b. des Parlaments oder der Regionen, Kantone u.ä.) initiierten Volksabstimmung, 56 % den Typus des obligatorischen Referendums, 55 % die Möglichkeit der von der Legislative (mehrheitlich) oder von einem Exekutivorgan initiierten Volksabstimmung, und 19 % keinerlei Volksabstimmung auf nationaler Ebene vorsehen. Sehr verbreitet ist demnach die Möglichkeit „von oben" anberaumter Volksabstimmungen bei gleichzeitig fehlender Möglichkeit, Abstimmungen durch Initiative aus dem Volk in Gang zu setzen. Seitens der (im weitesten Sinne) Regierenden in Gang gesetzte Volksabstimmungen sind dementsprechend die in der Praxis weltweit verbreitetste Variante direktdemokratischer Entscheidungen, s. für Lateinamerika Zovatto 2014, S. 15, 49 f. (*„por mucho el mecanismo más usado"*). Von oben auslösbare Bürgerentscheide sind in der Mehrzahl der deutschen Länder für die Kommunen vorgesehen (Überblick bei Seybold 2021, S. 371), hier allerdings nur als eine Möglichkeit neben der des vom Gemeindevolk initiierten Bürgerbegehrens.
[93] S.o. II.1., zweitletzter Abs. vor II.2.
[94] Vor allem in der Politikwissenschaft wird die Bedeutung der konkreten institutionellen Ausgestaltungen heute zwar häufig reflektiert, s. statt vieler z.B., besonders prononciert, Cheneval / el-Wakil 2018a, S. 291 ff. Der Fehler der unzureichenden Berücksichtigung von Ausgestaltungsunterschieden ist dennoch selbst in der Wissenschaft noch längst nicht ausgestorben; zahlreiche Beispiele bei Cheneval / el-Wakil 2018b, S. 294. Für dort nicht erwähnte Beispiele s. etwa u. Textabsätze m. Fn. 191 ff. sowie die Untersuchung des Parteieneinflusses in direktdemokratischen Verfahren von Hornig 2011, die nicht differenzierend berücksichtigt, dass nur in zwei der neun untersuchten europäischen Länder bürgerinitiierte Verfah-

3. „Vor allem in Finanzfragen ist dem Volk nichts zuzutrauen"

Besonderes Misstrauen gegen die Fähigkeit des Volkes zu weiser Entscheidung herrscht in Finanzfragen. Nicht selten wird daher das Haushalts- und Steuerrecht vom Anwendungsbereich vorgesehener direktdemokratischer Verfahren ausgenommen.[95] In Deutschland, wo in allen *Ländern* direktdemokratische Entscheidungsmöglichkeiten vorgesehen sind, schließen die Landesverfassungen durchweg das Haushaltsgesetz sowie Abgabegesetze und meist auch noch andere Finanzgegenstände von dieser Möglichkeit

---

ren zulässig sind; treffende Kritik bei Schiller 2016, S. 450. S. im Übrigen dazu, dass das Sicheinbringen politischer Parteien in direktdemokratische Verfahren nicht *per se* zu problematisieren ist, Schünemann 2017, S. 44 f. Was die angebliche Parteidominanz in direktdemokratischen Verfahren angeht, sprechen die von Hornig selbst in einer jüngeren Veröffentlichung angegebenen Zahlen jedenfalls in Bezug auf volksinitiierte Verfahren eine ganz andere Sprache: In der Schweiz stammten danach aus einer Stichprobe von 227 Initiativvorlagen der Jahre 1950 bis 2004 nur 31,2 % von Parteien (Hornig 2017, S. 81 f.), in Italien waren von 201 Betreibern der 152 untersuchten volksinitiierten abrogativen (gegen parlamentsbeschlossene Gesetze gerichteten) Referenden im Zeitraum 1971–2005 nur 27,8 % Parteien (ebd. S. 84). Nach Hornig 2021, S. 488 hat sich dieser Anteil auch seitdem nicht wesentlich verändert; zum dennoch erheblichen Einfluss der Parteien insbesondere durch – angesichts des Beteiligungsquorums von 50 % erfolgversprechende – Demobilisierungskampagnen ebd. S. 488 ff. (vgl. dagegen – unter ganz anderen als den heutigen kommunikationstechnischen Bedingungen – noch Offe 1992, S. 131: in Deutschland könnten „ja Volksinitiativen und Volksbegehren ersichtlich von niemand anderem organisiert werden als wiederum von politischen Parteien"). S. außerdem dazu, dass die Erfolgsquote zivilgesellschaftlicher Gruppen, die Volksabstimmungen initiiert haben, regelmäßig höher ist als diejenige initiierender Oppositionsparteien, anhand von Daten, die weltweit alle *„bottom-up direct democracy experiences"* auf nationaler Ebene zwischen 1874 und 2009 zu erfassen beanspruchen (Schweiz: 34,8 vs. 27,5 %; Liechtenstein: 44,1 vs. 21,1 %; *„Rest of the world"* 57,1 vs. 23,3 %), Serdült / Welp 2012, S. 85. Allerdings trifft es zu, dass zu den Faktoren, die Einfluss auf den Erfolg von Volksinitiativen haben, die Unterstützung durch Parteien gehört, schon weil diese in der Regel über besondere gute Möglichkeiten verfügen, die Stimmbürger kommunikativ zu erreichen (Altman 2011, S. 167). Dieser Einfluss ist aber, wie sich schon in den immer wieder vorkommenden gegen Regierungs- und mehrheitliche Parlamentspositionen ausgehenden Volksabstimmungsergebnissen zeigt, nicht ansatzweise so beschaffen, dass das Ergebnis von Volksabstimmungen stets von aktuellen Stärkeverhältnissen der Parteien abhinge und von daher argumentiert werden könnte, mittels direktdemokratischer Instrumente würden überflüssigerweise nur Entscheidungen produziert, wie sie mittels der Parteien auch im repräsentativen Modus zustandegekommen wären. Zur Bedeutung direktdemokratischer Instrumente für die Parteien näher u. Text m. Fn. 376 ff.
[95] Merli 2015, S. 316, 318 nennt als europäische Beispiele Lettland, Österreich, Portugal, die Slowakei, Slowenien und Ungarn.

aus.⁹⁶ Landesrechtliche Begrenzungen der Möglichkeit finanzwirksamer Volksentscheide werden außerdem häufig auch noch extensiv, also im Sinne weitreichender Beschränkung, ausgelegt.⁹⁷ Nicht selten wird sogar angenommen, das Grundgesetz verbiete mit der Ewigkeitsklausel des Art. 79 Abs. 3 GG – indirekt auch für die Länder – weitreichende direktdemokratische Entscheidungen in Finanzfragen, weil diese das Urrecht des Parlaments, das Budgetrecht, unzulässig beschränkten.⁹⁸

⁹⁶ S. i.E. Chen 2018, S. 104 ff. (tabellarischer Überblick über die landesverfassungsrechtlichen Rahmenbedingungen für direktdemokratisches Entscheiden, jeweils Rubrik „Ausnahmebereiche") und S. 123 ff.; Braun-Binder 2013, S. 4 ff. Solche Restriktionen haben in Deutschland Tradition; bereits Art. 73 Abs. 4 WRV schloss den Haushaltsplan, Abgabengesetze und Besoldungsordnungen vom Verfahren der Volksgesetzgebung aus, dazu Chen 2018, S. 55 ff. Zu einschlägigen Regelungen für Volksabstimmungen auf kommunaler Ebene Schmidt 2021.
⁹⁷ Überblicke zur Rechtsprechung, auch zu korrigierenden verfassungsgesetzgeberischen Reaktionen in einigen Ländern, bei Haug 2021, S. 232 ff.; Chen 2018, S. 148 ff., 175 ff.; Braun-Binder 2013, S. 6 ff. Aus jüngerer Zeit s. z.b. BWVerfGH, Urteil v. 18.5.2020 – 1 GR 24/19 –, juris; HambVerfG, Urt. v. 4.12.2020 – 4/20 –, juris (kritisch dazu Wittreck 2020, S. 225 f.). Zur Diskussion in der Literatur Chen 2018, S. 171 ff., m. zahlr. w.N.
⁹⁸ So etwa Isensee 2001, S. 1163 ff., 1165; ders. 2010, S. 131; Krafczyk 2005, S. 243 ff. (265 ff., 269); Brenner 2005, S. 514, Rn. 65; Müller-Franken 2005, S. 31, 36; Waldhoff 2012, S. 73. Aus der Rechtsprechung s., für Verfassungswidrigkeit einer Verfassungsänderung, die die Ausdehnung der Volksgesetzgebung auf Abgabengesetze vorsah, HambVerfG, Urt. v. 13.10.2016 – 2/16 –, juris, Rn. 209 ff. (219 ff.) – eine Entscheidung, von der Thomas Groß mit Recht festgestellt hat, dass ihre Ausführungen „Mindeststandards juristischer Interpretation unterschreiten", Groß 2017, S. 350 ff. (350); s. auch, aus politikwissenschaftlicher Sicht, Decker 2021, S. 30, Fn. 47 (das Gericht bediene sich „verfassungsrechtlicher Argumente, die in ihrer Willkür fast haarsträubend anmuten"). Die Judikatur der Landesverfassungsgerichte in dieser Frage ist seit langem uneinheitlich; für Überblicke s. Chen 2018, S. 155 ff.; Lembcke / Peuker / Seifarth 2007, S. 130 f.; Kertels / Brink 2003, S. 435 ff. Für die Gegenauffassung in der Literatur, nach der das Grundgesetz eine Erstreckung direktdemokratischer Entscheidungsmöglichkeiten auf Finanzfragen nicht ausschließt, s. statt vieler Dreier / Wittreck 2009, S. 25 f.; Kaiser 2017, S. 18 f.; Groß 2017, S. 350 ff.; Popp 2021, S. 288 f., m.w.N.; kritisch zu der angesprochenen Restriktion direktdemokratischer Entscheidungsmöglichkeiten in finanziellen Angelegenheiten u.a. im Hinblick darauf, dass das Bundesverfassungsgericht sich Entscheidungen mit weiterreichenden Haushaltsauswirkungen erlaube als an direktdemokratischen Einwirkungen auf das Budget für zulässig gehalten werde, Jung / Knemeyer 2001, S. 48 ff. Soweit die restriktive Auffassung sich auf die Landesebene bezieht, wird teils die sogenannte Homogenitätsklausel des Art. 28 Abs. 1 Satz 1 GG herangezogen, der zufolge die verfassungsmäßige Ordnung in den Ländern „den Grundsätzen des republikanischen, demokratischen und sozialen Rechtsstaates im Sinne dieses Grundgesetzes entsprechen" muss, was der einschlägigen Auslegung des Art. 79 Abs. 3 GG Bedeutung auch für das auf Länderebene

Soweit das dahinterstehende Misstrauen gegen das Volk als Entscheider in Finanzfragen sich auf die Vermutung mangelnder Ausgabendisziplin stützt, stellt sich zunächst die Standardfrage: Warum sollte man in dieser Hinsicht den Repräsentanten des Volkes mehr vertrauen? Repräsentative Politik neigt bekanntlich zu Wahlgeschenken und zu teurer Klientelbedienung.[99] Je nach Klientel haben die Parteien unterschiedliche Ausgabenwünsche. Alleinregierung einer Partei zahlt sich besonders für die Wählerklientel dieser Partei aus. In Koalitionsregierungen kommt es zu wechselseitigen Konzessionen in Bezug auf Leistungen und Steuervorteile, für die eine Mehrheit bei Volksabstimmungen in vielen Fällen nie zu mobilisieren gewesen wäre – klassischer Fall: die FDP soll ihren ermäßigten Mehrwertsteuersatz fürs Hotelgewerbe, die CSU ihr Betreuungsgeld bekommen[100] –, aber auch zu wechselseitigen Bremsungen, weil die Koalitionsdisziplin wechselnden ausgabenermöglichenden Mehrheitsbildungen unter Einschluss der Oppositionsparteien im Wege steht. Wenn sich auch diese politischen Bremsen lösen, wie in Österreich unter der nach dem Sturz von Kanzler Sebastian Kurz vom Staatspräsidenten eingesetzten, von keiner bestimmten Parteienkoalition getragenen, bis zur Neuwahl im Herbst 2019 amtierenden Übergangs-Beamtenregierung, kommt das Ausgabenkarussell mit Hilfe wechselnder Mehrheiten vollends in Fahrt.[101]

Zulässige verschafft und daher auch die Auslegung der landesverfassungsrechtlichen Finanzvorbehalte beeinflusst; teils rekurriert man stattdessen oder zusätzlich auf, sei es explizite oder unterstellte implizite, landesverfassungsrechtliche Ewigkeitsgarantien. Eine Steigerung einschränkender Ableitungen aus Art. 79 Abs. 3 GG, ggf. in Verbindung mit Art. 28 Abs. 1 GG, ins Groteske liegt in der Behauptung, die Zulassung finanzwirksamer Volksgesetzgebung verstoße gegen das – als Verfassungsgrundsatz von Art. 79 Abs. 3 GG geschützte – Rechtsstaatsprinzip, weil es damit dem Volk ermöglicht werde, Entscheidungen in eigener Sache zu treffen (Stöffler 1999, S. 36, 39).
[99] Jung 2002a, S. 59: „Es sind die Vertreter, die permanent der Versuchung unterliegen, zu verschwenden"; s. auch Lewisch 2019, S. 8.
[100] So der Koalitionsvertrag für die 17. Wahlperiode, CDU, CSU und FDP 2009, S. 14 (ermäßigter Mehrwertsteuersatz für Hotels und Gastronomie), S. 68 (Betreuungsgeld). Der demgemäß ermäßigte Mehrwertsteuersatz gilt bis heute, während die absprachegemäß beschlossene Betreuungsgeldregelung für mangels Bundeskompetenz verfassungswidrig erklärt wurde, BVerfGE 140, 65.
[101] Benz 2019. Hinsichtlich der Schweiz zielt der Artikel auf die im Mai 2019 von den Schweizern per Volksabstimmung gebilligte sogenannte AHV-Steuer-Vorlage, in der im Kompromisswege unternehmensteuerliche Fragen mit Fragen der Finanzierung der Alters- und Hinterlassenenversicherung verbunden waren. Soweit diese Vorlage und die getroffene Abstimmungsentscheidung gerade deshalb kritisch betrachtet werden, weil es sich um ein ausgabensteigerndes Tauschgeschäft zwischen unter-

II.3. „Vor allem in Finanzfragen ist dem Volk nichts zuzutrauen"

Direkte Demokratie schlägt sich auf diesem Feld nicht schlechter, sondern eher besser als rein repräsentativdemokratische. Unter anderem aus diesem Grund liegt die Überlegung nicht fern, dass die Ausübung einer noch zu schaffenden Kompetenz der Europäischen Union zur Einführung eigener Steuern an direktdemokratische Zustimmung der Unionsbürger gebunden sein sollte.[102] Untersuchungen zu Städten in der Schweiz, zu den Schweizer Kantonen und zu den Einzelstaaten der USA kommen ganz überwiegend zu dem Ergebnis, dass die Staatsausgaben und / oder Staatsschulden ein deutlich geringeres Ausmaß haben, wo direktdemokratische Entscheidungen auch in Bezug auf die öffentlichen Finanzen möglich sind.[103]

schiedlichen Gruppen handelt, wie es eigentlich charakteristisch für die repräsentative Demokratie sei, handelt es sich um ein Problem, das unter dem Gesichtspunkt zu diskutieren ist, ob und inwieweit für direktdemokratische Entscheidungen ein Verbot der Koppelung sachlich nicht zusammenhängender Gegenstände gelten sollte. Ein solches Verbot gilt in der Schweiz unzweifelhaft für Volksinitiativen, s. Art. 139 Abs. 3 („Einheit der Materie"), Art. 75 Abs. 2 schweizBPR („Die Einheit der Materie ist gewahrt, wenn zwischen den einzelnen Teilen der Initiative ein sachlicher Zusammenhang besteht"). Ob der Grundsatz der Einheit der Materie auch für parlamentarische Gesetzgebung gilt – die zum Gegenstand eines Referendums werden kann –, ist umstritten; dazu und zur schweizerischen Rechtsprechung, die den Grundsatz der Einheit der Materie auch hier, allerdings in weniger strenger Form, anwendet, Kuoni 2015, S. 124 f.; Seferovic 2021, S. 547 ff. Die erwähnte Koppelung steuer- und versicherungsrechtlicher Fragen im Rahmen der zugelassenen AHV-Steuer-Vorlage passt dazu allerdings nicht; zur streitigen Diskussion in diesem Fall s. o.Verf. 2019. Kein Koppelungsverbot gilt bei Volksbefragungen in Österreich, s. für ein Beispiel Gärtner / Hayek 2022, S. 42. In Bayern hat der Verfassungsgerichtshof in Anknüpfung an die schweizerische Rechtslage (ausschließlich) für Volksbegehren ein Verbot der Koppelung „sachlich nicht zusammenhängende[r] Materien" aus zwei allgemeinen demokratiebezogenen Bestimmungen der bayerischen Verfassung abgeleitet, s. BayVerfGH, Entsch. v. 24.2.2000 – Vf. 112-IX-99 –, Rn. 40 ff., juris, m.w.N. Zu Problemen, die jedenfalls eine strikte Auslegung dieses Koppelungsverbots für die Problemlösungsfähigkeit direktdemokratischer Entscheidungen aufwirft, s. am Beispiel des bayerischen Volksbegehrens zur Artenvielfalt („Rettet die Bienen") Kranenpohl 2021, S. 325. Zur Diskussion um das Für und Wider der in den meisten US-Staaten für Volksinitiativen geltenden *single subject rule* Noyes 2018, S. 274; kritisch wegen mangelnder Bestimmtheit und daraus resultierender übermäßig restriktiver Anwendung durch die Gerichte Donovan / Smith 2021, S. 523, m.w.N.; zur Anwendung der *single subject rule* in der Rechtsprechung Kaliforniens Tyler 2021, S. 124 ff.

[102] Vorschlag dazu auf der Grundlage einer Analyse von Demokratiedefiziten der bisherigen Finanzverfassung der EU bei Schön (i.E.).
[103] Zu Städten in der Schweiz Feld / Kirchgässner 1999, S. 175 f. u. passim; zu Kantonen für die Jahre 1890 bis 2000 Funk / Gathmann 2011, S. 1258 ff.; zu Einzelstaaten in den USA im Zeitraum 1960 bis 1990 Matsusaka 1995, S. 587 u. passim; Langzeitüberblick bei Matsusaka 2020, S. 180.

Eine in der Tendenz ausgabenbremsende Wirkung geht, so sollte man es erwarten, stärker von der Möglichkeit des *Referendums* aus, mit dem die Bürger ein Veto gegen bereits repräsentativdemokratisch beschlossene Ausgaben oder ausgabenträchtige Projekte einlegen können, als von der Möglichkeit, im Wege der Volksinitiative gänzlich neue Ausgaben oder Projekte zu beschließen.[104] Da auch originäre – nicht gegen repräsentativdemokratische Beschlüsse gerichtete – Volksinitiativen,[105] soweit nicht durch Finanztabus beschränkt, auf Steuer- und Ausgabensenkungen gerichtet sein können, sind zwar auch hier ausgabensenkende Wirkungen möglich und verbreitet, aber entgegengesetzte Effekte werden gleichfalls verzeichnet.[106] Eine ländervergleichende Studie hat für Referenden eine ausgabensenkende, für originäre Volksinitiativen dagegen eine ausgabensteigernde Wirkung ermittelt, wobei sich für Staaten, in denen beide Institute zur Verfügung stehen, immer noch eine, wenn auch moderate, ausgabensenkende Wirkung ergibt.[107] Ganz überwiegend bestätigt die Studienlage für die Schweiz und über sie hinaus sowohl für die

S. auch Freitag / Vatter / Müller 2003, S. 253 f.; Feld 2008, S. 6 ff.; Kirchgässner 2008, S. 11 f., jew. m.w.N. Nur vereinzelt wurde ein entgegengesetzter Zusammenhang festgestellt (Nachweise bei Freitag / Vatter / Müller 2003, S. 349; Möckli 2018, S. 162, 163); so lagen etwa nach Matsusaka 2000, S. 619 u. passim in den USA in der ersten Hälfte des 20. Jahrhunderts die staatlichen und kommunalen Ausgaben in den Staaten mit Volksinitiative höher als in denen ohne. Überblicke bei Matsusaka 2018, S. 121 ff.; ders. 2020, S. 179 ff.; Voigt 2019, S. 21 ff.; Vatter 2020, S. 371 ff.

[104] Theoretische Argumente für eine Differenz zwischen den Wirkungen der genannten Varianten und weitgehende empirische Bestätigung für die Schweizer Kantone bei Freitag / Vatter / Müller 2003, S. 353 ff., 358 ff. (vgl. auch ebd. S. 362 f. zur Relevanz der Hürden für die Ergreifung des Referendums und dazu, dass niedrige Hürden schon – und sogar vor allem – durch ihre indirekte Vorwirkung ausgabenbremsend wirken); ebenso Vatter 2020, S. 373 ff.

[105] S. Anhang zur Terminologie, Abschnitt „Volksinitiative / volksinitiierte direktdemokratische Verfahren".

[106] S. Freitag / Vatter / Müller 2003, S. 359 f. Ob einzelne Studien, in denen ausgabensteigernde Wirkungen direktdemokratischer Entscheidungsverfahren festgestellt wurden (s.o. Fn. 103), eine Erklärung in entsprechenden institutionellen Differenzen finden, wäre zu prüfen. Ausgabensenkende Effekte nicht nur des obligatorischen Finanzreferendums, sondern auch der Volksinitiative, letzteres umso ausgeprägter, je niedriger das Unterschriftenquorum, ergaben sich dagegen aus den von Funk / Gathmann 2011 analysierten Daten (S. 1264 f., 1276).

[107] Blume / Müller / Voigt 2009, S. 432, 447 ff.; die ausgabensenkende Wirkung verstärkt sich der Untersuchung zufolge bei Referenden weiter in Abhängigkeit von dem Maß, in dem diese Institution nicht nur verfügbar ist, sondern auch tatsächlich genutzt wird, während hinsichtlich der ausgabensteigernden Wirkung von Initiativen eine entsprechende Veränderung des schon bei Verfügbarkeit des Instruments festgestellten Effekts nicht festgestellt wurde, s. Tabelle S. 447 sowie Text S. 448. Die Untersuchung bezieht 88 Länder ein (ebd. S. 432).

regionale (Kantone, Gliedstaaten) als auch für die nationale Ebene einen Zusammenhang zwischen direktdemokratischen Institutionen und niedrigeren Staatsausgaben.[108] Anders sieht es, aus Gründen, die noch der Erklärung harren, nur für die kommunale Ebene aus.[109]

Gegen die Vermutung, dass Finanzvorbehalte nötig sind, um die Bürger an hemmungsloser Kurzfrist-Wunscherfüllung zu hindern, spricht auch die Tatsache, dass die Schweizer im Jahr 2001 mit einer Mehrheit von 84,7 % der Abstimmenden dem Bundesbeschluss über die Einführung einer verfassungsrechtlichen Schuldenbremse zugestimmt haben.[110]

Auf die entgegengesetzte, für die deutsche Tradition der Finanzvorbehalte wirkmächtig gewesene Befürchtung, direktdemokratische Entscheidungen in Finanzfragen könnten zu übermäßigen Beschränkungen der Staatsausgaben führen,[111] komme ich

---

[108] Vatter 2020, S. 374; Matsusaka 2018, S. 121 ff.; s. auch Vospernik 2014, S. 65 ff. sowie die Nachw. in Fn. 103. Für die (modellhafte) Annahme einer geringeren Tendenz der direkten Demokratie zum Staatsausgabenwachstum auch Blankart 2017, S. 123 ff.; das hier zugrundegelegte Modell in seinen Prämissen nachzuvollziehen, ist mir allerdings nicht gelungen.
[109] S. für *cities* Matsusaka 2018, S. 123 f. (auf S. 124 Panel B. der dortigen Tab. 4). Matsusaka zieht (ebd. S. 128) als – empirisch noch nicht validierte – Erklärungen einen besonders hohen *„pro-business-bias in city halls"* und, wohl speziell für die USA, eine Wegzugsbewegung der Wohlhabenden aus den Stadtzentren in die Vororte in den Jahrzehnten von 1960 bis 2000, mit entsprechender Linksverschiebung der Stimmbürgerpräferenzen in den (Innen)Städten, in Betracht. Eine Untersuchung der Ausgaben- und Einnahmenentwicklung für 2056 bayerischer Gemeinden vor und nach der Einführung direktdemokratischer Instrumente (1995) kommt zu dem Ergebnis, dass die Einführung zu einem Anstieg der Ausgaben und Einnahmen geführt hat (Asatryan et al. 2017, S. 813 u. passim). Während die Verfasser erwägen, dass dieser von Untersuchungen für Schweizer Kantone und Gliedstaaten der USA abweichende Befund darauf zurückzuführen sein könnte, dass *„in Bavaria, with its largely right-wing-dominated party politics, citizens are pushing policies more to the left"* (ebd. S. 813), deutet Eichenberger 2021, S. 605 ihn dahin, dass die direktdemokratischen Institutionen zu – aus der Sicht der übergeordneten Staatsebenen, die über die Fördermittel entscheiden, ohne die in deutschen Kommunen wenig läuft – förderungswürdigeren Investitionsprojekten führen. Die für bayerische Kommunen festgestellte Ausgabensteigerung ist nicht mit Effizienzverlust gleichzusetzen; s. im Gegenteil für den Befund, dass in bayerischen Kommunen die Effizienz der Mittelverwendung mit dem Ausmaß der Nutzung direktdemokratischer Instrumente zunimmt, u. Fn. 222.
[110] S. <https://www.bk.admin.ch/ch/d/pore/va/20011202/index.html>, Abruf 10.9.2022, und den damit angenommenen Art. 126 schweizBV; dazu und zum Schuldenabbau seitdem Kirchgässner 2014, S. 150; zur Bedeutung der direktdemokratischen Institutionen für den Schutz der einmal etablierten Schuldenbremse gegen nachträgliches Unterlaufenwerden Eichenberger 2021, S. 601 f.
[111] S. für einschlägige Beschränkungen der Volksinitiative und weiterreichende Finanzvorbehalte in den Verfassungen der Weimarer Zeit und die dahinterstehende Befürchtung übermäßiger Steuerbelastungsaver-

weiter unten bei der Diskussion des Arguments, direkte Demokratie wirke unsozial, zurück.

4. „Das Volk wird rechtslastige oder zumindest konservative Entscheidungen treffen" – oder linkslastige, oder jedenfalls unedle.

Nach verbreiteter Auffassung begünstigt direkte Demokratie konservative oder innovationsfeindliche Entscheidungen.[112] In jüngerer Zeit wird vor allem vor einer rechtslastigen Tendenz der direkten Demokratie gewarnt.[113] Phasenweise herrschte allerdings die genau entgegengesetzte Befürchtung vor: Direkte Demokratie galt als Bedrohung für die Besitzenden.[114] Auch im Zusammenhang mit der Entstehung des Grundgesetzes wurde befürchtet, dass die Eröffnung direktdemokratischer Entscheidungsmöglichkeiten kommunistischen Bestrebungen in die Hände spielen könnte.[115]

---

sion der Bürger Isensee 2005, S. 101 ff., 109. Zum Hintergrund des von der Nationalversammlung beschlossenen Finanzvorbehalts der Weimarer Reichsverfassung s. auch Hoegner o.J., S. 38: „Die Volksvertreter zweifelten daran, dass eine Volksmehrheit sich ins eigene Fleisch schneiden und Steuergesetze beschließen würde."

[112] Für eine *status-quo*-begünstigende und/oder innovationshemmende Tendenz von Volksabstimmungen s. statt vieler Reinhard 1999, S. 435 (s.o. Fn. 67); Merkel / Petring 2011, S. 24 („Ergebniskonservatismus"); Merkel 2014, S. 16; Töller u.a. 2011, S. 517, m.w.N.; Hornig 2017, S. 105 ff. (betr. die Schweiz), 109 (betr. den eventuellen Fall der Einführung auf Bundesebene in Deutschland; in beiden Fällen bezieht die Beurteilung sich speziell auf volksinitiierte Abstimmungen); Vorländer 2020, S. 111 („Meistens ist der Status quo der Sieger"). Zum Widerstand der österreichischen Sozialdemokraten, die mit Blick auf schweizerische Erfahrungen eine konservative Tendenz unmittelbarer Sachentscheidungs-Volksrechte fürchteten, gegen die Aufnahme wirkungsvoller direktdemokratischer Elemente in die österreichische Bundesverfassung von 1920 Jabloner 2015, S. 304. Max Imbodens vielzitierte Klage über die (in Schweizer Diktion: das) „Helvetische Malaise" wird oft als Klage über den strukturkonservativen Zug der schweizerischen direkten Demokratie gedeutet, s. statt vieler Vatter 2020, S. 369. Imbodens Kritik richtete sich aber in keiner Weise gegen die direkte Demokratie als solche, sondern nur gegen einzelne nicht mehr zeitgemäße damalige, inzwischen längst reformierte Ausgestaltungen wie das damals in den Kantonen noch verbreitete *obligatorische* Referendum zu *jedem einzelnen Gesetz*, die Behinderung der Abstimmungsbeteiligung durch Ausschluss der Briefwahl und das fehlende Frauenstimmrecht, s. Imboden 2011/1964, S. 115, 117, 121, 123.

[113] Merkel 2014, S. 16 ff. Merkel / Ritzi 2017a, S. 39; dies. 2017b, S. 234, 244; s. auch, für die Befürchtung der Minderheitenfeindlichkeit, u. Abschn. II.7. Zur Geschichte der Idee, dass direktdemokratisches Entscheiden tendenziell konservativ und innovationsfeindlich wirke, Wiegand 2006, S. 38.

[114] S. für die Weimarer Zeit Obst 1986 S. 296 ff.

[115] Jung 1994, S. 214; Jung / Knemeyer 2001, S. 26 f.; Wirsching 2003, S. 341.

II.4. „Das Volk wird rechtslastige Entscheidungen treffen"

Unabhängig von expliziten Einordnungen in ein Rechts-links-Schema trauen Viele den Bürgern, wo sie unmittelbar Sachentscheidungen treffen, hauptsächlich Unedles zu, während man von der repräsentativen Demokratie Veredelung, Läuterung und Erhebung egoistischer Tendenzen zur Gemeinwohlorientierung hin erwartet.[116]

Hier muss zunächst unterschieden werden zwischen einerseits der Behauptung einer *status-quo*-zementierenden Tendenz der Volksgesetzgebung und andererseits der Behauptung bestimmter inhaltlicher Tendenzen, etwa einer Schlagseite nach rechts oder zum Reaktionären. Beides ist nicht dasselbe. Wenn zum Beispiel eine Änderung, die die Rechtsstellung von Ausländern oder sonstigen Minderheiten verschlechtert, durch Volksentscheid abgelehnt wird, dann konserviert das den diesbezüglichen *status quo*, ohne dass es sich aber deshalb um eine rechtskonservative oder gar reaktionäre Entscheidung handelte.[117]

Die Annahme, dass direktdemokratische Verfahren konservierend wirken, kann sich unter anderem auf die Beobachtung stützen, dass die große Mehrzahl aller Volksinitiativen (im engen Sinne der schweizerischen Terminologie) der Ablehnung verfällt.[118]

---

[116] Krüger 1966, S. 232 ff. (Kernsatz S. 233: „Insgesamt gesehen soll somit die Repräsentation bewirken, dass die staatliche Gruppe nicht als natürliches Ich, sondern als ihr besseres Ich existiert und handelt"); Isensee 2005, S. 108 ff. (108: „Läuterung der Interessen durch Repräsentation"); ders. 2010, S. 125 (die Ausübung der Volksherrschaft werde unter dem Grundgesetz „ ... geläutert durch Repräsentation"), S. 126 („Entspräche die Gesinnung aller Bürger tatsächlich dem Ideal Rousseaus, so stünde dem Plebiszit allerdings kaum noch ein prinzipieller Einwand im Wege", aber dem Rousseau'schen Ideal, dass der Bürger „den eigennützigen Standpunkt des bourgeois überwindet, um sich zur Höhe des selbstlosen, ausschließlich gemeinwohlorientierten citoyen zu erheben", entspreche die Realität nicht), S. 128 („Das parlamentarische Verfahren ... gibt Impulse dazu, dass die Gesellschaft über ihre Repräsentanten zu ihrem besseren Selbst findet"); Krause 2005, S. 82, Rn. 48 (Während man vom Wähler erwarten könne, „daß er nicht sein ‚natürliches' Ich, sondern sein ‚besseres' Ich" sprechen lasse, weil „bei der Personalentscheidung individuelle Interessen in den Hintergrund treten", begünstige die direkte Demokratie u.a. eigennützige Entscheidungen und Gemeinwohlferne); für die Annahme unzureichender Aktivierung moralischer Ressourcen in direktdemokratischen Entscheidungsverfahren Papadopulos 1998, S. 181 f., 189; w.N. speziell zu der in Rechtsprechung und Literatur vertretenen Annahme, in Finanzfragen neigten die Stimmbürger zur „Selbstbedienung", während Abgeordnete über die zur Wahrung des Gemeinwohls nötige Distanz verfügten, kritisch Klatt 2011, S. 8, 20 f., m.w.N.
[117] Treffend Morel 2019, S. 252.
[118] Daten für die Schweiz (Erfolgsquote, mit Schwankungen im Zeitverlauf, nur ca. 10 %) bei Vatter 2020, S. 357 und Tabelle S. 358 f. (dort auch zum Anstieg der Erfolgsquote in den zurückliegenden Jahrzehnten). Deutlich höher die Erfolgsrate in Liechtenstein (Marxer 2014, S. 203), aber

Daraus zu folgern, man solle Volksinitiativen gar nicht erst zulassen, weil direkte Demokratie zu Innovationsblockaden tendiere, wäre allerdings mehr als kurios. Ohne diese Institution gäbe es ja selbst die erfolgreich per Volksinitiative durchgesetzten Reformen nicht. Ebensowenig gäbe es die mit Initiativen verbundene Möglichkeit, Probleme zu einem vielbeachteten Gegenstand der öffentlichen Diskussion zu machen, und es entfielen die Rechtsänderungen, die der parlamentarische Gesetzgeber nicht selten beschließt, wenn eine Volksinitiative zwar erfolglos war, das Niveau der Zustimmung oder sonstige Umstände aber für parlamentarisches Entgegenkommen sprechen.[119] Speziell die Volksinitiative, mit der die Initiatoren eigene, *nicht* dem repräsentativdemokratischen Politikbetrieb entspringende Gesetzgebungsprojekte zur Abstimmung stellen können, gilt denn auch als das innovationsfördernde Element im direktdemokratischen Instrumentenbaukasten.[120] Die Bedeutung der damit eröffneten Möglichkeit, in den politischen Prozess Neues einzubringen, das nicht von vornherein zum Scheitern verurteilt ist, wächst in dem Maß, in dem das Programm der repräsentativdemokratischen Gesetzgebung durch Koalitionsvereinbarungen nicht nur im Detail vorgezeichnet, sondern immer stärker auch eingeengt wird durch die zunehmende Üblichkeit, jenseits des Unstreitigen im Normalbetrieb keine im Koalitionsvertrag nicht vorgesehenen gesetzgeberischen Beschlüsse zu fassen.[121] Wenn auf den historischen Konservatismus der Schweizer

---

auch hier wird – selbstverständlich, möchte man sagen – der weitaus größte Teil der Initiativen, die zur Abstimmung gelangen, abgelehnt. Überwiegende Ablehnung originärer Volksinitiativen ergibt auch die Auswertung von Volksabstimmungen in nichtautokratischen Staaten weltweit von 1980 bis 2016 bei Altman 2019, S. 134, zur Datenbasis näher ebd. S. 95 (zum Zeitraum) und S. 118 (zu den einbezogenen Staaten).
[119] Dazu näher u. Text m. Fn. 316.
[120] Linder / Mueller 2017, S. 321 ff.
[121] Zu diesem „selbstbeschränkenden Charakter von Koalitionsvereinbarungen" Rossi 2021, S. 194. Derartige Beschränkungen über das in Koalitionsverträgen explizit Thematisierte hinaus ergeben sich wohl vor allem für Programmpunkte, die in den Koalitionsverhandlungen thematisiert, aber kontrovers geblieben und deshalb nicht in den Koalitionsvertrag aufgenommen worden sind. Ein Beispiel bietet das Kfz-Tempolimit, über das in den Koalitionsgesprächen der Ampelparteien für die 20. Wahlperiode gesprochen wurde, dem sich die FDP aber entschieden widersetzte mit der Folge, dass es sich im Koalitionsvertrag nicht findet. Dort wird es zwar auch nicht explizit ausgeschlossen; angesichts der Vorgeschichte wirkt die Nichtaufnahme aber politisch wie ein impliziter Ausschluss. Selbst unter den durch den Ukraine-Krieg vollkommen veränderten energiepolitischen Rahmenbedingungen hat der Bundeskanzler sich auf die wiederaufgeflammte Diskussion um ein Tempolimit nicht mehr in der Sache eingelassen, sondern nur noch mit den Worten: „Das hat diese Regierung nicht vereinbart, und deswegen kommt es auch nicht" (FAZ v. 4.7.2022, Art.

Stimmbürger verwiesen wird, darf man auch nicht vergessen, dass der Erfolg von Volksinitiativen in der Schweiz bis 1987 dadurch behindert war, dass ein Gegenentwurf zum Initiativvorschlag als Mittel eingesetzt werden konnte, um Veränderungsbefürworter zu spalten und so den *status quo* selbst angesichts einer veränderungswilligen Mehrheit zu konservieren.[122]

Fakultative Referenden, mit denen parlamentsbeschlossenen Gesetzen entgegenzutreten versucht wird, verfallen in der Schweiz gleichfalls überwiegend der Ablehnung, wenn auch längst nicht so häufig wie die Volksinitiativen.[123] Obwohl demnach in einem formalen Sinn auch hier meist der rechtliche *status quo*, nämlich das jeweils beschlossene Parlamentsgesetz, bestätigt wird, handelt es sich der Sache nach dann doch jeweils um die Bestätigung der vom Gesetzgeber vorgesehenen Veränderung der Rechtslage, also gerade nicht um ein Kleben am Gewohnten. Wo die Schweizer gegen die Empfehlung des Parlaments votieren, weichen sie in jüngerer Zeit überwiegend nach links davon ab.[124]

Gegen eine Tendenz zur Bewahrung des *status quo* in *dem* Sinne, dass Veränderungen nur zugestimmt wird, wo man einen Missstand erkennt und man dem unterbreiteten Vorschlag zutraut, dass er ohne unverhältnismäßige Kehrseiten das Problem behebt oder zu seiner Behebung beiträgt, ist im Übrigen nichts einzuwenden. Im Gegenteil. Näher liegt es, einen Vorteil direktdemokratischer Verfahren, insbesondere volksinitiierter Verfahren, darin zu vermuten, dass gerade hier die Erfolgschancen für Unnötiges, Überbürokratisches und rein Symbolpolitisches, wie es sich politische – auch verbandspolitische – Akteure zur Befriedigung bestimmter Klientelen oder zum Beweis allgemeiner Nützlichkeit gern ausdenken, besonders gering sein dürften.

Eine Betrachtung, die die Auswirkungen direktdemokratischer Entscheidungsmöglichkeiten allein anhand von Abstimmungsergebnissen beurteilt, ist ohnehin verkürzt, weil sie die erheblichen *indirekten* Wirkungen vernachlässigt – unter anderem die sehr häufigen parlamentarischen Reaktionen, die dem jeweils verfolgten Anliegen trotz ablehnenden Abstimmungsergebnisses entgegenkommen.[125]

„Scholz lehnt Einführung von Tempolimit ab"). Mit der Heterogenität der Parteien, die sich zu Koalitionen zusammenfinden, nimmt naturgemäß die Menge des solcherart als koalitionsverträglich implizit ausgeschlossen Geltenden zu.
[122] Dazu näher u. Text m. Fn. 304.
[123] Morel 2019, S. 251; Vatter 2020, S. 357 und Tabelle S. 358 f.
[124] Mayer 2017, S. 61 f. Zur Veränderung gegenüber früheren Zeiten auch Kriesi / Bernhard 2014, S. 9.
[125] So auch Möckli 1994, S. 344 f. Zu den indirekten Wirkungen direktdemokratischer Entscheidungsmöglichkeiten s. die nachfolgenden Ab-

All das ändert freilich nichts daran, dass speziell die direktdemokratische Institution des vom Volk und/oder von parlamentarischen Minderheiten initiierbaren Referendums, mittels dessen Beschlüsse anderer Staatsorgane gekippt werden können, einen zusätzlichen Veto-Player, eben die Stimmbürger, ins Spiel bringt, der mit einiger Wahrscheinlichkeit gelegentlich blockiert, was im Wege repräsentativer Gesetzgebung beschlossen wurde. Im Wege indirekter Vorwirkung bremst das auch den Neuerungseifer der repräsentativdemokratischen Organe, soweit diese damit rechnen müssen, dass ihre Entscheidungen per Volksabstimmung korrigiert werden.[126] Dem wird allerdings die schwer verifizier- oder falsifizierbare Annahme entgegengesetzt, dass gerade die Gewissheit, über die Möglichkeiten des Bremsens durch Referendum zu verfügen, die Bürger veranlasst, sacharbeitsaktivere Politiker zu wählen und wiederzuwählen, und dass auf diese Weise auch das Referendum indirekt innovative Politik begünstigt.[127] Verzögernde Effekte können jedenfalls davon ausgehen, dass direktdemokratische Verfahren, besonders wenn sie eine Verbesserung der politischen Kommunikation bewirken sollen, einige Zeit kosten.[128] Parlamentsgesetze, gegen die das Referendum ergriffen wird, treten, auch wenn die Initianten ihr Ziel nicht erreichen, doch immerhin erst verzögert in Kraft. Was sollte daran aber so schlimm sein, dass man auf solche Verfahren besser verzichtet? Neuerungen sind so wenig *per se* gut wie *per se* schlecht. Die seit den 1980er Jahren modische Neuerung, öffentliche Einrichtungen – vom Gesundheitswesen bis zur Trinkwasserversorgung – im Interesse größerer ökonomischer Effizienz zu privatisieren, ist weltweit häufig an Volksabstimmungen gescheitert.[129] War das bedauerliche Innova-

schnitte; insbesondere zur Praxis des Entgegenkommens nach gescheiterten Initiativen u. Text m. Fn. 316 f. Allg. Matsusaka 2018, S. 113: *"One insight from the theoretical literature is that direct democracy's effect on policy comes to a large degree by changing the behavior of representatives."*
[126] Zur insofern bremsenden Wirkung des Referendums s. statt vieler Linder / Mueller 2017, S. 316 ff. (allg. zu Vorwirkungen auf die repräsentativdemokratische Politik ebd. S. 388); Poier 2015, S. 215, 223.
[127] Eichenberger 2021, S. 600 f. Am ehesten dürfte sich verifizieren lassen, dass besonders ausgeprägte direktdemokratische Interventionsmöglichkeiten, wie sie in der Schweiz existieren, mit der Förderung konkordanzdemokratischer Praktiken indirekt dazu führen, dass die Mitglieder der Regierung weniger Zeit in Wahlkampfaktivität und entsprechend mehr Zeit in die Lösung von Sachproblemen investieren.
[128] Zum Zeitbedarf s.o. Text m. Fn. 49 f. Zum Streit über die ökonomischen Auswirkungen gewisser aus den genannten Gründen unbestreitbarer und unbestrittener retardierender Effekte Vatter 2020, S. 375 ff.; allgemeiner zur Leistungsfähigkeit des politischen Gesamtsystems ebd. S. 368 ff.
[129] Näher u. Text m. Fn. 239 ff.

II.4. „Das Volk wird rechtslastige Entscheidungen treffen"

tionsfeindlichkeit oder nicht vielmehr weise Voraussicht? Gleich wie man darüber denkt: Warum sollte das letzte Wort hier nicht bei den Bürgern liegen, denen diese Einrichtungen dienen sollen? Auch die Verzögerung mancher Entscheidungsverfahren durch obligatorische oder fakultative direktdemokratische Interventionen oder durch interventionsvermeidende Kompromissfindungsbemühungen, deren Abwicklung Zeit kostet, wird man schwerlich als eine Ursache von Entwicklungsrückständen identifizieren können. Dem Nachteil der Verlangsamung mancher Entscheidungsprozesse steht außerdem – je dialog- und kompromissfördernder die Rahmenbedingungen ausgestaltet sind, desto mehr – der Vorteil höherer Akzeptanz für die gefundenen Ergebnisse gegenüber.[130] Das dient nicht nur dem politischen Frieden, sondern kann auch den Zeitaufwand für das Verfahren der Entscheidungsfindung ausgleichen, indem es Widerstände und daraus resultierenden Zeitaufwand in der Umsetzungsphase reduziert.

Zum Beleg inhärenter Fortschrittsfeindlichkeit der direkten Demokratie wird oft auf jahrzehntelange direktdemokratische Blockaden des Frauenstimmrechts verwiesen. Tatsächlich haben in der Schweiz die damals allein stimmberechtigten Männer den Schweizerinnen noch 1959 per Volksabstimmung das Stimmrecht verwehrt. Erst ein weiteres Referendum im Jahr 1971 brachte den Frauen auf nationaler Ebene das Recht, zu wählen und bei direktdemokratischen Entscheidungen mitzustimmen.[131] Für die kantonale Ebene hat den Frauen in Appenzell-Innerrhoden sogar erst eine Entscheidung des Bundesgerichts aus dem Jahr 1990 das Stimmrecht verschafft.[132] Im Fürstentum Liechtenstein gingen Volksabstimmungen zum Frauenstimmrecht 1968, 1971 und noch ein weiteres Mal 1973 ablehnend aus. Erst in einer weiteren Abstimmung 1984 waren die Männer mit knapper Mehrheit zu dieser Neuerung

---

[130] Zu diesbezüglichen Unterschieden zwischen der Schweiz (wo die direktdemokratischen Verfahren kompromissfördernd ausgestaltet sind) und den USA (wo dies weit weniger der Fall ist, s.u. Text m. Fn. 310) Möckli 1994, S. 355 f.; s. auch, für den Bereich der Sozialpolitik, u. Text m. Fn. 232. Für eine akzeptanzsteigernde Wirkung direktdemokratischer Verfahren insbesondere in als wichtig betrachteten Angelegenheiten auf der Grundlage einer rein hypothetischen Befragung (ohne Berücksichtigung unterschiedlicher direktdemokratischer Verfahrenstypen), daher naturgemäß ohne Berücksichtigung spezifischer kommunikationsfördernder Effekte direktdemokratischer Verfahren Towfigh et al. 2016, S. 51 ff., 62 f.

[131] Details bei Altman 2011, S. 46 f.; für einen Erklärungsversuch, dem zufolge die späte Einführung des Frauenwahl- und -stimmrechts in der Schweiz keinen Schluss auf eine Bedrohung von Menschenrechten und politisch schwachen Bevölkerungsgruppen zulasse, Koukal / Eichenberger 2017, S. 2 ff. (24).

[132] Bundesgericht, Urteil vom 27. November 1990, BGE 116 Ia, 359.

bereit.[133] Nun ja, Macht zu teilen fällt immer schwer. Aus der besonderen Langsamkeit des direktdemokratischen Fortschritts in diesem Punkt auf eine prinzipiell konservative oder gar reaktionäre Tendenz direktdemokratischer Entscheidungsverfahren zu schließen, wäre allerdings verfehlt. Nach einer für die USA angestellten Untersuchung zum Beispiel zielten von den Initiativen, die in den USA zwischen 1977 und 1984 Gegenstand von Volksabstimmungen waren, 74 „eher auf konservative Maßnahmen ab, 79 eher auf fortschrittliche Maßnahmen. Die Erfolgsquote war mit 45 bzw. 44 angenommenen Initiativen in beiden Kategorien fast gleich hoch."[134] Eine jüngere Untersuchung zu Volksabstimmungen in Lateinamerika qualifiziert die dort getroffenen direktdemokratischen Entscheidungen als im Ergebnis zu 23 % reaktionär, zu 29 % neutral oder mehrdeutig und zu 48 % progressiv.[135] In Europa allerdings haben ähnliche Einordnungsversuche zu anderen Ergebnissen geführt. Darauf wird noch zurückzukommen sein.[136]

Als Gegenargument gegen Volksabstimmungen müssen auch verschiedene andere Themen, zu denen direktdemokratische Entscheidungen angeblich üble Ergebnisse erwarten lassen, oder unerfreuliche Ergebnisse einzelner Volksabstimmungen herhalten.

Besonders beliebt ist das Argument, per Volksabstimmung würde es zur Wiedereinführung der Todesstrafe kommen. In über 50 Staaten der Erde wird die Todesstrafe nach wie vor angewendet.[137] Das ist ganz überwiegend nicht auf direktdemokratische Entscheidungen zurückzuführen. In den USA allerdings, wo die Todesstrafe als rechtlich vorgesehene Sanktionsform nach wie vor in der Mehrheit der 51 Einzelstaaten existiert,[138] sind tatsäch-

---

[133] Details bei Marxer 2012, S. 173 f.; Altman 2011, S. 46.
[134] Darstellung der Ergebnisse einer Studie von David D. Schmidt bei Cronin 1989, S. 200 f.; knappe Wiedergabe unter Verweis auf Cronin auch bei Möckli 1994, S. 345.
[135] Lissidini 2017, S. 143. Die Herausgeber des Bandes, in dem diese Arbeit erschienen ist, hat das nicht gehindert, in ihren eigenen Beiträgen zu diesem Band mit Verweis auf Kalifornien und die Schweiz der direkten Demokratie *per se* einen konservativen Drall anzuhängen, ohne den im selben Band veröffentlichten Beitrag von Lissidini auch nur zu erwähnen, s. Merkel / Ritzi 2017a, S. 35 ff. (39); dies. 2017b, S. 231.
[136] S.u. Text m. Fn. 172 ff.; für die einschlägigen Untersuchungen von Christmann und Vospernik Fn. 173.
[137] Wikipedia, Art. Todesstrafe (Abruf 5.9.2022), führt in einer Länderliste 197 Staaten auf, darunter 107, in denen die Todesstrafe vollständig abgeschafft ist, acht, in denen sie nur noch in Sonderstrafverfahren, z.B. im Kriegsrecht, verhängt wird, 28, in denen sie auf dem Papier noch existiert, aber durch einen Hinrichtungsstopp bis auf Weiteres ausgesetzt ist, und 55, in denen sie im gewöhnlichen Strafrecht noch vorkommt und angewendet wird.
[138] Caron 2021, S. 91: 28 Staaten; Amnesty International 2022, S. 3: 27 Staaten. Die Zustimmung zur Todesstrafe schwindet, und die Tendenz

lich häufig direktdemokratische Verfahren zugunsten der Beibehaltung oder Wiedereinführung der Todesstrafe ausgegangen.[139] Zudem macht sich die indirekte Wirkung direktdemokratischer Instrumente auch auf diesem Gebiet bemerkbar: In Staaten, in denen die Bürger eine deutliche Präferenz für die Beibehaltung der Todesstrafe haben, orientiert sich in Abhängigkeit von der Existenz direktdemokratischer Entscheidungsmöglichkeiten der Bürger auch die repräsentativdemokratische Politik in der Frage der rechtlichen Beibehaltung der Todesstrafe enger an dieser Präferenz als dort, wo Politiker nicht befürchten müssen, dass ihre Entscheidungen im Wege der Volksabstimmung korrigiert werden.[140] Das entspricht der Erwartung und Erfahrung, dass direktdemokratische Entscheidungsmöglichkeiten die Anbindung der repräsentativdemokratischen Politik an den Wählerwillen erhöhen.[141] In der Bürgerpräferenz für drastische Sanktionen liegt das eigentliche Problem. Dass diese Präferenz in den USA nur sehr langsam abnimmt, hat neben Ursachen in der allgemeineren Kultur des Landes und der zugrundeliegenden Geschichte[142] auch Gründe in

geht in Richtung Abschaffung oder zumindest Suspension; tatsächliche Verhängung und Vollzug werden seltener. In mehreren US-Staaten wurde in jüngerer Zeit die Todesstrafe förmlich ausgesetzt (Moratorium). S. zum Stand der Entwicklung Amnesty International 2022, S. 3 ff.

[139] Überblick über Abstimmungen zum Thema in den USA bei Ballotpedia <https://ballotpedia.org/Death_penalty_on_the_ballot>, Abruf 5.9.2022; s. auch Sarat / Malague / Wishloff 2019, S. 1 f., 55 ff., 137 ff.; Heußner 2019, S. 235 ff., sowie die bei Matsusaka 2018, S. 131, Tab. 7 gelisteten Untersuchungsergebnisse.

[140] Caron 2021, S. 96 ff.

[141] S.u. Text m. Fn. 371 ff.

[142] S. dazu Whitman 2003, S. 6 ff., 11 ff. u. passim, der vor allem darauf abhebt, dass in den USA das kontinentaleuropäische Motiv abwesend war, die üblichen harten Sanktionen den milderen, Erniedrigung nach Möglichkeit vermeidenden für den Adel geltenden Sanktionen anzugleichen. Zu den historischen Faktoren, die die US-amerikanische Tendenz zu rigorosen Sanktionen erklären, gehört daneben auch das hohe Maß an Angewiesenheit auf Selbstverteidigung, wenn nicht gar Selbstjustiz, vor allem in den Anfängen eines Landes von ungeheurer Ausdehnung bei zugleich noch schwach entwickelter Staatsgewalt, und die damit verbundene Verbreitung unmittelbarer passiver wie aktiver Gewalterfahrung, die auch der Anhänglichkeit an das Recht zum individuellen Waffengebrauch zugrundeliegt. Der besondere Konservatismus vieler US-Bürger, der sich in entsprechenden Tendenzen bei Volksabstimmungen niederschlägt, dürfte, außer mit institutionell bedingten Polarisierungstendenzen (dazu nachf. Fn.), nicht zuletzt mit der ausgeprägten, und ausgeprägt konservativen, religiösen Bindung vieler Bürger zusammenhängen, die sich in Einwanderungsländern oft eher verfestigt und länger hält als in den jeweiligen Herkunftsländern, und die in den USA noch durch die strikte Trennung von Staat und Kirchen begünstigt wird. Das betrifft nicht nur Abstimmungen zur Todesstrafe, sondern auch Volksabstimmungen zu Schwangerschaftsabbruch und gleichgeschlechtlicher Ehe, s. die bei Matsusaka 2018,

den politischen Institutionen der USA, die – weit über die Ausgestaltung der direktdemokratischen Instrumente hinaus – sehr viel weniger als etwa die deutschen oder gar die schweizerischen auf Verständigung, Kompromissbildung und das damit einhergehende wechselseitige Abschleifen von Extrempositionen ausgerichtet sind.[143]

Auch in der Bundesrepublik sprachen sich in Umfragen anfänglich Mehrheiten für die Todesstrafe aus. Inzwischen gibt es aber in Deutschland seit Jahrzehnten selbst in Meinungsumfragen keine Mehrheit mehr für eine solche Strafe.[144] Aus Meinungsumfragen kann im Übrigen ohnehin nicht ohne weiteres auf das Ergebnis hypothetischer Volksabstimmungen geschlossen werden. Dass zu irgendeinem Zeitpunkt per Volksabstimmung die im Grundgesetz (Art. 102 GG) ausdrücklich vorgesehene Abschaffung der Todesstrafe hätte rückgängig gemacht werden können, ja schon dass eine entsprechende Initiative überhaupt ergriffen worden wäre, ist extrem unwahrscheinlich. In Hessen, wo parlamentarisch beschlossene Änderungen der Landesverfassung durch Volksabstimmung bestätigt werden müssen, sprachen sich im Oktober 2017 im Rahmen einer zugleich mit der Landtagswahl abgehaltenen Volksabstimmung zu verschiedenen Verfassungsänderungen 83,2 % der

---

S. 131, Tab. 7 gelisteten Studienergebnisse, und vgl. dagegen die Volksabstimmungsergebnisse im traditionell streng katholischen Irland, wo 2012 62,07 % der Abstimmenden die gleichgeschlechtliche Ehe und 2019 66,4 % der Abstimmenden eine Liberalisierung des Schwangerschaftsabbruchs – Fristenlösung – befürworteten.

[143] Die USA gehören zu den ausgeprägt konkurrenzdemokratischen Systemen. In solchen Systemen ist die Praxis der Todesstrafe verbreiteter als in den mehr zu Ausgleich und Milde tendierenden konsensdemokratischen Systemen, s. Lijphart 2012, S. 292. Hinzu kommt die *common-law*-Praxis der gerichtlichen Entscheidung nach dem *seriatim*-Modell, bei der die abwägungsfördernde, mäßigende Tendenz fehlt, die die kontinentaleuropäische *per-curiam*-Tradition daraus bezieht, dass bei jeder Entscheidung eine Mehrheit der Richterstimmen nicht nur, wie in der *common law*-Tradition, für das Ergebnis, sondern auch für die Gründe benötigt wird; dazu und zu anderen die Ausbildung einer Praxis und Theorie der Abwägung beim US Supreme Court hindernden und stattdessen das Schwanken zwischen extremen Rechtsauslegungen begünstigenden Faktoren s. i.E. Lübbe-Wolff 2022b, S. 43 ff. u. passim. Eine Rolle spielen auch die Wiederwählbarkeit von Richtern und Staatsanwälten, die die *toughness on crime* zum ständig wiederkehrenden Wahlkampfthema macht, und einzelstaatliche Regelungen wie die, die Jury-Mitglieder, die Gewissensbedenken gegen die Todesstrafe haben, von der Mitgliedschaft in Jurys in Verfahren, in denen die Verhängung dieser Strafe in Betracht kommt, ausschließen, s. für ein Beispiel Sarat / Malague / Wishloff 2019, S. 138.

[144] Nach Rottleuthner 1987, S. 30 wurde in den wiederkehrenden Umfragen des Allensbacher Instituts für Demoskopie zu diesem Thema eine Mehrheit von Befürwortern der Todesstrafe (50 %, vs. 31 % Gegner und 19 % Unentschiedene) zuletzt 1967 erreicht.

gültig Abstimmenden für die Aufhebung der in der hessischen Verfassung bis dahin noch enthaltenen Bestimmungen zur Todesstrafe aus.[145] Auch wenn es sich dabei um eine kosmetische Entscheidung handelte – angesichts des Vorrangs des Grundgesetzes war diese Strafe auch in Hessen der Sache nach ohnehin bereits abgeschafft –, wird man darin, ebenso wie in den 16,8 % Gegenstimmen, den Ausdruck einer politischen Präferenz sehen können.

Gern wird auch auf einzelne jüngere Volksabstimmungsergebnisse verwiesen, die nicht gefallen, vor allem auf das Brexit-Votum und die Schweizer Abstimmungen zum Minarettverbot, zur „Ausschaffung" (Abschiebung) krimineller Ausländer und gegen „Masseneinwanderung".[146]

Das Brexit-Votum allerdings taugt ganz unabhängig von der Frage, was mit solchen Einzelbeispielen anzufangen ist, schon der Rahmenbedingungen wegen, unter denen es stattgefunden hat, nicht als Argument gegen direktdemokratisches Entscheiden als solches, sondern nur als Beispiel dafür, wie direkte Demokratie auf keinen Fall organisiert sein sollte. *De jure* handelte es sich gemäß der britischen Tradition der Parlamentssouveränität um eine unverbindliche Volksbefragung. Zahlreiche damit verbundene Verfassungsfragen allerdings waren ungeklärt.[147] Die Abstimmung war weder volksinitiiert noch obligatorisch, sondern nach Ermessen von oben anberaumt. Das Brexit-Referendum gehörte also zum Instrumentenkasten der Regierenden, nicht zu dem der Bürger. Ministerpräsident David Cameron hatte es angesichts zunehmend antieuropäischer Stimmung 2013 in Aussicht gestellt, um seiner Partei und damit indirekt sich selbst die Wiederwahl im Jahr 2015 zu sichern. Nach gleichfalls in Aussicht gestellten Neuverhandlungen über die Bedingungen der britischen EU-Mitgliedschaft sollten die Briten entscheiden können, ob das Land unter den ausgehandelten Bedingungen Mitglied bleiben würde oder nicht.[148] In der Abstimmungskampagne spielten grobe Fehlinformationen durch Amtsträger eine wichtige Rolle, die in einem wohlgeordneten di-

---

[145] Daten zugänglich über <https://volksabstimmung.statistik.hessen.de/> (→ Landesergebnis), Abruf 5.7.2022.
[146] S. statt vieler Merkel 2014, S. 17; Topaloff 2017, S. 135, 137 f. (ausführlich das Brexit-Votum zur Illustration seiner grundsätzlichen Bedenken gegen Referenden nutzend, ohne sich um die institutionellen Rahmenbedingungen im Geringsten zu kümmern); Lepsius 2019, S. 121.
[147] Blick / Salter 2021, S. 621 ff.
[148] Cameron 2013. Zu den Umständen Adam 2019, S. 66 ff.; O'Rourke 2018, S. 165; Schünemann 2017, S. 142. Zur Anberaumung der Abstimmung nach politischem Ermessen und zur politischen Unverbindlichkeit auch Leyland 2021, S. 60. Cameron selbst war kein Befürworter des Brexit; er hatte sich mit dem Inaussichtstellen des Referendums einfach nur verkalkuliert.

rektdemokratischen Entscheidungssystem unterbunden worden wären oder zur Ungültigerklärung der Abstimmung hätten führen müssen,[149] und, am schlimmsten, es herrsche weitreichende Unklarheit über den Zustand, auf den die Entscheidung gerichtet war. Was es bedeutet, die EU zu verlassen – ob man anschließend zu ihr in einem Verhältnis steht wie Norwegen, wie die Schweiz, wie Kanada oder wie Gabun –, hängt nämlich ganz von den Bedingungen des Austrittsabkommens ab. Hier handelt es sich um ganz und gar verschiedene Szenarien.[150] Den Bürgern einen EU-Austritt ohne

[149] Besonders wirksam war die Fehlinformation über die Kosten der EU-Mitgliedschaft, die unter anderem über den berühmt-berüchtigten roten Bus der „*Vote Leave*"-Kampagne verbreitet wurde. Der Bus, mit dem Boris Johnson, damals Bürgermeister von London und Mitglied des Unterhauses, medienwirksam durch das Land tourte, war mit der Falschbehauptung beschriftet, man überweise der EU jede Woche 350 Millionen Britische Pfund, die besser in den nationalen Gesundheitsdienst investiert würden („*We send the EU £350 million a week [Abs.] let's fund our NHS instead*"); dazu und zur immensen Bedeutung dieser Behauptung vor dem Hintergrund der damaligen Austeritätspolitik und ihrer desaströsen Folgen für die öffentlichen Dienste O'Rourke 2018, S. 172, 198. Die Brexit-Befürworter hatten hier, auf eine Woche heruntergebrochen und leicht übertrieben, die Summe der Zahlungen *an* die EU ohne jede Gegenrechnung der hohen Zahlungen *seitens* der EU zugrundegelegt und zusätzlich auch mit der Unterstellung, die gesamte genannte Summe könnte alternativ für den NHS genutzt werden, diese Summe grob unzutreffend als per Brexit einsparbare Nettosumme präsentiert; s. für die realen Zahlen Niedermeier / Ridder 2017, S. 26 f. Eine Rolle spielten neben dieser offenkundig bewussten Irreführung auch solche, die wohl eher auf schlichter Inkompetenz handelnder Politiker beruhten, s. O'Rourke 2018, S. 207 für die (im Gegensatz zur 350-Millionen-Pfund-Lüge allerdings, was die Bedeutung für das Abstimmungsergebnis angeht, wohl kaum ausschlaggebende) Ankündigung des Abgeordneten und späteren Ministers für den EU-Austritt David Davis, man werde im Fall eines Brexit Handelsabkommen nicht mit Brüssel, sondern mit einzelnen EU-Mitgliedstaaten abschließen – der erste Ansprechpartner werde Berlin sein –, wobei ihm anscheinend nicht bewusst war, dass dem die *ausschließliche* Kompetenz der EU für die gemeinsame Handelspolitik (Art. 3 Abs. 1 Buchst. e) AEUV) entgegensteht.
[150] Norwegen nimmt als Mitglied des Europäischen Wirtschaftsraums (EWR) im Wesentlichen am gemeinsamen Binnenmarkt und dem dafür maßgeblichen gemeinsamen Rechtsrahmen teil. Die Schweiz ist nicht Mitglied des EWR, aber durch ein dichtes Netz bilateraler Verträge und eine darin vorgesehene weitreichende Übernahme von Unionsrecht durch die Schweiz eng mit der EU verbunden. Kanada und die EU haben ihre wirtschaftlichen Beziehungen durch ein umfassendes Freihandelsabkommen für Waren und Dienstleistungen (CETA) geregelt, das auf weitgehenden Wegfall von Zöllen und anderen Handelsbeschränkungen zielt (u.a. den Wegfall von Zöllen haben auch die zwischen der EU und einer Reihe von Ländern abgeschlossenen Assoziationsabkommen zum Gegenstand). Ohne besondere mit dem Austrittsabkommen festzuschreibende Vorkehrungen der einen oder anderen Art steht ein Land, das die EU verlässt, zu ihr für den weiteren wirtschaftlichen Verkehr im selben Verhältnis wie beliebige andere Mitglieder der Welthandelsorganisation. Zum Problem

II.4. „Das Volk wird rechtslastige Entscheidungen treffen" 57

jede Präzisierung der angestrebten Variante und ohne eine Perspektive der Neuentscheidung bei Vorliegen des Ergebnisses der Austrittsverhandlungen zur Abstimmung vorzulegen, gehört zu den Irrationalitäten, die vor allem dann zu erwarten sind, wenn repräsentativdemokratische Politik „von oben" über den Einsatz des Instruments der Volksabstimmung verfügt.[151] Ein anderer Nachteil dieser Verfügungskonstellation hat sich darin gezeigt, dass die Gnade des Abstimmendürfens in einer Sachfrage den Bürgern des Vereinigten Königreichs mit der Brexit-Abstimmung auf nationaler Ebene erst zum dritten Mal in ihrer Geschichte zuteil wurde. Zu solchen sporadischen Aufrufen der Bürger hat schon vor dem Brexit-Votum Bruno Kaufmann das Nötige und zu diesem Votum Passende geschrieben: „Generell gilt jedoch, dass nur eine umfassende und regelmäßige Praxis der Volksrechte zu einem nachhalti-

---

der aus der Vielfalt der Möglichkeiten resultierenden Unbestimmtheit des Abstimmungsgegenstandes bei der Brexit-Abstimmung und zur unklaren diesbezüglichen Kommunikation Grey 2021, S. 2, 7 f. Da die Bedingungen des bei jedem EU-Austritt fälligen Austrittsabkommens nicht vor, sondern erst nach der Austrittserklärung vereinbart werden können (für die Einzelheiten des vorgesehenen Ablaufs s. Art. 50 EUV), ist es nicht möglich, über die Austrittserklärung in voller Kenntnis der Bedingungen des Austritts abzustimmen. Möglich ist nur eine Rücknahme der Austrittserklärung, nachdem durch Verhandlungen geklärt ist, wie das Austrittsabkommen aussehen würde, s. EuGH, Urt. v. 10.12.2018, C 621/18. Über eine solche Rücknahme könnte dann auf nationaler Ebene in genauerer Kenntnis der Konsequenzen abgestimmt werden als über die das Austrittsverfahren einleitende Austrittserklärung. Auch wenn das Unionsverfassungsrecht es demnach nicht ermöglicht, auf nationaler Ebene über eine Austrittserklärung in voller Kenntnis der Konsequenzen einer bejahenden Stimmabgabe zu befinden, sollte man doch jedenfalls erwarten, dass die Initiatoren einer entsprechenden Abstimmung nicht einfach einen Austritt zur Diskussion und Abstimmung stellen, sondern auch dessen beabsichtigte Zielrichtung, was das anschließende neue Verhältnis zur EU angeht, und dass eine weitere Abstimmung *mindestens* für den Fall in Aussicht gestellt wird, dass das angestrebte und per Erstabstimmung gebilligte Neuregelungsziel sich als nicht erreichbar erweist. Wäre hier eine bestimmte Zielalternative zur Abstimmung gestellt worden, oder hätte es im Abstimmungskampf zumindest eine klare Regierungskommunikation über das konkret verfolgte Austrittsziel gegeben, wäre im Zuge der öffentlichen Diskussion deutlich geworden, dass die Stimmabgabe des Nachdenkens über ganz unterschiedliche mögliche Konsequenzen eines Austritts bedarf. Solchem Nachdenken hatten sich auch die mindestens zum Teil vollkommen ahnungslosen politischen Repräsentanten (s.o. Fn. 149) nicht ausreichend unterzogen.
[151] Hobolt / Tilley / Leeper 2022, S. 852 ff. verfehlen daher den entscheidenden Punkt, wenn sie die von ihnen durch Befragung ermittelte geringe Legitimationswirkung (im soziologischen Sinn) des Brexit-Votums in Bezug auf mögliche Verhandlungsergebnisse dem direktdemokratischen Entscheidungsmodus als solchem und der angeblich spezifischen Binarität seiner Abstimmungsalternativen (dazu noch unter II.6) zuschreiben.

gen institutionellen Gleichgewicht zwischen der direkten und der indirekten Teilnahme der Bürgerinnen und Bürger im repräsentativen System beitragen kann, weil erst anhand einer solchen Praxis Lehren aus Fehlern gezogen werden können und zum Beispiel der Initiativprozess dazu dienen mag, die Feinabstimmung des repräsentativen Systems zu optimieren. Umgekehrt besteht bei der sehr seltenen Nutzung der Volksrechte die Gefahr, dass sich im Rahmen einer einzigen Sachabstimmung aufgestaute Emotionen und Frustrationen Luft verschaffen."[152]

Was die genannten von der Schweizer SVP angestrengten Abstimmungen angeht, die gern als abschreckende Beispiele herangezogen werden, sollte man die Kirche im Dorf lassen. Ich hätte für keine dieser Initiativen gestimmt, aber die schweizerische direkte Demokratie wird durch das Ergebnis dieser Initiativen nicht diskreditiert, geschweige denn die direkte Demokratie als solche.

Das im Wege der Volksabstimmung zuwege gebrachte Minarettverbot zum Beispiel wird ganz überwiegend als grund- und menschenrechtswidrig angesehen.[153] Die Initiative wurde, wie auch andere SVP-lancierte Initiativen, mit einer abscheulichen Kampagne beworben.[154] Inhaltlich handelte es sich bei dem beschlossenen Verbot aber, bei aller symbolischen identitätspolitischen Bedeutung, um eine reine Baugestaltungsvorschrift. Solche Vorschriften sind auch für Stätten der Religionsausübung nicht *per se* unzulässig.[155] Auch wenn die besseren Gründe gegen die Verhältnismäßigkeit eines pauschalen Minarettverbots sprechen, bewegt sich die

---

[152] Kaufmann 2014, S. 24.
[153] S. statt vieler Zimmermann 2009, S. 835 ff., 848, 852 ff., 861; Langer 2010, S. 876 ff., S. 885 ff.; für Unvereinbarkeit mit Grund- und Menschenrechten praktisch durchweg auch die *en-passant*-Beurteilung in Arbeiten zur direkten Demokratie, etwa Häcki 2012, S. 259 f.; Thürer 2014, S. 55; Heußner 2017, S. 2, m.w.N. (zweifelnd ders. 2021, S. 36); Merli 2020, S. 204; Kreis 2020, S. 65.
[154] Plakate zeigten auf dem Grund der Schweizer Flagge eine schwarzgekleidete, vollverschleierte Frau vor einer Ansammlung spitzer Minarette, die, gleichfalls vollkommen schwarz, an Raketen denken ließen. Abbildungen erscheinen im Netz bei Suchanfrage „Minarettinitiative". Für eine Auswahl von Plakaten aus anderen SVP-Kampagnen s. Altman 2019, S. 112.
[155] Nach Zimmermann 2009, S. 847 f., soll das auch für Vorschriften gelten, die sich gegen einen etwaigen in der Baugestaltung zum Ausdruck kommenden „symbolischen Machtanspruch" richten; dabei wird ein Zusammenhang mit dem Ziel der Sicherung des Religionsfriedens hergestellt. Dem Ziel der Sicherung des Religionsfriedens dürfte es allerdings eher dienen, allgemein gewisse Einpassungen in eine tradiert-ortsübliche Bebauung für zumutbar zu halten, als mit Kriterien zu arbeiten, die als Voraussetzung zulässiger Einschränkung die Feststellung einer Art Provokation erfordern und dadurch gerade das befördern, was nach Möglichkeit vermieden werden sollte, nämlich eine Steigerung der Empfindlichkeiten

schweizerische Entscheidung doch nicht weit außerhalb der in Europa zum damaligen Zeitpunkt auch andernorts nicht selten repräsentativdemokratisch beschlossenen Beschränkungen des Minarettbaus[156] wie auch der Gebetsrufe, denen Minarette zu dienen bestimmt sind.[157] Letztere sind in vielen Ländern unzulässig oder nur in sehr engen Grenzen zugelassen.[158]

und Provozierbarkeiten und das Abgleiten der öffentlichen Diskussion in Provokationsunterstellungen und Eskalationen der Reizbarkeit.

[156] Zu europäischen Ländern mit erheblichen Einschränkungen von Moscheebauten Kaya 2017, S. 62 f. Zum Ausschluss nicht ortsüblicher Minarettbauten in den österreichischen Bundesländern Kärnten und Vorarlberg (2008) Green 2010, S. 634. Kaya 2017, S. 63, Fn. 9, spricht von einem *minaret ban* in diesen beiden Ländern. Tatsächlich hat man in den genannten österreichischen Bundesländern Minarette nicht verboten, sondern durch die Anforderungen an das Einfügen von Moscheebauten in das gewachsene Ortsbild indirekt unmöglich zu machen versucht, s. Wikipedia, Art. Moscheen und islamische Gebetsräume in Österreich, Abruf 8.6.2022, und Fürlinger 2020 (ohne Seitenzählung; Abschnitt Moscheebaukonflikte). Fürlinger verweist zusätzlich auf entsprechende Baurechtsänderungen auch in Niederösterreich (2010) sowie auf die Intention, mit diesen indirekten Behinderungsversuchen die verfassungsrechtliche Unzulässigkeit eines direkten Minarettverbots zu umschiffen.

[157] Zu dieser Funktion der Minarette näher Zimmermann 2009, S. 840 f.

[158] S. Kaya 2017, S. 63 f.: Die meisten westeuropäischen Länder erlaubten keinen Gebetsruf außerhalb von Moscheen; zu diesen Ländern gehöre auch Frankreich, das aber den Gebetsruf nicht anders behandle als das Glockengeläut christlicher Kirchen. Vgl. auch Green 2010, S. 632: Die Lautsprecherübertragung des Gebetsrufs vom Minarett aus sei die Ausnahme: „*In most places, it is simply not permitted.*" Für Deutschland deutet die auffindbare Rechtsprechung darauf hin, dass die Behörden bis vor einigen Jahren im Zusammenhang mit der Genehmigung von Moscheebauten Gebetsrufe oder zumindest deren Übertragung per Lautsprecher in der Regel durch Nebenbestimmungen gänzlich ausgeschlossen haben (wobei mindestens ein Teil der Betreiber eine entsprechende Erlaubnis auch gar nicht beantragt hatte), s. z.B. VG Darmstadt, Beschluss v. 12. Juli 2005 – 2 G 1000/05 –, Rn. 20, juris; VG Minden Urteil v. 22.4.2010, – 9 K 981/08, Beck RS 2010, 48919; VG Arnsberg, Beschluss v. 17.5.2011 – 14 L 218/11 –, juris, Rn. 14, 56; VG Ansbach, Urteil v. 25.6.2013 – AN 9 K 12.01400 –, Rn. 7, 63. Gegenwärtig wird es üblicher, den Gebetsruf einmal wöchentlich – zum Freitagsgebet – zuzulassen, so z.B. nach Medienberichten für die Moscheen in Köln, und die Rechtsprechung stellt zunehmend klar, dass die Zulässigkeit muslimischer Gebetsrufe und ihrer Verstärkung durch Lautsprecher grundsätzlich nach denselben rechtlichen Maßstäben zu beurteilen ist wie das christliche Glockengeläut, VG Gelsenkirchen, Urteil v. 1.2.2018 – 8 K 2964/15 –, Rn. 60 ff., juris; OVG NRW, Urteil v. 23.9.2020 – 8 A 1161/18 –, Rn. 85 ff., juris (in beiden Entscheidungen, die denselben Ausgangsfall betrafen, ging es um die immissionsschutzrechtliche Ausnahmegenehmigung für einen maximal fünfzehnminütigen, ausschließlich freitäglichen Gebetsruf). Unterschiede ergeben sich aber daraus, dass zu den rechtlichen Beurteilungskriterien für die Zumutbarkeit der Lärmemission auch Gesichtspunkte wie die Herkömmlichkeit und soziale Adäquanz gezählt werden, s. OVG NRW, ebd. Rn. 152; VG

Die 2010 mit knapper Mehrheit (52,3 % der gültigen Stimmen) angenommene Ausschaffungsinitiative[159] sah zwingend die Ausweisung („Ausschaffung") von Ausländern vor, die rechtskräftig wegen bestimmter schwerer Delikte verurteilt sind oder missbräuchlich Leistungen der Sozialhilfe bezogen haben. Vergleichbar rigorose Regelungen findet man zwar andernorts auch als repräsentativdemokratisch beschlossene, so zum Beispiel in der – notorisch zur Härte neigenden, vom Grundsatz der Verhältnismäßigkeit weitgehend unberührten – Rechtsordnung der USA.[160] Die europäischen Maßstäbe sind aber glücklicherweise andere. Das pauschale Ausweisungsregime der Ausschaffungsinitiative lief eindeutig der Rechtsprechung des Europäischen Gerichtshofs für Menschenrechte zuwider, die in solchen Fällen eine Einzelfallprüfung der Verhältnismäßigkeit mit Berücksichtigung unter anderem der Verwurzelung der Betroffenen in ihrem Aufenthaltsstaat und der – bei im Aufenthaltsstaat Aufgewachsenen womöglich gänzlich fehlenden – sprachlichen und sonstigen Bindungen zu dem Staat der eigenen oder der familiären Herkunft verlangt. Dem wurde, gestützt auf Rechtsprechung des Bundesgerichts, bei der Umsetzung des Abstimmungsergebnisses zur Ausschaffungsinitiative Rechnung getragen,[161] und eine weitere von der SVP lancierte Initiative („Durchsetzungsinitiative"), die auf eine uneingeschränkte Umsetzung ohne Rücksicht auf die völkerrechtlichen Bindungen zielte, wurde mit größerer Mehrheit (58,9 % der gültigen Stimmen), als die Ausschaffungsinitiative verzeichnet hatte, abgelehnt.[162]

Die gleichfalls von der SVP lancierte Masseneinwanderungsinitiative, die eine Begrenzung der Zuwanderung durch auf gesamt-

---

Gelsenkirchen, ebd. Rn. 73 ff. (zusätzlich den Gesichtspunkt allgemeiner Akzeptanz einschließend). S. dagegen zu einer bulgarischen Moschee, auf der seit 1989 Lautsprecher installiert und fünfmal täglich für fünf Minuten sowie während des gesamten Freitagsgebets in Betrieb seien, EGMR, Urt. v. 24.2.2015 – 30587/13 (Karaahmed / Bulgarien) –, NVwZ 2016, S. 1071–1076 (1071); der Fall betraf eine dem Aufruf nach gegen den von der Moschee ausgehenden Lärm gerichtete Demonstration, gegen deren unfriedlichen Verlauf die Gläubigen von den Behörden nicht ausreichend geschützt worden waren.

[159] Für das Abstimmungsergebnis s. <https://www.bk.admin.ch/ch/d/pore/va/20101128/index.html>, Abruf 6.7.2022; ebd. auch zum gleichfalls erreichten Ständemehr (zu dessen Bedeutung und Berechnung s.o. Fn. 80).

[160] Näher Langer 2011, S. 204 ff.

[161] Der von den Initianten vorgeschlagene Text wurde mit dem Ausgang der Abstimmung Verfassungsrecht, s. Art. 121 schweizBV; die Auslegung und Anwendung erfolgte aber einschränkend gemäß der Rechtsprechung des Bundesgerichts, näher dazu u. Fn. 357.

[162] Für das Abstimmungsergebnis s. <https://www.bk.admin.ch/ch/d/pore/va/20160228/det597.html>, Abruf 6.7.2022.

wirtschaftliche Interessen der Schweiz auszurichtende „Höchstzahlen und Kontingente" und eine entsprechende Anpassung entgegenstehender völkerrechtlicher Verträge vorsah, was unter anderem eine Änderung der bilateralen Verträge mit der EU im Hinblick auf die Personenfreizügigkeit erfordert hätte, wurde 2014 mit noch knapperer Mehrheit (50,3 % der gültigen Stimmen[163]) als die Ausschaffungsinitiative angenommen. Gegen die für unzureichend erachtete Umsetzung[164] wandte die SVP sich mit einer erneuten Volksinitiative („Begrenzungsinitiative"), die jedoch 2020 mit deutlicher Mehrheit (61,7 % der Stimmen) abgelehnt wurde.[165]

Bei einem Ausländeranteil an der Wohnbevölkerung, der sich seit den 1990er Jahren auf über 25 % verdoppelt hat und damit fast doppelt so hoch liegt wie in Deutschland (ca. 13 %), ist eher die Mäßigung bemerkenswert, die sich hier letztlich direktdemokratisch durchgesetzt hat, als die vorausgegangenen Ausschläge.[166] Der Schweiz werden außerdem, was die ausländische Bevölkerung angeht, vorbildliche Integrationsleistungen zugeschrieben.[167] Die

---

[163] S. <https://www.bk.admin.ch/ch/d/pore/va/20140209/index.html>, Abruf 15.4.2022. Das gleichfalls erforderliche Ständemehr (s. o. Fn. 80) fiel, wie unter derselben URL ersichtlich, ebenfalls knapper aus als bei der Ausschaffungsinitiative.

[164] Die einfachgesetzliche Umsetzung des gemäß dem Erfolg der Masseneinwanderungsinitiative in die Verfassung aufgenommenen Art. 121a schweizBV blieb hinter dem Wortlaut der Bestimmung insofern zurück, als keine fixen Begrenzungen durch jährliche Kontingente und Höchstzahlen vorgesehen wurden. Bei isolierter Betrachtung des neuen Verfassungsartikels war die Umsetzung daher mangelhaft. Nach der zur Ausschaffungsinitiative ergangenen Rechtsprechung des Bundesgerichts sind Verfassungsbestimmungen jedoch nicht isoliert, sondern im Gesamtzusammenhang der Verfassung, und daher u.a. völkerrechtskonform, auszulegen. Hierauf berief sich die Parlamentsmehrheit zur Rechtfertigung der gewählten Umsetzungsweise.

[165] <https://www.bk.admin.ch/ch/d/pore/va/20200927/index.html>, Abruf 15.4.2022.

[166] Vgl. Eichenberger 2019, S. 34, mit Hinweis auf die Nettozuwanderung in die Schweiz von gut einem Prozent der Bevölkerungszahl pro Jahr in den zehn Jahren von 2007 bis 2016: „Tatsächlich ist schwer vorstellbar, wie Österreich und insbesondere Deutschland mit einer Zuwanderung dieses Ausmaßes umgehen würden." Zu einer vorausgegangenen guten Verdoppelung des Ausländeranteils in der Schweiz von 6,1 % auf 13,4 % im Zeitraum zwischen 1950 und 1963, damit einhergehenden sozialen Problemen – denen die repräsentativdemokratische Politik in Übereinstimmung mit den an einer Beschränkung des Zuzugs billiger Arbeitskräfte nicht interessierten Unternehmerverbänden nicht wirksam entgegengetreten war – und daraus hervorgegangenen Volksinitiativen Werder 1978, S. 91 ff.

[167] Eichenberger 2019, S. 35; Ritter 2020. S. z.B. zur Arbeitsmarktintegration und Qualität der Berufsbildung von jugendlichen Ausländern und Jungbürgern mit Migrationshintergrund Linder / Vatter 2017, S. 67. Weniger ausgeprägt avanciert sieht es bei der *politischen* Integration aus. Zwar erreicht die Schweiz einen europäischen Spitzenwert bei der Zahl der jähr-

Vermutung liegt nahe, dass dies das Ergebnis einer landestypischen Selbstsicherheit und Pragmatik ist, die sich nicht zuletzt direktdemokratischen Entscheidungsmöglichkeiten und direktdemokratischer Entscheidungspraxis verdankt.[168]

In Deutschland ist auf Länder- und Gemeindeebene bislang über einen bedenklichen Rechtstrend der direkten Demokratie nichts bekanntgeworden.[169] Eine Untersuchung der in nicht-autokratischen Staaten seit 1980 abgehaltenen Volksabstimmungen

lichen Einbürgerungen pro 1000 Einwohner. Ins Verhältnis gesetzt zum besonders hohen Ausländeranteil liegt dieser Wert dann aber doch relativ niedrig (Linder / Mueller 2017, S. 67). Ein Ausländerstimmrecht auf kantonaler und kommunaler Ebene hat sich bislang noch nicht weit verbreitet, kommt aber vereinzelt vor (näher dies. S. 71 f.). Damit ist die Schweiz in diesem Punkt, wenn man vom Sonderfall des für Mitgliedstaaten der EU unionsrechtlich vorgesehenen Kommunalwahlrechts der im jeweiligen Mitgliedstaat wohnhaften Unionsbürger (Art. 20 Abs. 2 Buchst. b) AEUV; Art. 28 Abs. 1 Satz 3 GG) absieht, auch hinsichtlich der politischen Inklusion Zugewanderter immerhin in Teilen weiter vorangeschritten als Deutschland. Im „Migrant Integration Policy Index" <https://www.mipex.eu/>, Abruf 11.10.2022, der nationale Integrationspolitiken mit Fokus auf die Frage der Gleichbehandlung von *immigrants* und *nationals* in verschiedenen Dimensionen (Grundrechte / Chancengleichheit / Zukunftssicherheit) bewertet, schneidet die Schweiz zwar mit einem Gesamtwert von 50 von 100 eher ungünstig ab. Dieser Index hat allerdings mit den tatsächlichen Integrationsverhältnissen wenig zu tun, wie man schon daran sieht, dass das europaweit mit Abstand am meisten von islamistischen Anschlägen gebeutelte Frankreich mit seinen notorischen massiven Integrationsproblemen in den großstädtischen *banlieues* hier deutlich besser (58 von 100) abschneidet als die Schweiz.

[168] Für diesen Zusammenhang s. auch u. Fn. 332.

[169] S. dazu, dass rechtsradikale Akteure mangels Erfolgsaussichten auf Länderebene vor allem die direktdemokratischen Möglichkeiten des Kommunalrechts für ihre Zwecke ins Auge gefasst, auch damit aber eine Erfolgsrate nahe null eingefahren haben, Busch 2014, S. 105 ff. Der Verfasser identifiziert für den Zeitraum 1956 bis 2011 unter fast 6000 Bürgerbegehren und rund 2800 Bürgerentscheiden vierzehn Bürgerbegehrens- und zwei Bürgerentscheidverfahren, die von rechtsradikalen Akteuren getragen waren (S. 107). Von den 14 betriebenen Bürgerbegehren wurden 9 für unzulässig erklärt und drei nicht eingereicht. Von den beiden ins Stadium des Bürgerentscheids gelangten Verfahren ging in einem Fall die Abstimmung im Sinne der Initianten aus, während im zweiten die Initiatoren knapp verloren (S. 108). Bei dem einen Fall, in dem die Initianten einen Entscheid in ihrem Sinne erreichten, handelte es sich offenbar um den auf S. 109 berichteten Fall eines von der NPD betriebenen Verfahrens, das sich gegen eine Gemeindefusion richtete; 93 % der gültig Abstimmenden in der Gemeinde Reinhardtsdorf in Brandenburg – einer Gemeinde mit 1385 Stimmberechtigten – stimmten gegen die Fusion. Berichtet wird darüber hinaus von einem indirekten Erfolgsfall; hier hatte die NPD ein Bürgerbegehren gegen den Umzug eines Asylbewerberheims ins Stadtzentrum betrieben. Das Bürgerbegehren scheiterte an einem Formfehler; die kommunalen Entscheidungsträger änderten aber ihre Planung dahin, dass die Einrichtung nicht ins Stadtzentrum verlegt wurde.

II.4. „Das Volk wird rechtslastige Entscheidungen treffen" 63

weist kein Überwiegen „rechter" gegenüber „linken" Initiatoren bürgerinitiierter Abstimmungen, und keine je nach der politischen Ausrichtung der Initiatoren unterschiedlichen statistischen Erfolgsaussichten aus.[170] Wohl aber zeigt sich eine statistisch erhöhte Aussicht auf Zustimmung für volksinitiierte Vorlagen, wenn diese nicht aus dem Zentrum, sondern von den Rändern des politischen Spektrums stammen, und – was mittelbare Erfolge angeht, die auch mit nicht gewonnenen Kampagnen erzielt werden können (Thematisierungserfolge, Bekanntheitssteigerung etc.) – eine tendenzielle Verschiebung hin zur rechten Seite des politischen Spektrums.[171]

Eine solche Verschiebung gerade in den Jahren seit 1980 wäre nicht weiter verwunderlich. In Fragen der Globalisierung, einschließlich der Migration, sind die Bürger insgesamt oft deutlich skeptischer als die Mehrheit der Berufspolitiker, der Intellektuellen in Medien und Wissenschaft und der einflussreichen Akteure der Wirtschaft. Kurz: „das Volk" ist oft weniger globalisierungsfreudig als es die sogenannten Eliten sind,[172] und das schlägt sich in der EU – genauer: für die Gesamtheit der Mitgliedstaaten der Union sowie in der Schweiz – auch in der Statistik der Ergebnisse von Volksabstimmungen nieder.[173] Womöglich sind die Unter-

---

[170] Altman 2019, S. 118 ff. (118 zur Charakteristik der einbezogenen Länder; es wurden 784 Abstimmungen erfasst), 127 ff., 138.
[171] Altman 2019, S. 134 ff. 138.
[172] Speziell zur unterschiedlichen Europäisierungsneigung s. für Deutschland Beispiele bei Lübbe-Wolff 2017a, S. 139 f. m. Fn. 33.
[173] Zu Volksabstimmungen in EU-Mitgliedstaaten, mit denen seitens der jeweiligen Regierung und/oder Parlamentsmehrheit befürwortete Europäisierungsschritte abgelehnt wurden, und zur Breite der dabei zutage tretenden Diskrepanzen zwischen Stimmbürgern und parteipolitischen Akteuren des repräsentativdemokratischen Systems Schünemann 2017, S. 167 ff. In der Diskrepanz zwischen Mehrheits- und Elitenpräferenzen in Globalisierungs- und speziell in Migrationsfragen dürfte auch die Erklärung für die empirischen Befunde liegen, die teils für einzelne, teils für zahlreiche europäische Länder konstatieren, dass Volksabstimmungen, die von konservativen oder rechten Parteien initiiert sind oder gefördert werden, häufiger erfolgreich sind als die von links initiierten oder unterstützten; s. für diese Befunde aus jüngerer Zeit für die Schweiz Christmann 2010, S. 256 ff.; ausführlicher schon 2009 (s. aber auch zu Veränderungen in jüngster Zeit u. Fn. 231); für die zwischen 1990 und 2016 auf nationaler Ebene in 21 EU-Staaten abgehaltenen Volksabstimmungen Vospernik 2018b, S. 439, 444 (von den erfassten 217 Abstimmungen waren 45 von Rechtsparteien, 44 dagegen von Linksparteien initiiert; dabei waren die Rechtsparteien signifikant häufiger erfolgreich als die Linksparteien). Distanz zwischen „Eliten"- und Mehrheitsmeinung in Europäisierungs- und Globalisierungsfragen manifestiert sich immer wieder auch in der Überraschung, die einschlägige Abstimmungsergebnisse oder Wahlsiege nationalistischer Politiker bei den Eliten auslösen; man denke nur an die Wahl Donald Trumps in den USA. S. auch, zu Schwierigkeiten

schiede in der Globalisierungsaffinität das, was viele gegenwärtige Skeptiker der direkten Demokratie eigentlich bewegt. Angesichts der sehr unterschiedlichen Betroffenheiten verschiedener Bevölkerungsgruppen sind solche Unterschiede nicht weiter verwunderlich.[174] Wer daraus den Schluss ziehen möchte, man müsse das Volk von direktdemokratischen Entscheidungsmöglichkeiten

der Einordnung des sich in ablehnenden Volksabstimmungen manifestierenden Widerstandes gegen Vertiefungen der EU-Integration in Politik und Wissenschaft und zu der Merkwürdigkeit, dass nur Abstimmungsergebnisse dieser Art ausgiebige um Erklärung bemühte wissenschaftliche Forschung auf sich ziehen, während pro-europäische Abstimmungsergebnisse als selbsterklärend zu gelten scheinen, Schünemann 2017, S. 162 f. Für Analysen, die in mangelnder Responsivität des politischen Systems gegenwärtiger Demokratien gegenüber den Präferenzen der nicht liberal-kosmopolitisch orientierten, globalisierungsaffinen Bevölkerungsteile die wesentliche oder eine der wesentlichen Ursachen für abnehmendes Vertrauen in die demokratischen Institutionen und für den Aufstieg autoritär-populistischer Parteien sehen, s. statt vieler Schäfer / Zürn 2021, S. 89, 101 ff., 120 und, eine systematische Begünstigung der „Positionen der liberalen Globalistinnen" durch nichtmajoritäre Institutionen – wie Verfassungsgerichte, Zentralbanken; hinzugezählt werden auch die Europäische Kommission und sonstige transnationale Akteure – hervorhebend, S. 197. Auffälligerweise stehen aber gerade Autoren, die einerseits – ganz zu Recht – mangelnde Berücksichtigung der Interessen eines erheblichen Teils der Bevölkerung im gegenwärtigen politischen System beklagen und hierin eine Ursache schwindenden Demokratievertrauens und des Aufstiegs autoritär-populistischer Parteien sehen, der naheliegenden Kur durch Eröffnung von Möglichkeiten direktdemokratischen Entscheidens als Ausweg oft kritisch gegenüber, s. z.B. Merkel 2011, S. 10 ff; Merkel / Petring 2011, S. 8 ff., 22 ff.; Schäfer / Zürn 2021 (u. Fn. 181). Es fällt schwer, hier etwas anderes als eine Ambivalenz am Werk zu sehen, die von Responsivität des politischen Systems dann doch nicht so viel hält, wenn es um Responsivität gegenüber politischen Präferenzen geht, die den eigenen entgegengesetzt sind. Die Rechtfertigung, dass die betroffenen Bevölkerungsschichten in direktdemokratischen Verfahren mangels ausreichender Partizipation noch weniger als im repräsentativdemokratischen Kontext in der Lage sein würden, ihre Interessen zur Geltung zu bringen, ist so offensichtlich von Paternalismus und selektiver Tatsachenwahrnehmung geprägt (s.u. II.6.; speziell zum Paternalismus Textabsatz m. Fn. 216), dass sie diesen Eindruck nur bestätigt.

[174] Zu den Betroffenheitsunterschieden s. statt vieler Wagenknecht 2021, passim (speziell zur Unterschiedlichkeit der Betroffenheiten durch Zuwanderung S. 153 ff.); Alvaredo et al. 2018 S. 102 ff. (zur Entwicklung der Einkommensverteilung, die sich nach vorausgegangener entgegengesetzter Entwicklung etwa seit 1980, also mit dem Beginn der Hochphase der Globalisierung, wieder zugunsten der Top-Perzentile und zulasten der unteren Dezile verschoben hat; vgl. auch, weniger detailliert und differenziert, Chancel et al. 2021, S. 91 ff. (zum korrespondierenden Einfluss solcher Verschiebungen auf politische Entscheidungen Berthold / Gründler 2018, S. 89 ff.); Streeck 2013, S. 167 ff. (zu unterschiedlichen Betroffenheiten durch Austeritätspolitiken im Gefolge von – ihrerseits von der Globalisierung der Finanzmärkte abhängiger – Schuldenpolitik und Finanzkrisen).

fernhalten, weil es sonst zu weniger globalisierungs-und migrationsfreundlichen Beschlüssen kommt, als er oder sie für richtig hält, sollte sein Demokratieverständnis hinterfragen. Fremdenfeindliche Ressentiments und rückwärtsgewandten Nationalismus dämpft man auf diese Weise nicht, sondern fördert sie. Was die befürchtete Entartung des politischen Systems ins Populistische angeht, ist die Eröffnung direktdemokratischer Entscheidungsmöglichkeiten, auf diesem Gebiet wie auch sonst, viel weniger riskant als der Ausschluss der Bürger von unmittelbarer Mitentscheidung. Gegen die Selbststilisierung der Populisten als wahre Vertreter des Volkes, und gegen das sich ausbreitende Misstrauen gegenüber Institutionen und Akteuren repräsentativdemokratischer Politik würde nichts so wirksam helfen wie die Bereitschaft, den Bürgern selbst auch in den Sachfragen, die sie besonders bewegen, eine entscheidende Stimme zu geben.[175] Dem Populismus kommt direkte Demokratie in den wünschenswerten Ausgestaltungen, in denen sie Kommunikation und Kompromissbereitschaft fördert, gerade nicht entgegen.[176]

Auch im Verhältnis zu Volksentscheiden sind im Übrigen, nicht anders als im Verhältnis zu parlamentarisch beschlossenen Gesetzen, verfassungsrechtliche Sicherungen denkbar und notwendig.

---

[175] Zur mit der institutionalisierten Demontage solcher Attitüden verbundenen Legitimations- und Integrationswirkung Patzelt 2021, 124 f.; s. auch Matsusaka 2020, S. 236 ff. u. passim; Schmidt 2020a, S. 772; ders. 2020b, S. 200; a.A. – die direkte Demokratie selbst als ein populistisches Phänomen betrachtend – Salvatore 2020, S. 148 f. Dazu, dass populistische Bewegungen und ihre Erfolge sich wesentlich im repräsentativdemokratischen Rahmen entwickelt haben, Schiller 2021, S. 228. Ritzi 2020, S. 40 plädiert dafür, (obligatorische) Referenden über unionsrechtliche „Vertrags-, Verfassungs- oder [sic] Erweiterungsfragen" in Betracht zu ziehen im Hinblick darauf, dass sie einen wesentlichen Beitrag zur Politisierung der betreffenden Entscheidungen leisteten und dies eine zentrale Bedingung für deren demokratische Qualität und Legitimität darstelle.
[176] Zutreffend Decker 2020, S. 59, 60 ff., m.w.N. Was die Frage eines empirischen Zusammenhangs zwischen dem Vorhandensein und der Nutzung direktdemokratischer Instrumente und dem Vorhandensein und der Stärke populistischer Parteien angeht, kommt Decker, ebd. S. 60, zu dem Ergebnis, dass sich „kein Muster erkennen" lasse. Dabei wird (ebd.) zur Schweiz vermerkt, dass die direkte Demokratie dort „den elektoralen Aufstieg der Schweizerischen Volkspartei und deren Transformation zu einer rechtspopulistischen Partei nicht verhindert" habe und diese „im Gegenteil", da in das Konkordanzsystem eingebunden, „ihre oppositionellen Positionen nur in der plebiszitären Arena voll ausspielen" könne. In diesem Zusammenhang sollten die mäßigenden Rückwirkungen der Einbindung in das Konkordanzsystem ebensowenig übersehen werden wie die insgesamt erheblichen Misserfolge der SVP in der direktdemokratischen Arena (s. Text m. Fn. 262 ff. sowie Fn. 332 und, zum teilweise nur begrenzten Erfolg selbst bei „gewonnenen" Abstimmungen, Text m. Fn. 159 f. und 162 f.).

Unter anderem kann vorgesehen werden, dass ihre Verfassungs- und Völkerrechtskonformität überprüft und im Streitfall gerichtlich geklärt wird.[177]

Die grundsätzlichste aller Unvereinbarkeitsthesen liegt in der Annahme, bei Volksentscheiden dominiere krudes Eigeninteresse der Abstimmenden, durch Repräsentation dagegen gelange der Volkswille in veredelter Form zum Ausdruck.[178] So betrachtet, stellt sich jedes direktdemokratische Element als eine Verunreinigung dar, die dem Sinn und Zweck der repräsentativen Demokratie zuwiderläuft. Was ist davon zu halten? Hier befremdet schon die mitschwingende Zurückweisung von Eigeninteressen als unedel, niedrig und überwindungsbedürftig. Die repräsentative Demokratie als ein System, das darauf ausgerichtet ist, die Interessen der Bürger so weit wie möglich zum Eigeninteresse der Repräsentanten zu machen, braucht zu Eigeninteressen ein nüchterneres und wohlwollenderes Verhältnis. In der Tat spielen bei Abstimmungsentscheidungen – ebenso wie bei Wahlentscheidungen – Eigeninteressen eine Rolle, und das ist auch gut so. Nichts ist schlimmer als eine Politik, die auf die Interessen der Bürger keinerlei Rücksicht nimmt. Die Kunst aller Institutionenbildung besteht darin, Eigeninteressen fruchtbar zu machen, sie auf die Mühlen der gemeinsamen Interessen zu lenken und beide so weit wie möglich in Einklang zu bringen.[179] Diese Harmonisierungsleistung kann immer nur im Großen und Ganzen gelingen, und wo sie gelingt, gelingt sie nicht zuletzt durch Transformation der Wahrnehmung von dem, was sich gehört *und* im eigenen Interesse liegt – Transformation dahin, dass zum wohlverstandenen eigenen Interesse auch das Interesse an der Qualität des Gemeinwesens und am Wohlergehen anderer gehört. Das gilt für die Bürger als Wähler wie als direktdemokratisch Abstimmende ebenso wie für die politischen Akteure im System der repräsentativdemokratischen Politik. Unter günstigen institutionellen Rahmenbedingungen entwickeln Bürger einen Sinn dafür, dass es sich nicht gehört und nicht in ihrem wohlverstandenen Interesse liegt, keine Steuern zu zahlen, Beamte zu bestechen, Sozialleistungen zu beziehen, auf die man nicht angewiesen ist, etc., so wie Politiker unter günstigen Rahmenbedingungen einen Sinn dafür entwickeln, dass es sich nicht gehört und nicht in ihrem wohlverstandenen Interesse liegt, sich bestechen zu lassen, Posten ohne Rücksicht auf Qualifikation an politische Spezis zu vergeben, Kompromisse für eine dringend notwendige Verkleinerung des Parlaments zu blockieren,[180] und so fort. Wo

---

[177] Näher u. Text m. Fn. 352 ff.
[178] Dazu bereits o. Text m. Fn. 116 ff.
[179] Das ist der Kern der Hegelschen Rechtsphilosophie; näher Lübbe-Wolff 2009a, S. 331 ff.
[180] Wenn die Möglichkeit bestanden hätte, der absurden Aufblähung

solche Transformationen der Interessensicht und des Anstandsgefühls gelingen, mag man das als Veredelung bezeichnen. Wo aber die komplexe Frage, welche institutionellen Arrangements geeignet sind, sie herbeizuführen, und welche Rolle dabei direktdemokratische Instrumente spielen können, mit der pauschalen Unterstellung abgehandelt wird, repräsentative Demokratie wirke veredelnd, direkte dagegen wirke genau dieser Veredelung entgegen, hat man es einfach nur mit einem abgeschmackten Relikt antidemokratischer Affekte zu tun.

5. „Direkte Demokratie ist unsozial"

Ein schon oft und auch in jüngster Zeit wieder vorgetragenes Argument geht dahin, dass direkte Demokratie unsoziale Effekte habe. Die Beteiligung bei Abstimmungen sei noch geringer als bei Wahlen und zudem besonders unausgewogen; die weniger gut ausgebildeten und weniger einkommensstarken Bevölkerungsschichten beteiligten sich besonders wenig, und das führe zu einer Minderberücksichtigung ihrer Interessen, d.h. zu einer unsozialeren Politik.[181]

des Deutschen Bundestages im Wege direktdemokratischer Entscheidung entgegenzutreten, wäre das Problem dieser Aufblähung vermutlich nicht über mehrere Legislaturperioden hinweg ungelöst geblieben. Angesichts des Fehlens dieser Möglichkeit (dazu auch von Arnim 2021, S. 290 ff., 299 f.) behielt bislang das unveredelte Interesse einer Mehrheit der Parlamentarier an der Vermeidung einer durchgreifenden Korrektur, die Parlamentssitze – womöglich den eigenen – kosten würde, die Oberhand. Zum Stand der Bemühungen in der gegenwärtigen Legislaturperiode Suliak 2022. In Italien wurde 2020 die Verkleinerung der Parlamentskammern mit einer Mehrheit von 69,64 % per Volksabstimmung durchgesetzt, nachdem die im repräsentativdemokratischen Verfahren dazu notwendige Zweidrittelmehrheit beider Parlamentskammern im Senat nicht erreicht worden war, <https://elezionistorico.interno.gov.it/index.php?tpel=F&dtel=20/09/2020&es0=S&tpa=I&lev0=0&levsut0=0&ms=S&tpe=A>, Abruf 8.7.2022.
[181] Merkel / Petring 2011, S. 23 f.; Merkel 2014, S. 11 ff.; knapp auch ders. 2011, S. 11 f.; Merkel / Ritzi 2017b, S. 240, 244 (aus diesem Grund für Nichterstreckung etwaiger direktdemokratischer Entscheidungsmöglichkeiten auf Fiskalpolitisches); Ritzi 2020, S. 34; auf dem Hintergrund der US-amerikanischen Erfahrungen gegen die Annahme verbesserter demokratischer Partizipation durch direktdemokratische Entscheidungsmöglichkeiten wegen der durch die Beteiligungsmuster verschärften „Verzerrungen zugunsten der privilegierten Bevölkerungsschichten" Stelzenmüller 1994, S. 192; aus diesem Grund auch gegen eine integrative Wirkung direktdemokratischer Instrumente ebd. S. 289. Schäfer / Zürn 2021 erklären in ihren „Allgemeine[n] Empfehlungen" (S. 204 ff.) zum Umgang mit dem Phänomen der „demokratischen Regression", d.h. des Aufstiegs autoritär-populistischer Parteien, auf nationaler Ebene diverse

Auch das kann als Einwand gegen direktdemokratische Entscheidungsverfahren nicht überzeugen. Schon prinzipiell ist es problematisch, an sich gute Einrichtungen deshalb abzulehnen, weil sie, obwohl für alle Bevölkerungsgruppen gleichermaßen kostenfrei nutzbar, von einigen Bevölkerungsgruppen tatsächlich weniger genutzt werden als von anderen. Nach diesem Muster könnte man auch Schulen ablehnen, weil es immer – auch wenn es nur eine einzige Schulform für alle gäbe – Bevölkerungsgruppen geben wird, deren Mitglieder die gebotenen Bildungschancen statistisch weniger gut als andere nutzen. Es liegt in der Natur jeder Chancengleichheit, dass sie im Ergebnis Ungleichheit produziert, weil die Bereitschaft und Fähigkeit zur Nutzung der angebotenen Chancen ungleich verteilt ist.[182] Allerdings stellt sich die Frage, inwieweit Ungleichheit der Fähigkeiten und der Bereitschaft zur Nutzung gleicher Chancen ihrerseits ein Ergebnis ungleicher Chancen ist, und was hier zur Verbesserung der Chancengleichheit unternommen werden kann.[183] Das gilt auch für die ungleiche Bereitschaft zur Wahrnehmung politischer Bürgerrechte. Hier wie sonst ist die richtige Antwort auf bildungsabhängige Unterschiede in der Neigung, von eigenen Entscheidungsmöglichkeiten Gebrauch zu machen, nicht das Kurzhalten oder die Verkürzung der Entscheidungsmöglichkeiten, sondern die Verbesserung der Bildungschancen, zu der, was die politische Bildung angeht, gerade auch direkte Demokratie beitragen kann.[184]

Nach allem, was wir wissen, trifft es im Übrigen auch nicht zu, dass gerade direktdemokratische Entscheidungsmöglichkeiten wegen sozialstatistischer Unterschiede in der Beteiligung zu einer unsozialeren Politik führen. Zwar gibt es die sozialstatistischen

Formen der Bürgerbeteiligung für nützlich und verlieren zu direktdemokratischen Entscheidungen kein explizites Wort (die kommen nur für die europäische Ebene vor, S. 218), nehmen die oben im Text angesprochene Kritik aber indirekt auf (S. 210): Eine verstärkte Bürgerbeteiligung sollte „die politische Selektivität der Parlamente nicht einfach wiederholen oder gar verschärfen". Differenzierend für die Schweiz Mayer 2017, S. 59 f. (geringe Abstimmungsbeteiligung helfe in der Schweiz eher linken Parteien, während hohe Wahlbeteiligung eher den Positionen rechter Parteien zugutekomme); ebenfalls differenzierend und mit Verweis auf Möglichkeiten der Abmilderung der sozialen Unausgewogenheit Schaefer / Schoen 2013, S. 94 ff., 115 f.; s. auch Kaeding / Haußner 2016, S. 17.
[182] Lübbe 1987, S. 177 ff; ders. 2014, S. 153 ff.
[183] Für die Behandlung der sich aufdrängenden Fragen nach Reichweite und Grenzen der Möglichkeit solcher Verbesserung und nach den Problemen, die sich einer Gesellschaft gerade mit der Annäherung an das Ideal der Chancengleichheit stellen, ist hier kein Raum.
[184] S.o. Text m. Fn. 44 ff. Zur häufig als Gegenbeispiel ins Feld geführten Hamburger Abstimmung über die Initiative „Wir wollen lernen" u. Text m. Fn. 251 ff.

II.5. „Direkte Demokratie ist unsozial"

Unterschiede, auf die man sich in diesem Zusammenhang beruft. Angehörige unterer Einkommensgruppen und Bildungsschichten nutzen schon ihr Wahlrecht weniger als andere. Die Wahlbeteiligung liegt bei ihnen deutlich niedriger als in der gesamten Wahlbevölkerung.[185] Bei Volksabstimmungen ist nach vorliegenden empirischen Erhebungen dieser Unterschied *statistisch* noch ausgeprägter als bei Wahlen.[186] Außerdem liegt ohnehin die durchschnittliche Beteiligung an direktdemokratischen Abstimmungen in den meisten Staaten insgesamt noch niedriger als bei Wahlen.[187] Einer neueren Untersuchung anhand von Volksabstimmungen in deutschen Gemeinden zufolge gilt der Befund einer bei Abstimmungen besonders niedrigen Beteiligung sozial schwächerer Bevölkerungsgruppen allerdings nicht für die kommunale Ebene; hier zeigte sich in den meisten Fällen sogar eine geringere soziale Selektivität als bei Wahlen.[188]

Auf eine im Vergleich zu repräsentativdemokratischen Verfahren verschlechterte Berücksichtigung der Belange der einkommensschwachen und weniger gebildeten Bevölkerungsteile bei direktdemokratischen Entscheidungen kann aus den dar-

---

[185] Merkel / Petring 2011, S. 8 ff.; Kaeding / Haußner 2016, S. 4 ff.; Heidelberger 2018, S. 27 ff., jew. m.w.N. S. auch, zum Zusammenhang zwischen Wissensstand und Wahlbeteiligung, Braun / Tausendpfund 2019, S. 210 f., m.w.N., und, speziell für die Beteiligung an der Wahl zum Europäischen Parlament, ebd. S. 215 ff., 221 ff. (von Interesse u.a. S. 225 dazu, dass ein Effekt des Wissensstandes auf die Wahl euroskeptischer Parteien für die große Mehrheit der EU-Mitgliedstaaten nicht feststellbar war; schwach negative Effekte ergaben sich nur in Luxemburg und Belgien, positive dagegen in Lettland und Italien). Zur Diskussion über die umstrittene Frage, ob die Verfügbarkeit direktdemokratischer Instrumente ihrerseits die Wahlbeteiligung steigert, s. Altman 2019, S. 151 ff., m. zahlr. w.N., einschließlich Verweises auf eine eigene dies bejahende Untersuchung.
[186] Heidelberger 2018, S. 27 ff.; Merkel 2014, S. 11 f.; Merkel / Ritzi 2017a, S. 28 ff.; dies,. 2017b, S. 230; für die Schweiz Mayer 2017, S. 56 ff., jew. m.w.N. Zu älteren Untersuchungen aus den USA Cronin 1989, S. 76 f. Zur Abhängigkeit der Abstimmungsbeteiligung vom Informationsstand auch Sciarini 2018, S. 297, m.w.N.
[187] Merkel 2014, S. 12 f., mit Daten zu den damaligen EU-Mitgliedstaaten, in denen es im Untersuchungszeitraum – großenteils allerdings nur ganz vereinzelt – Referenden auf nationaler Ebene gegeben hatte (nicht einbezogen daher Belgien, Bulgarien und Deutschland), sowie zu Australien, Kanada, Neuseeland und Norwegen. Verglichen wird die durchschnittliche Beteiligung bei Wahlen und bei Volksabstimmungen für die Jahre 1990–2007 (einbezogene mittel-und osteuropäische Länder) bzw. 1970–2007 (übrige einbezogene Länder).
[188] Vetter / Velimsky 2021, S. 623 ff. S. auch, für eine kommunale Abstimmung über den Verkauf städtischer Wohnungen in Freiburg, bei der im einkommensschwachen Stadtteil Weingarten die Abstimmungsbeteiligung deutlich höher lag als die Wahlbeteiligung bei der vorausgegangenen Landtagswahl Töller / Vollmer 2013, S. 312, m.w.N.

gestellten Befunden allerdings nicht geschlossen werden. Zur Vermeidung des Idealvergleichsfehlers[189] sollte man sich vergegenwärtigen, wie klein unter den Entscheidern in repräsentativdemokratischen Verfahren der Anteil derer ist, die diesen Bevölkerungsteilen angehören beziehungsweise angehört haben oder entsprechende Erfahrungen aus ihren Herkunftsfamilien mitbringen.[190] Die Auswertung empirischer Befunde zu einer vergleichsweise geringeren Beteiligung bei Abstimmungen als bei Wahlen führt außerdem zu völlig verzerrten Ergebnissen, wo sie, was leider die Regel ist, relevante Unterschiede in der praktischen Ausgestaltung direktdemokratischer Entscheidungsmöglichkeiten nicht in den Blick nimmt.

Mit einer ersten Unausgegorenheit hat man es zu tun, wenn die Zahlen, die zur niedrigeren Beteiligung bei Volksabstimmungen angeführt werden, vollkommen davon absehen, dass die Gültigkeit von Volksabstimmungen an sehr unterschiedlich hohe Quoren gebunden ist – in der Schweiz zum Beispiel gilt weder ein Beteiligungs- noch ein Zustimmungsquorum,[191] in Italien und in den meisten osteuropäischen Ländern dagegen ein Beteiligungsquorum von 50 %.[192] Solche Hürden spielen aber eine wichtige

---

[189] Dazu o. Text nach Fn. 64.
[190] Vgl. Cronin 1989, S. 78: „... *it can also be argued that legislatures may misrepresent public opinion to an even greater degree than do voters in referendum elections. This is in part the case because legislators – and the activists, lobbyists and staffs to whom they listen – have an educational and information status that is decidedly middle or even upper-middle class* ..." Die Überrepräsentation – gemessen am Bevölkerungsanteil – der oberen Schichten und der akademisch Gebildeten in den Parlamenten hat sich in den zurückliegenden Jahrzehnten noch erheblich weiter gesteigert, s. für Deutschland zu den Bildungsabschlüssen der Abgeordneten des Deutschen Bundestages die tabellarischen Überblicke für die 12. bis 18. Wahlperiode (WP) im Datenhandbuch zur Geschichte des Deutschen Bundestages <https://www.bundestag.de/datenhandbuch>, Abruf 8.7.2022, wo diese Entwicklung besonders ausgeprägt ist, Kap. 3.9, S. 1 ff.; zur Berufsstruktur ebd. Kap. 3.11, S. 8 ff. (die Erhebungen reichen hier bis zur 19. WP); allgemeiner – nicht nur Deutschland betreffend – Elsässer / Hense / Schäfer 2017, S. 178, m.w.N.; speziell zum Vereinigten Königreich und zum Zusammenhang mit der Entwicklung der dortigen polarisierungsfördernden unzureichenden Responsivität repräsentativdemokratischer Politik Goodhart 2017, S. 58 f.
[191] Zu diesen Begriffen s. Anhang zur Terminologie.
[192] Zu den fast durchweg sehr hohen osteuropäischen Quoren – eine Ausnahme bildet insbesondere Slowenien – s. Schiller 2012, S. 40 f., Pállinger 2021, S. 510 (Tabelle 4 mit Angaben u.a. zu Beteiligungsquoren) sowie die Länderberichte in Marczewska-Rytko (Hrsg.) 2018. Überblick über die sehr unterschiedlich hohen Beteiligungs- bzw. Zustimmungsquoren in Deutschland für die Ebene der Länder bei Möller 2019, S. 49 ff.; für die kommunale Ebene bei Seybold 2021, S. 368 f. In der Slowakei zum Beispiel, wo nach den von Wolfgang Merkel angegebenen Zahlen Wahl-

II.5. „Direkte Demokratie ist unsozial"   71

Rolle für die Beteiligungsneigung der Stimmbürger. Die verbreiteten hohen Quoren senken die Bereitschaft, zur Abstimmung zu gehen, schon weil sie schwer erreichbar sind und dadurch die Wahrscheinlichkeit reduzieren, mit der eigenen Stimmabgabe etwas zu erreichen. Den Gegnern des zur Abstimmung gestellten Projekts bieten speziell Beteiligungsquoren zudem einen Anreiz, Ablehnung durch bloße Nichtbeteiligung zu bekunden, denn wenn diejenigen, die den zur Abstimmung stehenden Vorschlag ablehnen, einfach der Abstimmung fernbleiben, statt mit „nein" zu stimmen, kann bei Beteiligungsquoren, anders als bei Zustimmungsquoren, auch das einen Unterschied machen.[193] Damit gewinnt – besonders

und Abstimmungsbeteiligung am weitesten – 80 % vs. 30 % – auseinanderfallen (Merkel 2014, S. 12), hat es im erfassten Zeitraum von 1990 bis 2007 eine ganze Reihe von Abstimmungen gegeben, aber nur an einer einzigen davon – der 2003 abgehaltenen zum EU-Beitritt – hatte sich eine ausreichende, dem hohen Beteiligungsquorum von 50 % genügende Zahl von Bürgern beteiligt; Daten bei Kużelewska 2018, S. 274 ff., 277 f., und – ohne prozentuale Wiedergabe der Abstimmungsergebnisse – in der Abstimmungsdatenbank des Centre for Research on Direct Democracy <https://www.c2d.ch/votes.php?table=votes&submit=Submit_Query&detailedback=back&page=1>, Abruf 2.7.2022 (Sucheingabe Slovakia). Über die sozial selektiven *Wirkungen* direktdemokratischer Instrumente sagen Zahlenwerke unter Einschluss von Abstimmungen, die aus solchen Gründen keinerlei Wirkung entfalten konnten, schon aus diesem Grund nichts aus. Wegen der Auswirkungen hoher Quoren auf die Beteiligungsneigung (dazu nachfolgend im Text) lässt sich bei solchem Zahlenmaterial auch nicht schließen, wie es im Fall der wünschenswerten Absenkung oder Streichung des Quorums mit der Beteiligung aussähe. Gegen niedrige Quoren Merkel / Ritzi 2017a, S. 18 ff.
[193] Zu diesem Problem s. statt vieler Borchert 2000, S. 133; Bousbah / Bochsler 2013, S. 71 ff.; Gross 2016/2015c, S. 258 ff.; Aguiar-Conraria / Magalhães / Vanberg 2020, S. 217 (m.w.N.), 225. Quoren dieser Art machen, je höher sie angesetzt sind desto mehr, Boykott(aufruf)e zum probaten Mittel der Auseinandersetzung, und gerade Beteiligungsquoren sind häufig besonders hoch angesetzt; s. z.B. zu Abstimmungsboykotten in der Slowakei und in Italien, wo jeweils ein Beteiligungsquorum von 50 % gilt, Anckar 2018, S. 111 bzw. Hornig 2021, S. 488 ff. und Altman 2011, S. 21 ff.; zu entsprechenden Anreizwirkungen der in osteuropäischen Staaten meist hoch angesetzten Beteiligungsquoren Pállinger 2021, S. 510 f. für die Weimarer Republik, wo für Entscheide und Volksinitiative ebenfalls ein 50 %-Beteiligungsquorum galt, s. zur Boykottkampagne gegen den Volksentscheid zur Fürstenenteignung, der daraufhin, obwohl eine überwältigende Mehrheit der Abstimmenden die Enteignung befürwortete, wegen Beteiligung von nur 39,3 % der Stimmberechtigten unwirksam blieb, Caldwell 2022, S. 130; Gross 2016/2015c, S. 258 ff. (dort S. 259 auch zum massiven Einsatz von Freibier, um Leute vom Gang ins Abstimmungslokal fernzuhalten). Für eine tendenziell die öffentliche Deliberation hemmende Wirkung von Beteiligungs- und Zustimmungsquoren Gross 2002, S. 336 f.; Eichenberger 2019, S. 46. Zur Thematisierung des Problems, dass Gegner einer Vorlage u.U. gerade dadurch, dass sie sich mit der Abgabe einer Nein-Stimme beteiligen, den Befürwortern zum Sieg verhelfen,

offensichtlich bei Boykottkampagnen, die in einem solchen System zielführend sein können – auch Nichtabstimmung den Charakter einer Entscheidung in der Sache. Statistische Abstimmungsabstinenz kann hier nicht in gleicher Weise wie in einem System, in dem die Entscheidung allein von der Mehrheit der abgegebenen Stimmen abhängt, als Nichtwahrnehmung der bestehenden politischen Partizipationsmöglichkeit gedeutet werden. Damit leidet auch der Informationswert von Volksabstimmungen, weil zwischen durch Fernbleiben bekundeter Ablehnung und bloßem Desinteresse nicht mehr deutlich unterschieden werden kann.[194] Pauschale Angaben über Unterschiede zwischen Wahl- und Abstimmungsbeteiligung in unterschiedlichen Ländern, die entsprechende unterschiedliche Rahmenbedingungen nicht berücksichtigen, sind zur Begründung allgemeiner kritischer Urteile über die soziale Selektivität direktdemokratischer Entscheidungsverfahren ungeeignet.[195]

Vernachlässigt wird bei den Vergleichen, die alles über einen Kamm scheren, auch, dass die Beteiligung an Volksabstimmungen statistisch höher ausfällt, wenn es sich um Abstimmungen über vom Volk ausgehende Initiativen, als wenn es sich um dem Bürger „von oben" vorgelegte Fragen handelt.[196] Von den in die Untersuchung von Wolfgang Merkel einbezogenen EU-Mitgliedstaaten und außereuropäischen Ländern[197] lassen aber weit mehr als die Hälfte der europäischen und drei Viertel der außereuropäischen volksinitiierte Abstimmungen gar nicht zu,[198] ohne dass dies bei der Auswertung berücksichtigt würde.

indem aufgrund ihrer Beteiligung das Quorum erreicht wird, als verfassungsrechtliches Problem des aus dem Wahlrecht bekannten „negativen Stimmgewichts" Möller 2019, S. 180 f., m.w.N. Zur Rechtsprechung einiger deutscher Landesverfassungsgerichte, die die Absenkung von Beteiligungsquoren auf ein sehr niedriges Niveau als – jedenfalls in Verbindung mit dem Fehlen eines Zustimmungsquorums – dem Demokratieprinzip zuwiderlaufend angesehen haben, Haug 2021, S. 238 ff.

[194] S. auch Eichenberger 2021, S. 609.
[195] Entsprechende Kritik an den Ausführungen von Merkel / Ritzi 2017a bei Lübbe-Wolff 2019b, S. 232 f. Dass nach den Erhebungen von Wolfgang Merkel (Merkel 2014, S. 11 ff., 13; s. auch Merkel / Ritz 2017a, S. 30) Abstimmungs- und Wahlbeteiligung in Osteuropa besonders weit auseinanderfallen, ist nicht zuletzt angesichts der dort vorherrschenden hohen Quoren nicht weiter verwunderlich.
[196] Heidelberger 2018, S. 30, 33, 39; für die USA Waters 2018, S. 262. S. dagegen für die Vermutung höherer sozialer Selektivität der Beteiligung bei *bottom-up*-initiierten Verfahren Vetter / Velimsky 2021, S. 630.
[197] S.o. Fn. 187.
[198] Das ergibt ein Abgleich mit der Übersicht über die weltweit auf nationaler Ebene zugelassenen und nicht zugelassenen Instrumente direkter Demokratie bei Morel 2018a, S. 512 ff. Überblick über den vergleichsweise geringen Anteil der Länder, in denen *bottom-up*-Instrumente direktdemokratischen Entscheidens zugelassen sind, auch bei Serdült / Welp 2012,

II.5. „Direkte Demokratie ist unsozial" 73

Für die Beteiligung an Volksabstimmungen spielt zudem eine Rolle, wie hoch der Beteiligungsaufwand ist. So fällt zum Beispiel die Beteiligung höher aus, wenn Abstimmungstermine mit Wahlterminen zusammenfallen.[199] Eine Zusammenlegung ist zum Beispiel in den USA – zumindest in der Mehrzahl der Einzelstaaten – vorgeschrieben.[200] Es gibt allerdings auch die Befürchtung, dass eine solche Koppelung von Wahl- und Abstimmungsterminen ungünstige Nebenwirkungen haben könnte.[201] Einen Unterschied für

S. 76; die Verfasser rechnen zu den direktdemokratischen Instrumenten auch den *recall*, also personenbezogene Abberufungsentscheidungen, und zählen unter dieser Prämisse mindestens (*at least*) 156 Staaten, die solche Instrumente auf nationaler Ebene zulassen, darunter aber nur 38 mit *bottom-up-mechanisms*, wobei es sich in acht von diesen 38 nur um die Möglichkeit des *recall* handelt, der nach der hier verwendeten Terminologie nicht zu den direktdemokratischen Elementen zählt (s. Anhang zur Terminologie).

[199] Vetter / Velimsky 2021, S. 630 f.; Heidelberger 2018, S. 33; Kamps 2014, S. 461; speziell für Kalifornien Möckli 1994, S. 204; für Irland Barrett 2019, S. 206 (s. auch, für eine deutlich *wahl*beteiligungssteigernde Wirkung der Zusammenlegung unterschiedlicher *Wahl*termine, Leininger / Rudolph / Zittlau 2018, S. 513 ff. u. passim). Daraus wird schon länger die Forderung nach Zusammenlegung von Abstimmungs- und Wahlterminen abgeleitet (s. etwa Jung / Knemeyer 2001, S. 52), die allerdings, strikt durchgeführt, wegen der Seltenheit von Wahlterminen u.U. zu unzuträglichen Abstimmungsverzögerungen führen würde; s. außerdem zu möglichen unzuträglichen Nebenwirkungen u. Fn. 201. Für eine differenzierte Regelung s. Art. 50 Abs. 3 Satz 7 ff. hambVerf, § 18 Abs. 2, 3 hambVAbstG.

[200] Seferovic 2018, S. 147, Rn. 129; s. auch ders. 2021, S. 544 (abgestimmt werde über Volksinitiativen und Referenden „in fast allen Gliedstaaten der USA nur gleichzeitig mit den Primär- und Generalwahlen und damit nur alle zwei Jahre"); nach Möckli 2018, S. 86 finden in den USA „Abstimmungen *stets* zusammen mit Wahlen" (Hervorh. G. L.-W.) statt; zur üblichen Zusammenlegung der Termine auch ebd. S. 103.

[201] Befürchtet wird eine unsachgerechte wechselseitige Beeinflussung, insbesondere eine Beeinflussung der Wahlentscheidung durch gleichzeitig anstehende Abstimmungsentscheidungen. S. z.B. für ein Gebot der Trennung von Wahl- und Abstimmungsterminen in Italien Rehmet / Wagner / Weber 2020, S. 70 (mit kritischem Kommentar S. 75, 188). Gegen die Zusammenlegung von Abstimmungs- und nationalen Wahlterminen House of Lords, Select Committee on the Constitution 2010, S. 36, Rn. 145; kritisch auch Isensee 2001, S. 1169, mit der Begründung, politische Gruppen, denen es gelungen sei, das Initiativquorum zu überwinden, bekämen damit „ein Mittel in die Hand, auf die Wähler noch in der Wahlkabine Einfluss zu nehmen, dadurch, dass sie propagandistisch wirksame Volksbegehren starten und die sich widersetzende Parlamentsmehrheit ‚vorführen'". *Zweifellos* verfehlt ist es, die Festlegung der Termine von Volksabstimmungen und damit auch die Entscheidung über eine Zusammenlegung mit Wahlterminen, wie beim obligatorischen Referendum in der Slowakischen Republik der Fall, dem Staatspräsidenten zu überlassen, der diese Entscheidungsbefugnis zur Beeinflussung der Abstimmungsbeteiligung und damit – angesichts des hohen Beteiligungsquorums von

das Beteiligungsniveau macht es außerdem, ob und unter welchen Voraussetzungen Briefwahl und Briefabstimmung zulässig sind[202] oder gar elektronisch votiert werden kann,[203] und ob die Bürger davon ausgehen können, dass sie mit ihrer Stimmabgabe etwas ausrichten.[204] Letzteres setzt Vertrauen in den gesamten Abstimmungsprozess voraus[205] und lässt vermuten, dass rein konsultative Verfahren geringere Beteiligungsbereitschaft auslösen als Verfahren, deren Ergebnis verbindlich ist. Die Abstimmungsbeteiligung kann zudem gezielt gefördert werden, etwa, wie in Hamburg, dadurch, dass bei Abstimmungen, die nicht an einem Wahltag stattfinden, den Stimmberechtigten ohne besonderen Antrag Briefabstimmungsunterlagen zugesandt werden.[206] Diskutiert wird auch über eine Stimmpflicht, wie sie im schweizerischen Kanton Schaff-

---

50 % – des Verfahrensausgangs nutzen kann; dazu Rehmet / Wagner / Weber 2020, S. 109, m.w.N.

[202] S. zum Beispiel Nef 1953, S. 215, zur damaligen Hinderung vieler Schweizer Bürger an der Abstimmungsteilnahme dadurch, dass der „Gang zur Urne" notwendig und die Ausübung des Stimmrechts nur am Wohnsitz zulässig war. Kritisch gegen beteiligungshinderlichen Ortszwang und fehlende Briefwahlmöglichkeit zum damaligen Zeitpunkt auch Imboden 2011/1964, S. 122 f. Seit 1994 ist dagegen die Briefabstimmung zugelassen (s., ohne besondere Voraussetzungen, Art. 5 Abs. 3 Satz 1 schweizBPR), und es wird geschätzt, dass über 90 % der Stimmen auf diesem Weg abgegeben werden, s. Zumbrunn 2020. Während die Zulassung der Briefabstimmung den Aufwand senkt und dadurch die Abstimmungsbeteiligung erleichtert, erschwert andererseits die Zulassung und intensive Nutzung der Brief*wahl*möglichkeit das Zustandekommen von Initiativen, weil sie den Aufwand für die – vor gut besuchten Wahllokalen besonders effiziente – Unterschriftensammlung erhöht; näher Gross 2016/2007, S. 174.

[203] Zur Möglichkeit von Versuchen mit dem E-Voting in der Schweiz Art. 8a schweizBPR; zur Praxis solcher Versuche Braun-Binder 2021, S. 164 ff.; zur Diskussion Tschentscher 2021, S. 434 f. Zu digitaler Unterstützung von Unterschriftensammlungen durch herunterladbare Unterschriftenformulare Braun-Binder 2021, S. 170 f.; dazu und zur Unterstützung der Vernetzung bei Initiativprojekten durch die Plattform www.thepeople.ch Tschentscher 2021, S. 427 f., 435 f. Zu (noch nicht weit gediehenen) Regelungen der Stadt Rom über die Nutzung elektronischer Mittel bei Petitionen und Referenden Sturni 2020, S. 226 ff., 229 ff.; zu einschlägigen europäischen Standards für Wahlen und Abstimmungen Maurer 2020, passim. Zur deutschen Diskussion über die Zulassung elektronischer Unterschriftenleistung und Stimmabgabe Seybold 2021, S. 378 ff. (betr. die kommunale Ebene).

[204] Barclay 2020, S. 260. Zur Relevanz von Quoren in diesem Zusammenhang s. schon o. Text nach Fn. 192.

[205] Für Vertrauen als Faktor, der die Abstimmungsbeteiligung beeinflusst, Barclay 2020, S. 259. Solches Vertrauen ist Voraussetzung der Überzeugung von der (Mit)Wirksamkeit der eigenen Stimmabgabe und ist daher kein gesonderter Faktor neben dieser Überzeugung, sondern Element davon.

[206] § 24 Abs. 3 Nr. 1 hambVAbstG.

II.5. „Direkte Demokratie ist unsozial" 75

hausen besteht und dort zu einer im Vergleich zu anderen Kantonen deutlich erhöhten Abstimmungsbeteiligung führt.[207] Direktdemokratische Entscheidungen sollten, damit Mitwirkung nicht zu einer Last wird, die nur noch wenige tragen wollen und können, nicht alle naselang fällig sein. Man kann eine Grenze für die zulässige Zahl der Wahl- und Abstimmungstermine in einem Jahr vorsehen.[208] Einer Überzahl an – sei es auch terminlich zusammengefassten – Einzelabstimmungen, die einer angemessenen inhaltlichen Befassung mit den einzelnen zu entscheidenden Sachfragen im Weg steht,[209] lässt sich außerdem durch geeignete Unterschriftenquoren vorbeugen.[210]

[207] Näher Tschentscher 2021, S. 436 f.; Stimmpflicht befürwortend Chollet 2018, S. 346. Die beteiligungssteigernde Wirkung einer Stimmpflicht ist auch für Wahlen altbekannt, s. Lijphart 1997, S. 2, m. zahlr. w.N.

[208] In der Schweiz finden „auf eidgenössischer Ebene gewöhnlich vier Urnengänge pro Jahr" statt (Möckli 2018, S. 103). Art. 2a Abs. 1 schweizVPR reserviert vier Sonntage im Jahr für eidgenössische Volksabstimmungen; aus „überwiegenden Gründen" können aber einzelne Termine verschoben oder weitere festgelegt werden, Art. 2a Abs. 2 schweizVPR.

[209] Nach Möckli 2018, S. 103 hatte in Berkeley (Kalifornien) „ein Stimmberechtigter bei den allgemeinen Wahlen vom November 1988 insgesamt 58 Urnenentscheide zu fällen. Bei den Wahlen zwei Jahre später waren es gar 72." Nach Feld / Kirchgässner / Savioz 1999, S. 139 musste am 3. November 1998 in Kalifornien nicht nur über zwölf Abstimmungsvorlagen entschieden werden, sondern es lagen auch fünfzehn verschiedene Wahlen an. S. auch die Darstellung einer Überlast von Informationen wegen einer großen Zahl von an einem kalifornischen Wahltag zusätzlich anstehenden Abstimmungen auf Staats- und Kommunalebene bei Eule 1990, S. 508 f. Die Anzahl der Vorlagen, über die im Zeitraum 1990 bis 2018 in der Schweiz auf kantonaler Ebene abzustimmen war, lag zwischen 49 (Kanton Jura) und 626 (Kanton Glarus; den zweiten Platz hinter Glarus nahm Zürich mit 321 Abstimmungen ein), s. Vatter 2020, S. 364, und damit selbst in dem Kanton mit den mit Abstand höchsten Abstimmungsfälligkeiten nur bei durchschnittlich etwas über zwanzig pro Jahr. Die auf Bundesebene fälligen Abstimmungen sind hier noch nicht mitgerechnet. Von 1848 bis 2019 wurde auf Bundesebene über 644 Vorlagen, einschließlich 41 direkter Gegenvorschläge, abgestimmt (Vatter 2020, S. 361; vgl. auch Tabelle 8.2, ebd. S. 358 f.), im Jahr 2021 an vier Abstimmungsterminen über insgesamt 13 Vorlagen (s. Aufstellung unter <https://www.bk.admin.ch/ch/d/pore/va/20211128/index.html>, Abruf 12.4.2022). Für die Annahme einer Überlast (*overload*) nicht von Referenden, aber von Initiativen in der Schweiz, die durch höhere Unterschriftsquoren und kürzere Beibringungsfristen abgebaut werden sollte, Kreis 2020, S. 64, 67. Europäische Beispiele für Abstimmungshäufigkeiten bei Möckli 2018, S. 104.

[210] Das ist das in der Praxis überwiegend eingesetzte Mittel. Überblick zu Unterschriftenquoren in Deutschland auf Länderebene bei Kost / Solar 2019a, S. 72; für kommunale Bürgerbegehren s. auch Seybold 2021, S. 360 f.; zu Beibringungsfristen Kuoni 2015, S. 80. Die anfänglich viel zu hohen Unterschriftenquoren auf Länderebene (vgl. die Überblicke bei Majer 2000, S. 42 ff.; Jung / Knemeyer 2001, S. 42 ff.; Schiller 2000, S. 88 f.) sind zwischenzeitlich großteils gesenkt worden (zu den entsprechenden, oft

Aus Vergleichen der Wahl- und Abstimmungsbeteiligung, die alle derartigen Unterschiede der näheren Ausgestaltung nicht berücksichtigen, lassen sich allgemeine Schlüsse über „die" direkte Demokratie und ihre sozialen Wirkungstendenzen nicht ziehen. Das zeigt sich im Übrigen auch schon darin, dass die Daten, die gern zu dem statistischen Befund einer noch deutlich geringeren Beteiligung bei Volksabstimmungen als bei Wahlen zusammengefasst werden, von Fall zu Fall wie auch von Land zu Land sehr unterschiedlich und teilweise gegenteilig ausfallen.[211] Es kommt also

mit Erhöhungen der Hürden auf späteren Verfahrensstufen verbundenen Reformtendenzen Meerkamp 2011, S. 417 f.). Mindestens teilweise sind diese Reformen allerdings auf halbem Wege stehengeblieben; s. z.b. zur Absenkung des Unterschriftenquorums für Volksbegehren von vormals 20 % auf (immer noch) 8 % in NRW kritisch Kost 2021, S. 344. Für regere Nutzung der direktdemokratischen Verfahren nach Absenkung der Hürden und für die Feststellung, dass, wo in den Ländern das Unterschriftenquorum auf 5 % gesenkt wurde, dies keine Inflation von Volksbegehren zur Folge gehabt habe, Meerkamp 2011, S. 425. Zur kontraproduktiven Wirkung kurzer Beibringungsfristen, wie sie u.a. in den deutschen Bundesländern vorherrschen, Gross 2002, S. 336 f. In den US-Staaten sind die Fristen überwiegend großzügiger bemessen (meist 12–18 Monate), Noyes 2018, S. 278. Zu den sehr unterschiedlichen Unterschriftenquoren und Fristen in europäischen Staaten Überblicke bei Weber / Rehmet 2021, S. 415 (dort S. 421 die datengestützte Feststellung, dass nationale Unterschriftenquoren von 8 % und mehr dazu führen, dass das jeweilige direktdemokratische Instrument „kaum bis gar nicht angewendet wird"); Setälä / Schiller 2012, S. 246, 248 f.; für eine Abnahme günstiger Wirkungen direktdemokratischer Instrumente schon bei Unterschriftenquoren um die 5 % Eichenberger 2021, S. 611 f., m.w.N.; Empfehlung, Unterschriftenquoren von 0,5 % (Kanton Zürich) oder [ca.] 1 % (Schweiz, eidgenössische Ebene) der Stimmberechtigten nicht zu überschreiten, bei Chollet 2018, S. 346; zur prohibitiven Wirkung von 10 %-Quoren Setälä / Schiller 2012, S. 247; zu ungünstigen Wirkungen hoher Quoren auch Kuoni 2015, S. 81 ff. Vernünftigerweise sind Unterschriftenquoren und Beibringungsfristen im Zusammenhang zu betrachten (so auch Neumann 2009, S. 648) und unterschiedlich zu bemessen je nachdem, ob es sich um originäre Volksinitiativen (s. Anhang zur Terminologie, Abschnitt „Volksinitiative/volksinitiierte direktdemokratische Verfahren") handelt oder um volksinitiierte Referenden, die das Inkrafttreten parlamentsbeschlossener Gesetze hemmen und daher in einen engeren Zeitrahmen eingespannt sein müssen. Außerdem können Änderungen bei der Anzahl der Stimmberechtigten und bei den Bedingungen der Unterschriftensammlung (wie z.B. Erleichterungen durch die Nutzbarkeit elektronischer Mittel, s. Fn. 203) zu berücksichtigen sein; s. zur schweizerischen Diskussion Tschentscher 2021, S. 428. Zu weiteren Steuerungsinstrumenten u. Fn. 365.
[211] Nach den bei Merkel 2014, S. 12 f. angegebenen Zahlen liegt in Estland, Kanada, Kroatien, Luxemburg und Norwegen die durchschnittliche Beteiligung bei Volksabstimmungen sogar höher als bei Wahlen; in etlichen weiteren von den 30 in die diesbezügliche Untersuchung einbezogenen Ländern (Australien, Dänemark, Finnland, Malta, Schweiz, Zypern) beträgt die Differenz zugunsten der Wahlen nur zwischen einem und fünf Prozentpunkten. Im Jahr 2020 war in der Schweiz nach den im Internet

hier wie sonst alles auf die nähere Ausgestaltung an,[212] und Instrumente der direkten Demokratie sind jedenfalls nicht gleich ganz zu verwerfen, weil Ausgestaltungen *denkbar* sind, die die politische Beteiligungsbereitschaft generell oder für einzelne Bevölkerungskreise überfordern.

Gewisse Differenzen zwischen Abstimmungs- und Wahlbeteiligung sind im Übrigen auch nicht als Überforderungssymptome zu interpretieren, sondern aus vollkommen rationalem Verhalten erklärbar. Bei Sachabstimmungen wird häufiger als bei Wahlen der Ausgang anhand von Meinungsumfragen oder sonstigen Meinungsbildern vorhersehbar sein. Bei Wahlen ist das, jedenfalls wo nach dem Prinzip der Verhältniswahl gewählt wird, selten der Fall. Da mag zwar nach Meinungsumfragen einer der Spitzenkandidaten sehr deutlich vorn liegen. Aber selbst wenn von vornherein einigermaßen feststeht, welche Partei die Parlamentsmehrheit und die Regierungsspitze stellen wird, bleiben – außer im seltenen Fall eines reinen Zweiparteiensystems – in der Regel noch Koalitionsfragen offen: Wie viele Koalitionspartner werden zur Regierungsbildung benötigt? Welche kommen in Frage? Und wie stark werden sie sein? Über all das ist, selbst wenn einigermaßen klar ist, wer die Nase vorn haben wird, oft noch nicht eindeutig entschieden. Wahlberechtigte können sich daher nicht mit dem Gefühl zurücklehnen, dass von ihrer Beteiligung ohnehin nichts mehr abhängt. Bei Sachabstimmungen lässt sich demgegenüber ein niedriges Beteiligungsniveau häufig damit erklären, dass bei klar prognostizierbarem Ausgang der Beteiligungsanreiz sinkt. Wenn es eh so ausgehen wird, wie man sich wünscht, oder umgekehrt die Sache sich eh nicht mehr in die gewünschte Richtung drehen lässt, ist der Anreiz zur Teilnahme eher gering. Für Abstimmungen in der Schweiz ist dieser dem Alltagsverstand ohnehin evidente Zusammenhang anhand des Vergleichs von Knappheit der Abstimmungsergebnisse und Höhe der Abstimmungsbeteiligung nachgewiesen.[213]

Es stößt auch nicht jede einzelne zur Abstimmung gestellte Frage auf gleichermaßen breites Interesse wie die Wahl der Repräsentanten, die für die nächsten vier Jahre den weitaus größten Teil

mit der Suchwortkombination „Abstimmungsbeteiligung" bzw. „Wahlbeteiligung" und „Schweiz" leicht auffindbaren Daten des Bundesamtes für Statistik bei den insgesamt neun Vorlagen des Jahres 2020 die durchschnittliche Abstimmungsbeteiligung mit 49,3 % höher als die Beteiligung an der auf Bundesebene vorausgegangenen Parlamentswahl des Jahres 2019 (45,1 %). Zur traditionell besonders hohen Abstimmungsbeteiligung in Australien Möckli 1994, S. 146 (als damaliger Durchschnitt ist hier 93 %, auf S. 202 94 % angegeben).
[212] Dazu allg. Gross 2002; Altman 2011, S. 190 f. u. passim.
[213] Hümbelin 1953, S. 70 ff.; aufgegriffen bei Nef 1953, S. 215.

aller politischen Entscheidungen zu treffen haben werden. Wer einer einzelnen Sachentscheidungsfrage gleichgültig gegenübersteht, für den ist es rational, sich den Zeitaufwand für die Abstimmungsbeteiligung zu ersparen.[214] Eine durchaus bewusste Selektivität politischer Beteiligung, die es verbietet, jede Nichtbeteiligung als Erscheinungsform politischer Selbstexklusion von Überforderten oder Resignierten zu deuten, zeigt sich darin, dass der Anteil der Bürger, die mindestens gelegentlich ihre Stimme abgeben, weit höher liegt als die durchschnittliche Abstimmungsbeteiligung,[215] wie auch darin, dass die Beteiligung bei Volksabstimmungen weit stärker schwankt als bei Wahlen.

[214] Zutreffend Decker 2016, S. 44. In der Höhe der Abstimmungsbeteiligung spiegelt sich meist deutlich die Bedeutung des jeweiligen Themas, und auch wo sich dies für den Außenstehenden nicht ohne Weiteres erschließt, zeigt doch jedenfalls die verbreitete große Schwankungsbreite der Beteiligungen innerhalb ein und desselben Landes jeweils differenzierte Bedeutungseinschätzungen der Stimmbürger. In der Schweiz beteiligten sich an der Abstimmung über den Beitritt zum EWR 80 % der Stimmberechtigten, während die Beteiligung bei als unwichtiger eingeschätzten Themen auch mal bei nur 25 % liegen kann, s. Frey / Stutzer 2013, S. 494. S. auch z.B. für die sehr deutlich nach Bedeutung des Themas abgestuften Beteiligungsraten in Dänemark (des Öfteren weit über 80 %) Schünemann 2017, S. 73, sowie für Frankreich (knapp 70 bis knapp über 80 % bei den insgesamt wenigen, überwiegend außerordentlich wichtigen Abstimmungen) ebd. S. 93. Durchweg hohe Beteiligungen (zwischen 72,09 % und – beim EU-Verfassungsvertrag – 90,43 %) bei den wenigen in Luxemburg zwischen 1919 und 2015 abgehaltenen Volksabstimmungen, ebd. S. 115. Eher geringe Beteiligungen auch bei wichtigen Themen dagegen in Spanien (ebd. S. 83, bei insgesamt nur drei Volksabstimmungen 1978 bis 2005); angesichts der Bedeutung des Themas eher geringe Beteiligung von 63 % auch beim – negativ ausgegangenen – niederländischen Referendum über den EU-Verfassungsvertrag 2005 (ebd. S. 112; das Referendum hatte konsultativen Charakter; da es außerdem rein fakultativ „von oben" anberaumt worden war, wurde es nach inhaltlich geringfügiger Abänderung der Vertragstexte einfach nicht wiederholt). S. außerdem zu Irland (Schwankungen zwischen unter 30 und über 60, vereinzelt über 70 % Beteiligung, aber bei den beiden Abstimmungen zum Vertrag von Lissabon, von denen die erste negativ ausging, nur 53,1 bzw. 59 % Beteiligung) ebd. S. 122 f.
[215] Serdült 2013, S. 46 ff., hat die Beteiligung an sieben Abstimmungen in der Stadt St. Gallen in den Jahren 2010–2012 untersucht und festgestellt, dass in dem Zeitraum von gut zwei Jahren, über den diese Abstimmungen sich verteilten, 75,3 % der Stimmberechtigten an mindestens einer Abstimmung teilgenommen hatten. S. auch die bei Heidelberger 2018, S. 46 f. und S. 30 wiedergegebenen Untersuchungsergebnisse. Nach einer von Heidelberger selbst angestellten Untersuchung anhand einer schweizerischen Stichprobe liegt unter den „Nichtstimmenden", zu denen die Verf. *auch die selten Stimmenden* zählt, der Anteil derjenigen, die wegen sozialer Isolation, niedrigen sozialen Status' und geringen politischen Wissens nie oder nur selten an Abstimmungen teilnehmen, bei etwa einem Viertel; bei drei Viertel der nie oder selten Stimmenden sind andere Gründe ausschlaggebend, Heidelberger 2018, S. 159 ff., 230, 232.

II.5. „Direkte Demokratie ist unsozial" 79

Eine verglichen mit der Wahlbeteiligung schwache Abstimmungsbeteiligung und speziell eine Minderbeteiligung der sozial Schwächeren sind denn auch ausschließlich als statistische Durchschnittswerte feststellbar. Fallweise mobilisieren gerade Volksabstimmungen eine besonders hohe Beteiligung und/oder eine überproportionale Beteiligung sozial schwächerer Bevölkerungskreise. So beteiligten sich beispielsweise nach einer für die schweizerische Parlamentswahl 2007 und die Volksabstimmungen des Jahres 2006 angestellten Untersuchung an einer Abstimmung, bei der sich die Schweizer mit klarer Mehrheit für eine Verschärfung des Asylrechts aussprachen, die Angehörigen der untersten Einkommensgruppe in höherem Maß als die Angehörigen der mittleren und der obersten Einkommensgruppe.[216] Das scheint mir weniger für eine prinzipiell mangelnde soziale Tauglichkeit direktdemokratischer Instrumente zu sprechen als dafür, dass die sozial schwächeren Teile der Bürgerschaft von dem, was für sie wichtig und in ihrem Interesse ist, einfach eine andere Wahrnehmung haben als manche politikwissenschaftliche Kommentatoren, die sich Sorgen um die soziale Selektivität direktdemokratischer Abstimmungen machen.

Soweit die Beteiligung an Volksabstimmungen tatsächlich sozial unausgewogen ausfällt, führt das im Übrigen keineswegs notwendigerweise zu einer auch inhaltlich unsozialeren Politik. Interessante Untersuchungen sind diesbezüglich wiederum für die Schweiz und die USA angestellt worden. Beide bieten für die Untersuchung der Auswirkungen direkter Demokratie ideale Voraussetzungen, weil in den Kantonen bzw. Staaten – die dort viel ausgedehntere Kompetenzen haben als bei uns die Länder – direktdemokratische Instrumente in unterschiedlichem Ausmaß vorgesehen sind.

Tatsächlich zeigen Untersuchungen für die USA, wo nur ein Teil der Einzelstaaten Volksabstimmungen zulässt, niedrigere Staatsausgaben in den Staaten, in denen die Bürger per Volksinitiative mitbestimmen können.[217] Auch für die Schweiz ist bekannt,

---

[216] Bousbah / Bochsler 2013, S. 70 f. S. auch z.B. für die Abstimmung über die kalifornische *Proposition 13* zur Absenkung der Immobiliensteuer, an der sich mehr Bürger beteiligten als an der am gleichen Tag stattfindenden Gouverneurswahl, Baratz / Moskovitz 1978, S. 11.
[217] Matsusaka 1995, S. 598 ff. (602 f.); vgl. Wiedergabe bei Frey / Stutzer 2013, S. 498. Mit Differenzierungen in Auseinandersetzung mit der unübersichtlichen Studienlage, im Wesentlichen aber bestätigend Matsusaka 2018, S. 108, 120 ff. (ausgabensenkende Wirkung bestätigend insbesondere – nicht überraschend – für obligatorische Ausgabenreferenden 121 ff.), 123 ff. (niedrigere Ausgaben auch in Staaten mit Volksinitiative, hier aber abweichendes Ergebnis für die kommunale Ebene). Ein entgegengesetzter Zusammenhang wurde in einigen Studien auf kommunaler Ebene festgestellt, nur ganz vereinzelt dagegen auf der Ebene der Staaten (Nachweise

dass in den Kantonen, in denen Volksabstimmungen zu Finanzfragen möglich sind, die Staatsausgaben deutlich niedriger liegen als dort, wo die Bürger in Finanzfragen nichts zu sagen haben.[218] In Gemeinden mit direktdemokratischer Entscheidungsmöglichkeit in Haushaltsfragen lag in einem länger zurückliegenden Zehnjahreszeitraum das Wachstum der Staatsausgaben unter sonst gleichen Bedingungen um knapp 3 % niedriger als in den Gemeinden ohne diese Möglichkeit.[219] Geringer fallen in diesen Kantonen auch die Sozialausgaben aus.[220] Ergebnisse des Vergleichs einer größeren Anzahl von Ländern deuten allerdings darauf hin, dass ein Reduktionseffekt auf die Sozialausgaben speziell von der Institution des Referendums – also von der Möglichkeit des Bürgervetos gegen parlamentarische Beschlüsse – ausgeht, während die Möglichkeit der originären Initiative ebenso wie die Verfügbarkeit beider Instrumente eher eine minimal steigernde Wirkung hat.[221] Immerhin scheinen aber die für die Schweiz und für die USA angestellten Untersuchungen die in der Literatur verbreitete These zu bestätigen, dass direkte Demokratie ausgabensenkende und damit, so die Mutmaßung, unsoziale Auswirkungen hat. Der zweite, auf weitere Daten gerichtete Blick zeigt aber etwas ganz anderes. Die Unterstellung, dass ausgabensenkende mit unsozialen Auswirkungen gleichzusetzen sind, ist aus ideologischer Luft gegriffen.

Eine ganze Reihe empirischer Untersuchungen für die Schweiz und die USA belegt, dass öffentliche Mittel tendenziell umso effizienter ausgegeben – öffentliche Leistungen also mit umso besserem Preis-Leistungs-Verhältnis erbracht – werden, je höher entwi-

---

bei Freitag / Vatter / Müller 2003, S. 349; Möckli 2018, S. 162, 163); nach Matsusaka 2000, S. 619 u. passim lagen in den USA in der ersten Hälfte des 20. Jahrhunderts die staatlichen und kommunalen Ausgaben in den Staaten mit Volksinitiative höher als in denen ohne. Überblick zur Diskussion und zum Stand der empirischen Erkenntnisse bei Matsusaka 2018, S. 121 ff.; ders. 2020, S. 179 ff.; Voigt 2019, S. 21 ff.; Vatter 2020, S. 371 ff.

[218] Feld / Kirchgässner 2001, S. 33; Feld / Fischer / Kirchgässner 2010, S. 827 f.; vgl. Wiedergabe bei Frey / Stutzer 2013, 497 f.; für die Jahre 1890 bis 2000 Funk / Gathmann 2011, S. 1258 ff. Allgemeiner, für eine „empirische Beobachtung, dass Länder mit direktdemokratischen Elementen im Vergleich zu rein repräsentativen Demokratien ein niedrigeres Niveau der Staatstätigkeit aufweisen", Wagschal / Obinger 2000, S. 467, m.w.N.; speziell für den Vergleich der Staatsverschuldung zwischen Deutschland und Schweiz Kirchgässner / Pommerehne 1997, S. 185 ff., 191.

[219] Pommerehne / Schneider 1983; zu Städten in der Schweiz s. auch Feld / Kirchgässner 1999, S. 175 f. u. passim.

[220] Feld / Fischer / Kirchgässner 2010, S. 828.

[221] Blume / Müller / Voigt 2009, S. 449 (Tabelle 7). Zum Begriff der originären Volksinitiative s. Anhang zur Terminologie, Abschnitt „Volksinitiative/volksinitiierte direktdemokratische Verfahren".

II.5. „Direkte Demokratie ist unsozial"

ckelt die direktdemokratischen Entscheidungsmöglichkeiten sind bzw. je mehr Gebrauch von ihnen gemacht wird.[222] Nachgewiesen ist anhand von Untersuchungen in der Schweiz auch, dass in den Kantonen, in denen die Bürger direkten Einfluss auf die Haushaltspolitik nehmen können, die Steuermoral besser ist, also weniger Steuerhinterziehung und sonstige Steuervermeidung stattfindet.[223] Das ist ein ausgesprochen sozialer Effekt, denn bei besserer Steuermoral tragen alle gleichmäßiger gemäß den gesetzlichen Vorgaben zu den öffentlichen Einnahmen bei – vor allem auch die Bezieher höherer Einkommen, die die besten Steuergestaltungs- und -vermeidungsmöglichkeiten haben.

Noch interessanter: Die Ungleichheit der Einkommen (Gini-Koeffizient) ist, vor Steuern, in den Kantonen umso weniger ausgeprägt, je stärker die direktdemokratischen Einwirkungsmöglichkeiten sind. Die zur Umverteilung eingesetzten Mittel sind demgegenüber geringer als in den repräsentativdemokratischer regierten Kantonen – dies allerdings nur in der Gesamtbetrachtung; ein *mindestens* gleiches Umverteilungsniveau wird dagegen in Abhängigkeit von der Einkommensungleichheit vor Steuern (gemessen am Gini-Koeffizienten) erreicht.[224] Auch im weltweiten Ländervergleich korreliert einer 2017 veröffentlichten Untersuchung zufolge der Gebrauch direktdemokratischer Instrumente nicht mit größerer, sondern mit geringerer Ungleichheit, gemessen am Gini-Koeffizienten.[225] Ein jüngerer Datenabgleich findet den gegenläufigen Zusammenhang von direkter Demokratie und Ungleichheit bestätigt.[226] Auch wenn Studien dieser Art keine sicheren Schlüsse auf Kausalitäten zulassen, liefern sie jedenfalls für die Hypothese, direkte Demokratie wirke unsozial, nicht die geringste Bestätigung.

---

[222] Zu Untersuchungen für die Schweiz und die USA, die einen Zusammenhang zwischen direktdemokratischen Entscheidungsmöglichkeiten und Ausgabeneffizienz aufweisen, Überblicke bei Frey / Stutzer / Neckerman 2011, S. 111; Frey / Stutzer 2013, S. 499 f.; Milic / Rousselot / Vatter 2014, S. 101, jew. m.w.N.; für effizientere öffentliche Dienste in bayerischen Kommunen in Abhängigkeit von der Intensität der Nutzung direktdemokratischer Instrumente Asatryan / De Witte 2014, S. 6, 18, 20 f. u. passim.
[223] Weck-Hannemann / Pommerehne 1989, S. 546 ff.; s. auch Feld 2008, S. 12 f., m.w.N.
[224] Feld / Fischer / Kirchgässner, a.a.O. S. 830 ff.
[225] Geißel / Krämling 2017, S. 4.
[226] Lauth / Lemm 2021, S. 582 („Die Dimension der Gleichheit weist von allen bivariaten Korrelationen die stärkste Verbindung" mit direktdemokratischen Mechanismen auf, „weshalb zumindest das Argument gestützt wird, dass eine direkte politische Selbstbestimmung Ungleichheiten abbaut.").

In diesen empirischen Ergebnissen spiegelt sich wider, dass soziale Verhältnisse nicht allein vom Gesamtumfang der Sozialausgaben abhängen. Eine Gesellschaft, in der Menschen erstens Arbeit haben und zweitens von ihrem Arbeitslohn leben können, ist sozialer als eine, in der unter sonst gleichen Umständen ein großer Teil der Einwohner keine Arbeit hat oder eine Aufstockung des Arbeitsentgelts durch Sozialleistungen benötigt. Die Sozialleistungen, die das Gemeinwesen aufbringen muss, sind aber unter sonst gleichen Bedingungen im ersten Fall viel geringer. Außerdem wird bei ausgeprägten direktdemokratischen Einwirkungsmöglichkeiten stärker auf die Effizienz des Einsatzes von Sozialleistungen geachtet, insbesondere darauf, dass steuerfinanzierte Leistungen nur den wirklich Bedürftigen zugutekommen, und darauf, dass die bereitgestellten Leistungen möglichst wenig Anreiz liefern, den Bedarf, auf den sie zugeschnitten sind, überhaupt erst zu erzeugen oder ohne Not zu verlängern. Auch deshalb taugt die bloße Höhe der Sozialausgaben als Maßstab für die soziale Qualität einer Ordnung nur eingeschränkt.

Zuzugestehen ist, dass in der Schweiz repräsentativdemokratisch bereits beschlossene Sozialreformen wiederholt durch Referenden ausgebremst wurden.[227] So wurde zum Beispiel die Kranken- und Unfallversicherung auf Bundesebene, nachdem 1890 die Verankerung einer entsprechenden Bundeskompetenz per Volksabstimmung gutgeheißen worden war, im Jahr 1900 zunächst direktdemokratisch gestoppt, indem die Schweizer das dazu vom Parlament beschlossene einfache Gesetz im Referendum verwarfen. Ein Bundesgesetz über die Kranken- und Unfallversicherung wurde erst 1912 gebilligt. Auch ein weiteres Kernstück der schweizerischen Sozialgesetzgebung, die Alters- und Hinterlassenenversicherung (AHV), gelang erst im zweiten Anlauf (1947), nachdem 1931 zunächst das erste im Parlament dazu beschlossene Gesetz von den Stimmbürgern abgelehnt worden war.[228] Die Bedeutung direktdemokratischer Instrumente für die Sozialpolitik hängt aber nicht nur an der Institution des Referendums und an den einschlägigen Abstimmungsergebnissen. Andere Instrumente und deren indirekte Wirkungen auf die repräsentativdemokratische Politik

---

[227] Möckli 2018, S. 165 f.; ders. 2012, S. 33; s. auch Schiller 2013, S. 21; Kriesi / Bernhard 2014, S. 9, m.w.N.
[228] Möckli 2012, S. 31. S. auch, für eine ganze Reihe von Beispielen verworfener sozialpolitischer Initiativen zu unterschiedlichen Gegenständen, ebd. S. 33, Fn. 1; diese erwähnt der Verfasser aber gerade als Initiativen zur Sozialgesetzgebung, die, offenbar durch ihre indirekten Wirkungen auf die repräsentativdemokratische Politik, „zweifelsohne zu einem höheren Tempo der Sozialpolitik beigetragen haben" (S. 33); vgl. auch Delley 1978, S. 78.

II.5. „Direkte Demokratie ist unsozial" 83

müssen ebenfalls berücksichtigt werden. So gab es zahlreiche Initiativen zum Ausbau der Alters- und Hinterlassenenversicherung, die nie zur Abstimmung kamen, weil Regierung und Parlament mit entgegenkommenden Verbesserungen reagierten, woraufhin die Initiativen zurückgezogen wurden. Auf diese Weise kam es mithilfe des Instruments der Volksinitiative zu massiven Rentenerhöhungen.[229] Eine systematische Untersuchung der Bedeutung der Verfassungsinitiative für die schweizerische Sozialgesetzgebung kam 1969 zu dem Ergebnis, dass im Wege der Volksinitiative eingebrachte Begehren in einigen Fällen als „Initialzündung" für die erstmalige parlamentarische Befassung gewirkt und die Volksinitiative in vielen Fällen beschleunigend auf die parlamentarische Sozialgesetzgebung gewirkt habe.[230] Zudem stellen die Schweizer Stimmbürger sich, was Skeptiker der direkten Demokratie gern unterschlagen, repräsentativdemokratisch beschlossenen Rückschritten auf diesem Gebiet in der Regel entgegen, nutzen also das Referendum, um den Abbau sozialstaatlicher Errungenschaften zu verhindern.[231] Es wäre also zu fragen, ob die Schweiz mit ihrem Muster langsamer, aber kontinuierlicher Entwicklung nicht besser gefahren ist als Deutschland mit seinen weit größeren, vertrauensschädigenden Ausschlägen der Sozialpolitik in entgegengesetzte Richtungen.[232] Nicht in der Schweiz, sondern in Deutschland arbeitet heute mehr als ein Fünftel der Beschäftigten im Niedriglohnsektor ohne Aussicht auf eine existenzsichernde Altersrente,[233] während die Schweiz sich für den „Lohnschutz" ihrer Bürger in Konflikte mit der Europäischen Union begibt. Nicht in der Schweiz, sondern in Deutschland ist die Umverteilung

---

[229] Werder 1978, S. 55 f. (betr. acht Volksinitiativen zur AHV zwischen 1958 und 1970, von denen sieben aufgrund der erreichten Konzessionen wieder zurückgenommen wurden). Für indirekte Wirkungen auch in anderen Teilgebieten der Sozialpolitik o. Fn. 228. S. auch Kriesi / Bernhard 2014, S. 10.
[230] Bratschi 1969, S. 137 f.
[231] Möckli 2018, S. 166 f. (einmal eingeführte sozialpolitische Institutionen und Leistungen seien „schwierig abzuschaffen oder zu beschneiden"), mit Abstimmungsbeispielen und w.N.; s. auch ders. 2012, S. 34. Zum in jüngerer Zeit nicht mehr primär (im parteipolitischen Sinne) konservativen Einsatz des Referendums s. auch Kriesi / Bernhard 2014, S. 9.
[232] Vgl. Möckli 2018, S. 165: „Die Sozialgeschichte der Schweiz zeigt, dass erdauerte, breit abgestützte Kompromisse im Rahmen einer direkten Demokratie besser über die Wogen stürmischer Zeiten tragen als hastig getroffene Entscheide einer knappen politischen Mehrheit." Die Betrachtung der nur zu bekannten Geschichte der in Deutschland unter dem Namen „Hartz-IV" bekannten – mit breiter Mehrheit beschlossenen – Reform legt eine bejahende Antwort auf die oben gestellte Frage nahe.
[233] S. für Deutschland Grabka / Göbler 2020; zum Vergleich mit der Schweiz Verwiebe / Fritsch 2018 und (auch zu den Gründen der Differenz) Eisenring 2019.

im Sozialversicherungssystem durch Beitragsbemessungsgrenzen stark beschränkt.[234] Dem ausgesprochen unsozialen Effekt der kalten Progression – des durch die Geldwertentwicklung bedingten Hereinrutschens von immer mehr Menschen in höhere Steuertarife, ohne dass dem eine gestiegene finanzielle Leistungsfähigkeit entspräche – wird in der Schweiz, anders als in Deutschland, mit einer Indexierung der Einkommensteuer entgegengewirkt.[235] Der Normalsatz der Mehrwertsteuer, die die Bezieher niedriger Einkommen besonders belastet, liegt nicht in der Schweiz, sondern in Deutschland bei 19 %, während die Schweizer nur 7,7 % berappen müssen. Im *Social Progress Index*, in dem 168 Staaten erfasst sind, rangiert die Schweiz vor Deutschland.[236]

Eine Auswertung von Volksabstimmungen in europäischen Demokratien für die Jahre 1990–2015 kommt zu dem Ergebnis, dass diejenigen, die einen Bezug zu Gleichheitsfragen aufwiesen, leicht überwiegend zugunsten größerer Gleichheit ausfielen.[237] Die Insinuation, direkte Demokratie laufe auf „neoliberale" Politikgestaltung hinaus und Befürworter der direkten Demokratie verfolgten damit eine „neoliberale" Agenda,[238] erweist sich besonders mit Blick auf die realen Effekte in Fragen der Liberalisierungs- und Privatisierungspolitik als nachgerade absurd. Tatsächlich sind gerade Marktöffnungs- und Privatisierungspolitiken in Bezug auf öffentliche Dienste, wie sie Regierungen und Parlamente seit den 1980er Jahren im Zeichen des Neoliberalismus verfolgt haben, besonders häufig an Volksabstimmungen gescheitert oder per Volksabstimmung revidiert worden. Das gilt nicht nur für Lateinamerika, wo unter anderem die Weltbank mit besonderem Nachdruck die Liberalisierung und Privatisierung von Einrichtungen der Daseinsvorsorge vorangetrieben hatte,[239] sondern auch für die

---

[234] Zur Abwesenheit solcher Begrenzungen in der schweizerischen Alters-, Hinterbliebenen- und Invaliditätsversorgung s. (schweizerisches) Bundesamt für Sozialversicherungen BSV 2021, S. 5.
[235] Zur schweizerischen Indexierung Lemmer 2014, Tabelle 3; zur älteren Rechtslage in der Mehrzahl der Kantone Kirchgässner / Pommerehne 1996, S. 159.
[236] S. für 2021 <https://www.socialprogress.org/index/global/results>, Abruf 23.5.2022. Die Schweiz findet sich hier hinter Norwegen, Finnland, Dänemark und Island auf Platz 5. Es folgen Kanada, Schweden, die Niederlande, Japan und, auf Platz 10, Deutschland.
[237] Geißel / Krämling / Paulus 2019, S. 371 ff.; zum Design der Studie näher S. 369 ff.
[238] Merkel 2014, S. 4, 16; s. auch Merkel / Ritzi 2017a, S. 11, 35).
[239] Beispiele für Bolivien, wo in Volksabstimmungen über die Wiedererlangung des staatlichen Eigentums an Gasvorkommen und Einrichtungen der Gasversorgung jeweils eine große Mehrheit der Bürger das Anliegen befürwortete, bei Kögl 2014, S. 251 f.; Lissidini 2014, S. 90 f.; Zovatto 2014,

II.5. „Direkte Demokratie ist unsozial"

Schweiz,[240] für Deutschland – hier ist der Berliner Volksentscheid zur Rekommunalisierung der Wasserversorgung[241] das prominenteste Beispiel – und andere europäische Länder[242] sowie für die Europäische Union, wo eine „Europäische Bürgerinitiative" bereits in ihrem Frühstadium erfolgreich einen erneuten Versuch der Europäischen Kommission zur Zwangsliberalisierung der Wasserversorgung abgewehrt hat.[243] Tatsächlich ist, wie schon festgestellt, speziell der Institution des Referendums, das es den Bürgern und gegebenenfalls, darüber hinaus auch parlamentarischen Minderheiten ermöglicht, parlamentsbeschlossene Gesetze der Volksabstimmung zuzuführen, verglichen mit rein repräsentativdemokratischen Entscheidungsverfahren insofern eine bremsende Tendenz eigen, als damit ein zusätzliches Veto ermöglicht wird. Diese Tendenz der Institution hat aber für sich genommen keine spezifische politische Richtung. Ob eher der Ausbau oder der Abbau sozialstaatlicher Errungenschaften ausgebremst wird, hängt von der dominierenden Richtung der repräsentativdemokratischen Politik ab. In der Schweiz etwa haben Referenden zeitweise den Ausbau, in den zurückliegenden Jahrzehnten dagegen, entgegen dem reprä-

---

S. 62; für Uruguay Welp / Braun-Binder 2018, S. 76; Lissidini 2014, S. 96 ff.; Zovatto 2014, Tabelleneinträge S. 38 ff. sowie S. 61.
[240] S. Text m. Fn. 265 sowie, Marktliberalisierungen und Abbau sozialer Rechte betreffend, Milic / Rousselot / Vatter 2014, S. 52, 112.
[241] Behnis 2020, S. 163 ff. u. passim.
[242] S. für die Wasserversorgung in Italien (2011) della Porta 2020, S. 61 ff. (S. 81: „a blow to the neoliberal establishment"); van den Berge / Boelens / Vos 2020, S. 52; Bieler 2017, S. 306, 311; Mattei 2013, passim. Zur Volksabstimmung gegen die Privatisierung der Wasserversorgung in Thessaloniki Steinfort 2014.
[243] Auf die Initiative „Wasser ist ein Menschenrecht!" hin, die sich u.a. gegen die Privatisierung öffentlicher Wasserversorgungsunternehmen richtete, strich schon nach Vorlage der innerhalb kurzer Zeit gesammelten weit über 1,6 Millionen Unterschriften hin der damalige Handelskommissar Michel Barnier die Wasserversorgung aus dem Entwurf einer Richtlinie (Konzessionsrichtlinie), der die Wasserversorgung, soweit in Gestalt rechtsfähiger Privatrechtsgesellschaften organisiert, ausschreibungspflichtig gemacht und damit zwangsliberalisiert haben würde, s. i.E. Graaff 2013, S. 37; weniger präzise van den Berge / Boelens / Vos 2020, S. 52 ff.; Bieler 2017, S. 307. Nach Anhang 2 der inzwischen in Kraft getretenen Richtlinie gehört die kommunale Wasserversorgung nicht zu ihrem Anwendungsbereich, s. Richtlinie 2014/23/EU des Europäischen Parlaments und des Rates vom 26. Februar 2014 über die Konzessionsvergabe, ABl L 94/1 v. 28.3.2014. Zuvor waren, teilweise unter Ausnutzung der Geheimhaltungsmöglichkeiten im Zuge der Aushandlung internationaler Verträge, bereits mehrere weitere Anläufe, u.a. der Kommission, zu einer Zwangsliberalisierung der Wasserversorgung unternommen worden, s. Lübbe-Wolff 2004, S. 130.

sentativdemokratischen Trend zur Enthemmung von Marktkräften, den Rückbau des Sozialstaates gebremst.[244]

Zu den Standardargumenten für eine unsoziale Schlagseite direktdemokratischer Entscheidungen gehört der Verweis auf per Volksabstimmung beschlossene Ausgabenbegrenzungen in den USA (*taxpayer revolts*), vor allem die berüchtigte 1978 in Kalifornien angenommene *Proposition 13*, die die Höhe der Grundsteuer herabsetzte und darüber hinaus Steuererhöhungen allgemein an eine Zweidrittelmehrheit knüpfte.[245] Aus der Schweiz ist, soweit ich sehe, über direktdemokratische Einschnürungen der öffentlichen Haushalte, die die Gemeinwesen außerstande gesetzt hätten, ihre öffentlichen Aufgaben zu erfüllen, nie berichtet worden. Die mit der Annahme der *Proposition 13* in Kalifornien verbundene Verknappung öffentlicher Mittel hatte dagegen in der Tat höchst problematische Auswirkungen. Nicht nur verloren die Kommunen dadurch an Autonomie, weil ihre Abhängigkeit von staatlichen Mittelzuweisungen wuchs. Auch die Qualität öffentlicher Dienste, unter anderem im Bildungswesen, verschlechterte sich erheblich – zweifellos ein massiv unsozialer Effekt. Man hat es hier tatsächlich mit einem Fall zu tun, in dem sich die Befürchtung realisiert hat, dass bei Einräumung des Rechts, über Finanzfragen zu entscheiden, „die eigenen Interessen der Staatsbürger, [...] eine übergroße Sparsamkeit bei Besoldungs- aber auch bei Steuerfragen bewirken".[246] Gern unterschlagen wird allerdings der vorausgegangene derart rapide Anstieg der Hauspreise und der daran anknüpfenden einkommensunabhängigen Grundsteuer – bei zugleich enormen staatlichen Budgetüberschüssen –, dass zahlreiche Hauseigentümer ihren Besitz nicht mehr halten konnten. In einem Land mit so hoher Immobilieneigentumsquote wie im damaligen Kalifornien war das ein Missstand, der vor allem große Teile der

---

[244] S., mit Beispielen, Linder / Mueller 2017, S. 316 f.; im Ergebnis ebenso Kriesi / Bernhard 2014, S. 9.
[245] S. z.B. Christmann 2010, S. 257; Kulesza 2017, S. 159 f., 165; Merkel / Ritzi 2017a, S. 36; für die Verwendung als Argument gegen direktdemokratische Entscheidungen speziell in Fragen der Steuer- und Haushaltspolitik Gebhardt 2000, S. 23 f. Die kalifornische Abstimmung zur *Proposition 13* stand am Beginn einer Kette direktdemokratischer Entscheidungen auch in anderen US-Staaten, bei denen es regelmäßig wie in Kalifornien um die – auch zukunftsfeste – Begrenzung der Belastung durch die *property tax*, die wichtigste Gemeindesteuer, ging; s. Kirchgässner / Feld / Savioz 1999, S. 112 ff.
[246] So bei Venator 1922, S. 94 die Formulierung der Befürchtung, deretwegen man in Deutschland in der Weimarer Zeit der Meinung gewesen sei, dass „die Entscheidung in diesen schwierigen Fragen dem Volke nicht wohl anvertraut werden kann", und in den Verfassungen auf Reichs- und Länderebene entsprechende Beschränkungen oder Ausnahmen für die direktdemokratischen Entscheidungsbefugnisse vorgesehen habe.

II.5. „Direkte Demokratie ist unsozial"

sozial schwächeren Bevölkerung besonders hart traf.[247] Die Annahme der *Proposition* 13, die sich gegen diesen Missstand richtete, kann deshalb ungeachtet dessen, dass sie ihrerseits unsoziale Folgewirkungen hatte, schon für sich allein genommen nicht einfach als pures Exempel einer unsozialen Tendenz direktdemokratischer Entscheidungen dienen. Da es sich um eine überzogene Reaktion auf vorausgegangenes massives repräsentativdemokratisches Missmanagement handelte, ließe die ganze Geschichte sich ebensogut als Geschichte repräsentativdemokratischer wie als Geschichte direktdemokratischer Fehlleistung erzählen.

Die US-amerikanische Politik, auch die auf Bundesebene rein repräsentativdemokratisch bestimmte, ist außerdem insgesamt geprägt von einer Mentalität großen Markt- und geringen Staatsvertrauens, mit entsprechend geringer Neigung zum Sozialstaat. Dass sich das auch in den Ergebnissen von Volksabstimmungen niederschlägt, besonders wenn es dabei um die Höhe der Staatsausgaben geht, sollte niemanden wundern. Bemerkenswert ist eher, dass auch in den USA zahlreiche Abstimmungen zugunsten sozialstaatlicher Maßnahmen ausgegangen sind. Das betrifft zum Beispiel die Einführung von Mindestlöhnen: „Seit 1898 hat es insgesamt 27 Initiativen zur Etablierung bzw. Erhöhung des Mindestlohnes gegeben. Bis auf zwei Initiativen (1960 in Arkansas und 1996 in Montana) errangen alle eine Mehrheit. 2012 bis 2018 gelangten allein zehn Initiativen auf den Stimmzettel. In South Dakota hatte das Parlament versucht, den Mindestlohn für unter 18-Jährige von 8,50 USD auf 7,50 USD zu senken. Dies scheiterte in einem fakultativen Referendum. 71 % stimmten mit ‚Nein'".[248] Die Verbesserung der Zugänglichkeit von Krankenversicherungsschutz über das auf Bundesebene durch den *Patient Protection and Affordable Care Act* (kurz: *Obamacare*) vorgegebene Mindestniveau hinaus wurde bis 2018 in fünf der sechs US-Staaten, in denen

---

[247] Näher Matsusaka 2020, S. 138 ff. (S. 141 zum Anstieg der Hausimmobilienpreise von durchschnittlich 22 % pro Jahr von 1974 bis 1977 und zum staatlichen Haushaltsüberschuss von 5,8 Mrd. $ Anfang 1978); Heußner 2014, S. 213 (S. 214 ff. zu weiteren Ursachen der nachfolgenden kalifornischen Schwierigkeiten sowie zu zwischenzeitlichen Teilkorrekturen wie der Abschaffung des Zweidrittelmehrheitserfordernisses für die Haushaltsfeststellung); s. auch Wikipedia, Art. „1978 California Proposition 13", Abruf 9.9.2022. Für den Vorschlag, volksinitiierte Verfassungsänderungen von einer Zweidrittelmehrheit abhängig zu machen, an der die kalifornische Budgetrestriktion für Steuererhöhungen (die später noch durch eine entsprechende Regelung für Gebühren und Beiträge ergänzt wurde) gescheitert wäre, s. Heußner 2014, S. 216. Zum besonders ausgeprägten Einfluss kommerzieller Interessenten (der durch geeignete Regularien für die Kampagnenfinanzierung limitiert werden könnte; dazu weiter unten im Text) bei dieser Abstimmung s. auch Gendzel 2013, S. 9.

[248] Heußner 2019, S. 239 f.

es darüber zu Volksabstimmungen kam, von den Bürgern befürwortet.[249] Inzwischen sind weitere befürwortende Abstimmungen hinzugekommen. Direktdemokratische Entscheidungen haben es den Bürgern ermöglicht, auch unter ungünstigen Bedingungen – bei Ablehnung durch gewählte republikanische Regierungen und Parlamente, die die Stimmbezirke für Wahlen zugunsten der Republikaner neu zugeschnitten hatten – ihre mehrheitlichen sozialen Präferenzen durchzusetzen. In den wenigen Einzelstaaten, in denen von der Möglichkeit, den Krankenversicherungsschutz zu erweitern, bislang noch kein Gebrauch gemacht worden ist, lässt sich das mindestens zu einem erheblichen Teil auf besondere Hürden für Volksinitiativen zurückführen.[250]

In Deutschland wird als Beispiel dafür, dass direktdemokratische Verfahren leicht zulasten sozial schwächerer Bevölkerungsteile von saturierten Anhängern des *status quo* gekapert werden können, regelmäßig die Hamburger Initiative „Wir wollen lernen" genannt.[251] Mit dem Erfolg dieser Initiative, der auf die größere Mobilisierungsfähigkeit und höhere Abstimmungsbeteiligung der gegen die Reform eingestellten Eltern aus gehobenen Schichten zurückgeführt wird,[252] wurde 2010 die von der Bürgerschaft unter der regierenden schwarz-grünen Koalition beschlossene Schulreform gekippt, deren Kernelemente die Einführung einer sechsjährigen Primarschule anstelle der bisherigen vierjährigen Grundschule und die Abschaffung der freien Schulwahl gewesen waren. Über die Frage, ob sich hier vor allem ein spezifisches auf Ausschließung gerichtetes Mittel- und Oberschichtsinteresse gegen das Anliegen durchgesetzt hat, frühzeitiger sozialer Selektion im Bildungswesen durch eine längere für alle gemeinsame Schulzeit entgegenzuwirken, lässt sich streiten.[253] Aber auch wenn dem

---

[249] Heußner 2019, S. 242 f.
[250] Rocco 2020. Dort auch zur direktdemokratischen Ausweitungsentscheidung in Utah, die anschließend im Wege repräsentativdemokratischer Politik (republikanischer Gouverneur und Republikaner-Mehrheit im Parlament) weitgehend wieder eingedampft wurde.
[251] S. statt vieler die Nachw.e in der nachf. Fn.
[252] Töller et al. 2011, S. 510 f., 515 f.; Schäfer / Schoen 2013, S. 108 ff.; Töller / Vollmer 2013, S. 310; s. auch Kost / Solar 2019b, S. 219; Heyne 2017, S. 182.
[253] Der Punkt, mit dem die erfolgreiche Mobilisierung vor allem betrieben wurde und an dem die Verhandlungen zur Abwendung des Volksentscheids scheiterten, war nicht die Verlängerung der Primarschulzeit, sondern die freie Schulwahl (s. Mängel 2010). Es ging also vor allem um das Recht, das eigene Kind auch dann aufs Gymnasium zu schicken wenn es nach dem Urteil der Lehrer dafür ungeeignet ist. Das ist schwerlich ein exklusives Mittel- und Oberschichtanliegen. Das ursprüngliche Reformpaket der Koalition hatte vorgesehen, dass über den Übergang zum Gymnasium die Zeugniskonferenz der Primarschule entscheidet, Töller et

so gewesen sein sollte: Repräsentativdemokratische Politik kommt in diesem Punkt ganz überwiegend nicht zu anderen Ergebnissen als der Hamburger Volksentscheid. Eine sechsjährige Grundschulzeit gibt es in Deutschland nur in Berlin und Brandenburg, wo zudem für als besonders begabt eingestufte Schüler die Möglichkeit besteht, bereits nach der vierten Klasse aufs Gymnasium zu wechseln.[254] Die Hamburgische Besonderheit, dass hier eine parlamentarisch einvernehmlich beschlossene Verlängerung der gemeinsamen Schulzeit im Wege des Volksentscheids gekippt wurde, verdankt sich dem sehr ungewöhnlichen Umstand, dass in der speziellen Konstellation einer Koalition zweier Parteien mit traditionell ganz gegensätzlichen bildungspolitischen Vorstellungen der Spitzenmann der CDU, Ole von Beust, gegen die Überzeugung großer Teile seiner eigenen Partei und Fraktion ein im Wesentlichen vom kleineren Koalitionspartner geprägtes Reformpaket unterstützt und durchgesetzt hatte.[255]

---

al. 2011, S. 510; zur vom Senat vorgeschlagenen, mit dem Volksentscheid abgelehnten Kompromisslösung in der Frage der freien Schulwahl – ein Probe-Gymnasialjahr, an dessen Ende wiederum nicht die Eltern entscheiden – auch Ridderbusch 2019, S. 135.

[254] Zur Geschichte der Auseinandersetzung um die Dauer der Grundschulzeit und zu einigen weiteren Bundesländern mit zeitweise mehr als vierjähriger Grundschulzeit, die jedoch zur Vierjährigkeit zurückgekehrt sind, Nikolai / Helbig 2019, S. 293 ff. (295 ff.).

[255] Zu dieser Besonderheit s. auch Töller et al. 2011, S. 523. Vor diesem Hintergrund erscheint die aufgrund des Beispielsfalls aufgestellte abschließende Hypothese, „dass Schulreformen mit Fokus auf Chancengleichheit aufgrund der enthaltenen Umverteilungswirkung bei ungleicher Handlungsfähigkeit der von der Reform Begünstigten (Outgroups) und der Belasteten (Ingroups) durch direktdemokratische Verfahren mit niedrigen Quoren mit einiger Wahrscheinlichkeit verhindert werden" (Töller et al. 2011, S. 523), in der Tat noch überprüfungsbedürftig. Was die bildungspolitische Relevanz der Sache angeht, wäre anstelle des Gezerres um die Frage der vier- oder sechsjährigen gemeinsamen Elementarschulzeit mehr Aufmerksamkeit für die viel wichtigeren die soziale Segregation schon zu Beginn der Schullaufbahn zunehmend verschärfenden Faktoren angezeigt: Die Zunahme der Privatschulen (bei nicht ausreichender Beachtung des Verbots der Genehmigung, wenn die Sonderung der Schüler nach den Besitzverhältnissen der Kinder gefördert wird, Art. 7 Abs. 4 Satz 3 GG, s. Wrase / Helbig 2016, S. 1594 ff.; Jarass 2022, Rn. 34 zu Art. 7 GG; a.A. Brosius-Gersdorf 2018, passim) und die Zunahme der wohnräumlichen sozialen Segregation; zu beidem Nikolai / Helbig 2019, S. 300 f. (dort S. 299 f. auch zur sozialen Segregationswirkung der in Nordrhein-Westfalen und Niedersachsen bestehenden Bekenntnisschulen); Parade / Heinzel 2020, S. 196 ff. Die schwächere Abstimmungsbeteiligung in den sozial schwächeren hamburgischen Stadtteilen könnte angesichts dieser Entwicklungen wohl auch als Ausdruck realistischer Einschätzung der Bedeutung der Dauer des Elementarschulbesuchs zu deuten sein.

Wie sieht es aber mit dem Einfluss des großen Geldes in der direkten Demokratie aus?

In der Schweiz herrschte dazu bislang – Besserung ist in Sicht – wenig Transparenz.[256] Bekannt ist aber, dass dort von rechts im Ganzen deutlich mehr Geld für Abstimmungskampagnen kommt als von links.[257] Die Schweizer Volkspartei (SVP), die hinter den Initiativen zu den Volksabstimmungen über Minarette, Ausschaffung und Masseneinwanderung stand, hat von allen Parteien die meisten Werbemittel zur Verfügung. Über die größten Geldmittel verfügen insgesamt die Wirtschaftsverbände, insbesondere der Dachverband *economiesuisse*.[258] Die Wirtschaftsverbände unterstützen bei Volksabstimmungen in der Regel die Position der CVP (Christdemokratische Volkspartei) oder der FDP (Freisinnig-Demokratische Partei).[259]

Finanzieller Sondereinfluss der Wirtschaft auf direktdemokratische Entscheidungen ist in der Tat ein Problem – besonders ausgeprägt scheint es sich in Kalifornien manifestiert zu haben – und ein Grund, sich um die Sicherung ausgewogenerer Finanzierung zu kümmern.[260] Selbst in Kalifornien sind aber Abstimmungserfolge alles andere als käuflich.[261] Abstimmungsergebnisse lassen sich unter demokratischen Verhältnissen keineswegs nach Belieben durch Werbekampagnen steuern. Zwischen investierten Finanzmitteln und Abstimmungserfolg besteht kein einigermaßen stabiler Zusammenhang. In der Schweiz gab es die unausgewogenste Finanzierung bei der Initiative im Jahr 2008, die auf eine restriktivere Einbürgerungspraxis zielte. Hier wurden 95 % der insgesamt aufgewendeten Werbekosten für das „Ja" investiert, wiederum größtenteils von der SVP und anderen (rechtsnationalen) Institutionen.[262] Für das „Nein" wurde nur mit 5 % der Ausgaben geworben.

---

[256] Dazu und zur Diskussion in der Schweiz Schiller 2013, S. 17; Braun-Binder / Heußner / Schiller 2014, S. 44 ff., sowie Beiträge in Gross 2016, dort insbes. S. 240, 252, 255. Zu inzwischen beschlossenen Rechtsänderungen s.u. Text m. Fn. 271.

[257] Hermann 2014, S. 130.

[258] Hermann 2014, S. 129. Wo sich bei einer Abstimmung Wirtschaftsverbände und Gewerkschaften gegenüberstehen, haben Erstere, was die Kampagnenfinanzierung angeht, „im Schnitt ein Übergewicht von 3 zu 1" (ebd.).

[259] Hermann 2012, S. 5 ff.

[260] Zum regulatorisch weitgehend unbeschränkten Einfluss finanzkräftiger Interessen auf Volksabstimmungen in Kalifornien, mittels dessen die ursprünglich gegen den übermäßigen Einfluss der Wirtschaft auf das politische Geschehen gerichtete Institutionalisierung der direkten Demokratie sich stattdessen ins Gegenteil gewendet habe, s. Gendzel 2013, S. 7 ff.; Cahill 2018.

[261] Mit detaillierten Zahlen Matsusaka 2020, S. 192 ff.

[262] Hermann 2012, S. 6 (Abb. 2), 10.

II.5. „Direkte Demokratie ist unsozial" 91

Trotzdem siegte das „Nein". Die Initiative wurde mit der deutlichen Mehrheit von 63,8 % der Stimmen abgelehnt.[263] SVP-lancierte Initiativen und SVP-unterstützte Kampagnen gewinnen auch sonst keineswegs immer – weder bei asyl- und einwanderungsbezogenen Themen noch sonst. Die SVP ist im Gegenteil trotz hoher Finanzkraft und Investitionsbereitschaft in Referenden in jüngerer Zeit sehr oft erfolglos geblieben, in der Energiepolitik wie beim Waffenrecht und bei wiederholten Versuchen, die von der Rechtsprechung angenommene Bindungswirkung des Völkerrechts auszuhebeln, die einer radikalen Antimigrationspolitik entgegensteht („Durchsetzungsinitiative", „Selbstbestimmungsinitiative"[264]). Bei Abstimmungen zur wirtschaftlichen Liberalisierung waren im Durchschnitt jeweils zwei Drittel der Werbeausgaben zugunsten der Liberalisierung geflossen. Trotzdem fanden die betreffenden Vorlagen jeweils nur 40 % Zustimmung.[265] Für die Schweiz wie für die USA zeigen Studien, dass die Höhe der Werbeausgaben in den Kampagnen zwar in der Regel keinen bestimmenden, aber doch einen keineswegs ganz zu vernachlässigenden Einfluss hat.[266] Am ehesten wirken sich unausgewogen große Kampagnenressourcen im Ergebnis aus, wo sie für ein „Nein" investiert werden,[267] also in der Verhinderung des Erfolgs – jedenfalls des *unmittelbaren*

---

[263] <https://www.bk.admin.ch/ch/d/pore/va/20080601/det532.html>, Abruf 8.7.2022.
[264] S.o. Text m. Fn. 162 und Text m. Fn. 164 f.
[265] Hermann 2012, S. 19. Ältere Beispiele von Volksabstimmungen, in denen sich überlegene Finanzkraft nicht durchsetzen konnte, bei Feld / Kirchgässner / Savioz 1999, S. 27.
[266] Für die Schweiz in diesem Sinne die Untersuchungen von Kriesi 2009, S. 102; Hermann 2012, S. 18 ff. Für die USA Matsusaka 2020, S. 187 ff., 199 ff. Zu einschlägigen, teilweise einander widersprechenden Forschungsergebnissen aus den USA und aus der Schweiz, die insgesamt – ganz wie man vermuten würde – eine gewisse, aber durchaus begrenzte statistische Bedeutung von Unterschieden in den investierten Mitteln für den Verfahrensausgang belegen, Überblicke und Einschätzungen bei Möckli 1994, S. 287 ff., 294 ff.; Serdült / Kuoni 2010, S. 249 f.; Braun-Binder / Heußner / Schiller 2014, S. 24 ff.; Kriesi / Bernhard 2014, S. 10 ff.; Sciarini 2018, S. 291 f., m.w.N. Beispiele für Abstimmungssiege der erheblich schlechter finanzierten Seite in den USA bei Cronin 1989, S. 114 f.; Möckli 1994, S. 294 f.; Heußner 2019, S. 237. Besonders bei knappen Verfahrensausgängen können freilich auch sehr mäßige Effekte ausschlaggebend werden, und auch wo die Steigerung des Befürworteranteils als Folge massiver Kampagneninvestitionen für einen Sieg nicht ausreicht, kann sie relevante indirekte Effekte haben (s. u. Text m. Fn. 316 f.). Zu dem als „Kampagnen-Paradox" bezeichneten Befund, dass häufig die Seite unterliegt, die am meisten in die Kampagne investiert hat, s. Milic / Rousselot / Vatter 2014, S. 325 ff.: Dies erkläre sich daraus, dass hohe Kampagneninvestitionen besonders dann erfolgen, wenn ein Sieg nicht ausgemacht scheint.
[267] Cronin 1989, S. 109 ff.; Möckli 2018, S. 117; ders. 1994, S. 288 ff.; Tallion 2018, 182, m.w.N.

Erfolgs – von Initiativen, die es in Abwesenheit der betreffenden direktdemokratischen Entscheidungsmöglichkeit gar nicht erst gegeben hätte. Für Deutschland wies die Initiative „Mehr Demokratie e.V." vor einigen Jahren darauf hin, dass sich in Berlin – wohl bei den Fragen der Rekommunalisierung der Wasserversorgung und der (Nicht-)Bebauung des ehemaligen Flughafens Tempelhof – gerade die Volksbegehren mit dem kleinsten Kampagnenbudget durchgesetzt hätten.[268]

Im Übrigen hängt auch hier wieder viel von der näheren Ausgestaltung ab. Finanzierungstransparenz ist in direktdemokratischen Entscheidungsprozessen ebenso wünschenswert wie in repräsentativdemokratischen. Sie kann einen gewissen vorbeugenden Effekt gegen übermäßige Interessenteninvestitionen und gegen die Überzeugungskraft der von Interessenten finanzierten Werbung entfalten, weil sie den Stimmbürgern eine einfache Möglichkeit eröffnet, zu erkennen, welchen Interessen das jeweils gesponserte Anliegen dient.[269] In den USA und in vielen anderen Ländern gibt es Vorkehrungen für Finanztransparenz.[270] In der Schweiz ist, nachdem es an solcher Transparenz lange gefehlt hatte, im Oktober 2022 ein Gesetz in Kraft getreten, das die Durchsichtigkeit der finanziellen Verhältnisse erhöht. Das Gesetz nahm das Anliegen einer 2017 gestarteten Volksinitiative „Für mehr Transparenz in der Politikfinanzierung" auf, die daraufhin zurückgezogen wurde.[271] In Deutschland sind auf Länderebene angemessene Publizitätspflichten bislang nur vereinzelt vorgesehen.[272]

---

[268] Mehr Demokratie e.V. 2017.
[269] S. dazu, dass das Bekanntwerden einer Interessentenfinanzierung das jeweilige Anliegen desavouieren kann, die Äußerung eines schweizerischen Kampagnenmanagers, wiedergegeben bei Schneider 2003, S. 122.
[270] Für die USA näher Braun-Binder / Heußner / Schiller 2014, S. 48 ff.; für Kanada Tallion 2018, S. 183. S. auch, zu europäischen Transparenzregeln im Zusammenhang mit der Europäischen Bürgerinitiative, ebd. S. 53 f.; zu uneinheitlichen Regelungen in den Bundesländern nachf. Text m. Fn. 272.
[271] Das Gesetz wurde bereits im Juni 2021 verabschiedet, s. Bundesgesetz über die politischen Rechte (Transparenz bei der Politikfinanzierung) vom 18. Juni 2021 <https://www.fedlex.admin.ch/eli/fga/2021/1492/de>, Abruf 8.7.2022. Die beschlossenen Änderungen sind seit 23.10.2022 in Kraft als Titel 5b des Bundesgesetzes über die politischen Rechte. Zur vorausgegangenen Transparenzinitiative und zu deren Rücknahme, nachdem das Bundesgesetz ihr entgegengekommen war, s. Schweizerische Eidgenossenschaft, Bundesamt der Justiz 2021, S. 3 f., 25 f.; Ammann 2020, S. 96 ff.
[272] Zu den sehr unterschiedlichen, teilweise auch fehlenden Regelungen auf der Länderebene in Deutschland Seferovic 2018, S. 127 f.; Möller 2019, S. 253 ff.; Braun-Binder / Heußner / Schiller 2014, S. 35 ff.; weitreichende Transparenzvorgaben hinsichtlich der zugeflossenen Mittel gelten z.B. in Hamburg, s. § 30 hambVAbstG, § 42 hambVAbstVO.

Notwendig und üblich sind Verbote der Bezahlung für ein bestimmtes Stimmverhalten.[273] Die Sanktionen für Verstöße sollten, nicht nur auf dem Papier, sondern auch in der Praxis, deutlich genug ausfallen.[274] Nicht üblich sind bislang Verbote einer Bezahlung für das Sammeln von Unterschriften für eine Volksinitiative oder ein Volksbegehren.[275] Der US Supreme Court hat eine solche Beschränkung der Stimmenwerbung, wie auch einige weniger weitgehende Regulierungen, sogar als verfassungswidrig angesehen.[276] Das vergrößert für finanzkräftige Kreise die Chance, mit eigenen Initiativen überhaupt bis zum Stadium einer Volksabstimmung zu gelangen. Die Zulässigkeit kommerziellen Unterschriftensammelns ist mit gutem Grund rechtspolitisch umstritten.[277]

Finanzielle Ungleichgewichte lassen sich durch geeignete Regulierung gezielt mehr oder weniger weitgehend ausgleichen oder über Transparenzgebote hinaus in ihrer Bedeutung abschwächen,

---

[273] S. für die USA, wo *voter bribery* schon nach den Regeln des *common law* verboten war, bevor im späten 19. Jahrhundert besondere Gesetze dazu erlassen wurden, Stokes et al. 2013, S. 240 f; für Deutschland § 108b i.V.m. § 108d StGB (verboten ist das Anbieten, Gewähren oder Versprechen von Vorteilen dafür, dass jemand *nicht* oder *in einem bestimmten Sinne* wählt oder stimmt, wie auch entsprechendes Fordern, Sichversprechenlassen oder Annehmen auf der Passivseite); für die Schweiz § 281 schweizStGB.

[274] Der Autovermieter Sixt wurde mit einem Bußgeld von 30.000 Euro belegt, nachdem er seinen Kunden für eine Unterschrift unter die Berliner Initiative zur Offenhaltung des Flughafens Tegel einen 10-Euro-Gutschein versprochen hatte, Zawatka-Gerlach 2017.

[275] S. für die Schweiz Braun-Binder / Heußner / Schiller 2014, S. 82; Serdült / Kuoni 2010, S. 241; mit Beispielen für vorkommende Entgeltgestaltungen (teils Stundenlohn, teils Entgelt für jede gesammelte Unterschrift) Möckli 1994, S. 202.

[276] Für die Verfassungswidrigkeit eines gänzlichen Verbots bezahlten Sammelns von Unterschriften in direktdemokratischen Verfahren s. die Entscheidung Meyer v. Grant, Urt. v. 6.6.1988, 486 U.S. 414 (1988). Dazu, zu weiteren vom Supreme Court für unzulässig gehaltenen Restriktionen des Stimmensammelns und zu verbleibenden begrenzten Vorgaben in einzelnen US-Staaten Noyes 2018, S. 276 f.; Seferovic 2018, S. 123 ff. Rn. 108 ff.

[277] Gegen die Zulassung Meyer 2012, S. 545; Heußner 2017, S. 3; ders. 2021b, S. 85; Kreis 2020, S. 67. Zu Kalifornien und der teuren *initiative industry*, die sich dort entwickelt hat, Gendzel 2013, S. 6 ff.; allgemeiner zur *initiative industry* in den USA Seferovic 2018, S. 117 ff.; ders. 2021, S. 543 f. In Kalifornien gab es 2018 einen Gesetzentwurf, der vorsah, dass Unterschriftensammler nicht mehr pro Unterschrift bezahlt werden dürfen (An act to add Section 102.5 to the Elections Code, relating to elections, <https://leginfo.legislature.ca.gov/faces/billNavClient.xhtml?bill_id=201720180AB1947>, Abruf 8.7.2022). Der Entwurf scheiterte am Veto des Gouverneurs (Cahill 2018; s. auch Eckerd 2019 dazu, dass der Gouverneur seine Ablehnung damit begründete, eine solche Regelung könne das Erreichen des Unterschriftenquorums verteuern und damit das Gegenteil des Beabsichtigten erreichen).

etwa durch Kampagnenfinanzierung aus öffentlichen Mitteln,[278] Ausgabenbegrenzungen,[279] Begrenzungen privater Spenden[280] und Ansprüche auf kostenfreien und gleichen Medienzugang, wie sie analog auch bei Wahlen verbreitet sind. Beschränkungen des finanziellen Einflusses von Interessengruppen sind allerdings ohne Verfassungsänderung nur möglich, wenn nicht eine Rechtsprechung entgegensteht, die Parteispenden oder die indirekte Unterstützung von Parteien durch die Finanzierung von Werbung, mit der Wahl- und Abstimmungskampagnen unterstützt werden, als verfassungsrechtlich gewährleistet ansieht.[281]

[278] S. z.B. zur weitreichenden öffentlichen Finanzierung in Kanada Tallion 2018, S. 183. In Deutschland ist eine öffentliche Finanzierung (Kostenerstattung) nur in einem Teil der Länder vorgesehen (näher Seferovic 2018, S. 128 f., Rn. 114); s. z.B. für Hamburg § 30a hambVAbstG (nach Abs. 2 der Vorschrift Kostenerstattung in Höhe von 0,10 € für jede gültige Ja-Stimme, wobei aber maximal 400.000 Stimmen berücksichtigt werden). Überblick über – häufig fehlende oder eine öffentliche Finanzierung ausschließende – Regelungen in zahlreichen EU-Mitgliedstaaten bei European Parliament, Directorate-General for Internal Policies 2015, S. 45 ff., 54 ff. In der Schweiz gibt es keine finanzielle Unterstützung von Abstimmungskampagnen aus öffentlichen Mitteln, Möckli 1994, S. 95; Seferovic 2018, S. 115 Rn. 99. Für eine Erstattung von Kosten des Abstimmungskampfes Heußner 2021 b, S. 86.
[279] S. z.B. für das Vereinigte Königreich European Parliament, Directorate-General for Internal Policies 2015, S. 61.
[280] S. z.B. für Kanada, wo Spenden durch Unternehmen unzulässig und private Spenden gedeckelt sind, während die für amtliche Informationen verwendeten Mittel keiner Begrenzung unterliegen, Tallion 2018, S. 183 f. Verbreiteter als allgemeine Beschränkungen privater Spenden, und weniger geeignet, Sondereinflüssen finanzstarker Interessengruppen entgegenzuwirken, sind Beschränkungen, die sich auf bestimmte Arten von Spenden beziehen. In Deutschland ist nur in einigen Ländern die Entgegennahme von Spenden aus bestimmten Quellen – etwa von Fraktionen, Kommunen und / oder Unternehmen in öffentlichem Eigentum –, z.T. außerdem die Entgegennahme anonymer Spenden (s. z.B. § 30 Abs. 1 Satz 2 hambVAbstG i.V.m. § 25 Abs. 2 Nr. 6 PartG), verboten, Seferovic 2018, S. 126 f. Die am 18.6.2021 beschlossene Ergänzung des schweizerischen Bundesgesetzes über die politischen Rechte (s.o. Fn. 271) sieht neben Offenlegungspflichten ein Verbot der Annahme von anonymen Spenden und Spenden aus dem Ausland vor (Art. 76h Abs. 1 schweizBPR; ausgenommen sind nach Abs. 2 der Vorschrift Spenden von Auslandsschweizerinnen und -schweizern). Überblick über die sehr unterschiedlichen Regelungen und fehlende Regelungen in zahlreichen EU-Staaten bei European Parliament, Directorate-General for Internal Policies 2015, S. 54 ff.
[281] S. für die USA insbes. die Entscheidungen des Supreme Court in den Verfahren Buckley v. Valeo, 424 U.S. 1 (1976), und Citizens United v. Federal Election Commission, 558 U.S. 310 (2010), zur Gewährleistung unbeschränkter Freiheit zur Unterstützung durch Finanzierung von Werbekampagnen durch das Recht auf freie Meinungsäußerung; darüber hinaus wurden mit der Entscheidung McCutcheon v. Federal Election Commission, 572 U.S. 185 (2014), auch die Beschränkungen, die der Federal

II.5. „Direkte Demokratie ist unsozial" 95

In der Schweiz gilt anstelle von Beschränkungen der Kampagnenausgaben ein Verbot der Werbung für Themen, die Gegenstand von Volksabstimmungen sind, in Radio und Fernsehen.[282] Dieses Verbot soll die mit solcher Werbung verbundene Verteuerung der Werbekampagnen zulasten der finanziell schlechter ausgestatteten Positionen in Abstimmungskämpfen vermeiden.[283] In Deutschland ist, abgesehen von Verpflichtungen, in Wahlkämpfen den teilnehmenden Parteien Sendezeit einzuräumen, politische Rundfunkwerbung grundsätzlich durch den Medienstaatsvertrag der Länder untersagt.[284] Solche Verbote machen angesichts sonstiger Kampagnenkosten und speziell angesichts der Tendenz zur Verlagerung von Werbekampagnen ins Internet, vor allem auf *social-media*-Plattformen, offenkundig anderweitige Maßnahmen zur Begrenzung und zum Ausgleich der Kosten von Abstimmungskampagnen nicht überflüssig.

Schließlich darf man hier wie sonst den Vergleich mit repräsentativdemokratischen Entscheidungsverfahren nicht vergessen.[285] Wie sieht es denn da mit dem Einfluss finanzkräftiger Interessen aus? Wo Parlamente und Regierungen entscheiden, wirken kapitalkräftige Kreise in besonders hohem Maß auf politische Entscheidungen ein.[286] Nicht nur direktes Lobbying, einschließlich der Be-

---

Election Campaign Act für Spenden an Parteien und Kandidatenkomitees vorsieht, teilweise für verfassungswidrig erklärt. Näher zur Entwicklung der Rechtsprechung des US Supreme Court Cagé 2020, S. 187 ff.; Gendzel 2013, S. 10; Cronin 1989, S. 101 ff. Nach der Rechtsprechung des Bundesverfassungsgerichts sind private Spenden, auch seitens juristischer Personen, an politische Parteien im Prinzip in beliebiger Höhe zulässig; durch den Grundsatz der Chancengleichheit der Parteien und das Recht der Bürger auf gleiche Teilhabe an der politischen Willensbildung beschränkt und hinsichtlich juristischer Personen gänzlich untersagt ist nur die steuerliche Begünstigung solcher Spenden, s. BVerfGE 85, 264 (315).

[282] Art. 10 Abs. 1 Buchst. d schweizRTVG. Zur Auslegung und zu in der Literatur geäußerter Kritik an der Regelung Kuoni 2015, S. 190 f.

[283] Braun-Binder / Heußner / Schiller 2014, S. 81 (s. auch S. 83 dazu, dass eine solche Beschränkung in den USA nicht existiert und dort ein Großteil der Kampagnengelder in TV-Spots fließt).

[284] § 8 Abs. 9 Medienstaatsvertrag; für die Beibehaltung dieser Beschränkung Heußner 2021, S. 86. Eine Besonderheit gilt allerdings für Bayern. Der Bayerische Verfassungsgerichtshof hat in dem staatsvertraglichen Verbot einen Verstoß gegen die landesverfassungsrechtlich gewährleistete Rundfunkfreiheit gesehen, BayVerfGH, Urt. v. 25.5.2007 – Vf. 15-VII-04 –, juris. Dazu, zu entsprechenden bayerischen Anpassungsnormen und zur nicht unumstrittenen Auslegung der staatsvertraglichen Regelung Kuoni 2015, S. 181, m.w.N. Die für Wahlkampfsendezeiten vorgesehenen Ausnahmen vom Verbot politischer Rundfunkwerbung finden sich in § 68 Abs. 2 Medienstaatsvertrag und in den Rundfunkgesetzen der Länder.

[285] S. auch Hermann 2014, S. 130; Eichenberger 2021, S. 602. Zum Idealvergleichsfehler o. Text m. Fn. 66.

[286] von Arnim 1977, S. 136 ff.; Leif / Speth 2005, S. 351 ff. (und weitere

reitstellung von Sachverstand, bis hin zur Ausleihe von Fachleuten, die Gesetzentwürfe formulieren, spielt eine Rolle. Hinzu kommen Beiträge zur Parteien- und sonstigen Politikfinanzierung, hohe Vortragshonorare, Beraterverträge und das Bereithalten finanziell attraktiver Verwendungen für ehemalige Politiker, die von Unternehmen und Verbänden fürstlich dafür bezahlt werden, dass sie die im politischen Geschäft aufgebauten Kontakte nun in den Dienst der Geschäfte ihres neuen Arbeitgebers stellen. Es wäre naiv, zu glauben, dass solche Möglichkeiten der Anschlusskarriere keinerlei Vorwirkungen auf Amtsführung und Mandatsausübung haben.[287]

Beiträge im selben Band); eine eindrückliche, faktenreiche journalistische Schilderung bietet Tillack 2015. Speziell zur Einflussnahme via Politikfinanzierung Cagé 2020, S. 38 ff. u. passim. Zur in Deutschland auch nach der 2014 erfolgten Reform des § 108e StGB (Bestechlichkeit und Bestechung von Mandatsträgern) nach wie vor unzureichenden strafrechtlichen Erfassung finanziell motivierender Einwirkung auf Mitglieder von Volksvertretungen Sinner 2020, Rn. 2 zu § 188e StGB. Zur Verschärfung des Problems der Sondereinflüsse v.a. finanzstarker Interessen durch die zunehmende Verlagerung von Regulierungen auf die transnationale Ebene Fuchs / Graf 2015, S. 109 f.; Lübbe-Wolff 2016, S. 178 f., 198. Zur europäischen Interessenvertretungslandschaft Plehwe 2015, S. 131 ff. S. außerdem zu Veränderungen im europäischen Lobbying aufgrund der im Gesetzgebungsprozess der EU zunehmenden Verlagerung der eigentlichen Entscheidungen in das Verfahren der informellen Verständigung zwischen Vertretern der drei Kerninstitutionen Rat, Kommission und Parlament („Trilog"-Verfahren) und der in der Konsequenz zunehmenden Herausverlagerung umstrittener Entscheidungsinhalte aus den Gesetzgebungsverfahren auf die Ebene delegierter (untergesetzlicher) Rechtsetzung Guéguen 2019, S. 96 ff.; zum Lobbying im Prozess dieser untergesetzlichen Rechtsetzung Wetendorff Nørgaard / Nedergaard / Blom-Hansen 2019, S. 149 ff. Da die genannten Veränderungen den Aufwand für effektives Lobbying beträchtlich erhöhen, darf man davon ausgehen, dass sie mit einer relativen weiteren Steigerung der Wirkungschancen der finanzstärkeren Akteure einhergehen. *Ein Ansatz für die Abschwächung von Ungleichgewichten liegt in der Herstellung größerer Transparenz.* In Deutschland soll in diese Richtung das am 1.1.2022 in Kraft getretenen Lobbyregistergesetz wirken; dazu Austermann 2021, S. 585 ff.; Engel 2022, S. 132 ff.; Irmscher 2022, S. 273 ff., sowie die Kommentierung von Austermann / Schwarz 2022. Für die Ebene der EU vgl. die Interinstitutionelle Vereinbarung v. 20.5.2021 zwischen dem Europäischen Parlament, dem Rat der Europäischen Union und der Europäischen Kommission über ein verbindliches Transparenz-Register, ABl. 2021 L 207/1.

[287] Für Minister und beamtete Staatssekretäre sieht eine in Deutschland 2015 in partieller Anlehnung an Vorbilder im Ausland und in der EU eingeführte Regelung vor, dass die Absicht, innerhalb der ersten 18 Monate nach dem Ausscheiden aus dem Amt eine Erwerbstätigkeit außerhalb des öffentlichen Dienstes aufzunehmen, der Bundesregierung anzuzeigen ist und bei zu besorgender Beeinträchtigung öffentlicher Interessen von ihr für ein Jahr, bei schwerer Beeinträchtigung für 18 Monate, untersagt werden kann, wobei in das Entscheidungsverfahren ein Beratungsgremium einzuschalten ist, das eine begründete, aber nicht zu veröffentlichende

II.5. „Direkte Demokratie ist unsozial"

Direktdemokratische Entscheidungsmöglichkeiten sind gegen derartige Einflussnahmen großenteils von vornherein immun und durchweg sehr viel leichter zu immunisieren.[288] Das gehört zu den immer wieder angeführten Gründen *für* die Einführung direktdemokratischer Verfahren. In der Schweiz nahm in den 1860er Jahren die Bewegung zur Einführung der Volksinitiative ihren Ausgang vom Kanton Zürich, wo sie sich gegen den „oligarchischen Filz" der regierenden Liberalen Partei unter der Kantonspräsidentschaft von Alfred Escher richtete.[289] In den Einzelstaaten der USA wurden direktdemokratische Verfahren eingeführt, um korrupter Einflussnahme auf die Gesetzgebung entgegenzuwirken.[290] Carlo Schmid warb in Württemberg-Baden für das fakultative Gesetzesreferendum als „ein Ventil gegen Interessentenpolitik".[291] Mehrere empirische Untersuchungen weisen einen negativen Zusammenhang zwischen der Verfügbarkeit oder dem tatsächlichen Gebrauch direktdemokratischer Instrumente und dem Korruptionsniveau aus, deuten also darauf hin, dass direkte Demokratie korruptionspräventiv wirkt.[292]

Empfehlung abgibt, §§ 6a ff. BMinG, gemäß § 7 ParlStG entsprechend anzuwenden auf parlamentarische Staatssekretäre; näher Scheffczyk 2015, passim; Grzeszick / Limanowski 2016, S. 319 ff. Darin liegt ein Fortschritt – allerdings nur ein kleiner.

[288] Frey 2014; für geringe Anfälligkeit direktdemokratischer Entscheidungsverfahren für Lobbyeinfluss s. auch Morel 2019, S. 255; Eichenberger 2019, S. 31; Matsusaka 2018, S. 134 ff. (der, a.a.O. S. 137, den Befund, direkte Demokratie führe zu größerer Übereinstimmung der Politik mit der Mehrheitsmeinung der Bürger, gleichsetzt mit dem Befund einer die Resistenz gegen den Einfluss von Interessengruppen steigernden Wirkung); Möckli 2018, S. 95; Dreier 2013, S. 43; a.A. Schmahl 2021, S. 263. Treffend Dreier / Wittreck 2010, S. 37 f.: „Es erscheint schwer vorstellbar, daß sich die Interessenvertreter des Hotel- und Gaststättengewerbes mit ihrem Ansinnen, vom ermäßigten Mehrwertsteuersatz zu profitieren, der öffentlichen Debatte eines Volksgesetzgebungsverfahrens gestellt (geschweige denn darin obsiegt) hätten.[Fußnotenziffer] Im vertraut-vertraulichen Gespräch mit Repräsentanten war hier offenbar mehr zu gewinnen."

[289] Schiller 2002, S. 24 f.; ausführlicher Gross 2016/2011a, S. 30 ff.; s. auch ders. 2016/1994a, S. 28.

[290] Näher Seferovic 2018, S. 40 ff., Rn. 40; Möckli 2018, S. 39; Heußner 2014, S. 211 f., 218; Cronin 1989, S. 56 f.; speziell zu Kalifornien und dem dortigen Motiv, den dominanten Einfluss der *Southern Pacific Railroad* zu brechen, auch Möckli 1994, S. 177 f.; für Korruptionsprävention als Argument in Massachusetts Cronin 1989, S. 53; zu Kalifornien und nebenbei zu anderen Staaten der Union Gendzel 2013, S. 1 ff. (3 f.).

[291] Zitiert nach Jung 1994, S. 295.

[292] Für die Einzelstaaten der USA Alt / Lassen 2003, S. 341, 354 f. (betr. negativen Zusammenhang zwischen Verfügbarkeit von *direct initiatives* – so bezeichnen die Verfasser Volksinitiativen, die unmittelbar, ohne von parlamentarischer Zustimmung abhängig zu sein, zu Volksentscheiden führen – und Korruptionsniveau); auf der Grundlage eines Vergleichs von 88 Ländern Blume / Müller / Voigt 2009, S. 450 und Tabelle 9, S. 451 (betr.

Nicht zufällig gehören Unternehmen und Interessenverbände der Wirtschaft in der Regel nicht zu den Befürwortern der Einführung direktdemokratischer Entscheidungsmöglichkeiten,[293] versprechen sich also gerade keinen gesteigerten Einfluss von ihnen. Bejaht werden solche Entscheidungsmöglichkeiten dagegen, wo es sie auch in Form der Volksinitiative gibt und wo die Rahmenbedingungen nutzungsfreundlich beschaffen sind, von einer großen Mehrheit der Bürger, und zwar ohne die schichtenspezifischen Unterschiede, die man erwarten sollte, wenn ihnen eine unsoziale Tendenz eigen wäre.[294] Einer jüngeren Untersuchung für die USA zufolge ist der festgestellte positive Zusammenhang zwischen direktdemokratischen Entscheidungsmöglichkeiten und Lebenszufriedenheit sogar umso ausgeprägter, je niedriger das Einkommen.[295]

6. „Ja-Nein-Entscheidungen sind zu simpel und kompromisswidrig"

Weitere Einwände gehen dahin, dass man Entscheidungen in Gesetzgebungsfragen nicht mit einfachen Ja-/Nein-Antworten gerecht werden könne, oder dass die Reduktion der Alternativen auf ein Ja oder Nein die Möglichkeiten der Kompromissbildung zunichte mache, durch die sich repräsentativdemokratische Verfahren auszeichnen.[296]

negativen Zusammenhang zwischen Häufigkeit des Gebrauchs von Initiativen sowie obligatorischen Referenden und Korruptionsniveau).
[293] S. für die USA Cronin 1989, S. 101; für die USA und die Schweiz Möckli 1994, S. 237; ders. 2018, S. 84, 109.
[294] S. Möckli 1994, S. 184 f., m.w.N. (184: „In der Schweiz wie in Kalifornien bewerten etwa drei Viertel der Befragten die direkte Demokratie positiv, und es zeigen sich dabei keine schichtenspezifischen Unterschiede.").
[295] Radcliff / Shufeldt 2016, S. 1413 f.; zu naheliegenden Gründen S. 1411 f.
[296] Offe 1992, S. 133 (mit Verweis auf gegenüber Gremienentscheidungen verminderte Möglichkeiten der Kompromissbildung); Sartori 2006/1997, S. 127 (für die von ihm so genannte „Referendumsdemokratie", die er zerrbildhaft als ein „an der Stelle der repräsentativen Demokratie" stehendes System von wöchentlich am Computer irgendwelche Ja-, Nein- oder Enthaltungsentscheidungen treffenden Abstimmungsmonaden zeichnet; man wundert sich, wie derart krude Ausführungen zu der Prominenz kommen, die sie in der politikwissenschaftlichen Diskussion um direkte Demokratie genießen); Winkler 2019; Roth 2018, S. 77; Hobolt / Tilley / Leeper 2022, S. 853; w.N. zu dieser Argumentation in Rechtsprechung und Literatur bei Klatt 2011, S. 8, 19, 29. Zur Verwendung des Arguments nach der Wiedervereinigung in den Diskussionen der Gemeinsamen Verfassungskommission über die Ergänzung des Grundgesetzes um direktdemokratische Elemente Schwieger 2005, S. 298. Für aus dem genannten Grund unter Parteienforschern vorherrschende Skepsis Merkel 2011, S. 11; s. auch, ohne Zusammenhang mit dem Binaritätsargument, Merkel / Ritzi 2017, S. 237:

II.6. „Ja-Nein-Entscheidungen sind zu simpel ..."

Solche Einwände bringen, soweit sie allein auf die übliche Binarität der zur Abstimmung stehenden Alternativen[297] abstellen, das Problem, auf das sie zielen, meist schon nicht gut auf den Punkt. Auch bei parlamentarischen Abstimmungen kann man, abgesehen von der Möglichkeit der Enthaltung, nur mit „Ja" oder „Nein" stimmen. Möglich sind allerdings Gespräche und Kompromisse

Heterogene Gesellschaften bedürften „stärker konsensorientierter Verfahren"; vor diesem Hintergrund stehe die Pluralisierung und wachsende Heterogenität ... in einem Spannungsverhältnis zur direkten Demokratie". Vgl. auch das bei Feld / Hessami / Reil 2011, S. 125, berichtete Umfrageergebnis: „Die Verengung auf ein schlichtes Ja oder Nein in schwierigen politischen Fragen bereitet .... mit 81 Prozent vor allem den Politikern Unbehagen." Für eine in der Ja-Nein-Alternative liegende ungute Vereinfachungstendenz Krause 2005, S. 83, Rn. 48. Vgl. auch BVerfGE 102, 176 (187): „Haushaltswirksame Entscheidungen sind komplexer Natur, die ein plebiszitäres „Ja" oder „Nein" weitgehend ausschließen" (das Bundesverfassungsgericht fungierte damals noch als Verfassungsgericht des Landes Schleswig-Holstein und judizierte hier in dieser Eigenschaft); kritisch zu dieser Entscheidung Jung 2002b, S. 41 ff.; Wittreck 2005, S. 116 ff. Der mit der Binarität der Abstimmungsalternative zusammenhängende Gesichtspunkt, bei Volksabstimmungen fehle die Möglichkeit des Kompromisses, findet sich schon bei (Max) Weber 1919/1988, S. 135; ähnlich Heuß 1928, S. 112: „Das Parlament der vielen Parteien arbeitet notwendig mit Kompromissen, die Volksgesetzgebung mit eingängiger, kompromißferner, deutlicher Vereinfachung." Eine auf der Binarität der zur Abstimmung gestellten Fragen beruhende Verlagerung der Macht auf die fragestellenden Initianten statt auf das Volk annehmend Isensee 2010, S. 128 f.; ähnlich Sarcinelli 2011, S. 163 („Plebiszitäre Elemente, wie z.B. der Volksentscheid, haben zwar Entscheidungsfunktion, aber aufgrund einer vorgegebenen Ja-Nein-Entscheidung keinen Mitgestaltungscharakter"); Ogorek 2019, S. 61. Etwas anders angelegte, zirkulär mit der Vorzugswürdigkeit einer Beschränkung des Volkes auf Entscheidungen über das politische Personal argumentierende Problematisierung der Binarität der Abstimmungsalternative bei Werner Weber: Da die Volksabstimmung immer auf eine mit Ja oder Nein beantwortbare Frage bezogen sein müsse, komme es wesentlich „auf die Fragestellung und also darauf an, daß die Frage von einem mit Führungsverantwortung ausgestatteten Staatsregiment" gestellt werde, und zwar so, dass in der Abstimmung ein Votum über dessen Träger und deren politische Grundhaltung zum Ausdruck gelange, Weber 1970, S. 178; wörtlich ebenso bereits ders. 1959, S. 768. Differenzierende Auseinandersetzung mit dem Gesichtspunkt der Binarität der zu treffenden Entscheidung bei Tallion 2019, S. 174 f.

[297] Zu seltenen Fällen, in denen bei Volksentscheiden mehr als zwei Alternativen zur Abstimmung standen (was den Nachteil hat, dass u.U. auf keine der Alternativen eine überhälftige Stimmenzahl entfällt) Morel 2019, S. 242; Rose 2020, S. 32. Soweit nur eine binäre Alternative zur Abstimmung steht, besteht sie nicht notwendigerweise in einem „Ja" oder „Nein". Bei der Abstimmung über den Brexit z.B. wurde, um eine befürchtete Antwortverzerrung durch eine mit „Ja" oder „Nein" zu beantwortende Frage zu vermeiden, die mit „Remain" oder „Leave" zu beantwortende Frage gestellt, ob das Vereinigte Königreich Mitglied bleiben oder die EU verlassen solle, s. Schünemann 2017, S. 144.

im Vorfeld der Abstimmung, die zu Differenzierungen in der Vorlage führen, über die abgestimmt wird, und Auswahloptionen zwischen konkurrierenden Vorlagen zum selben Thema. Tatsächlich entspricht es dem Ideal parlamentarischer Deliberation, dass so vorgegangen wird, dass also sowohl die Vorlagen, über die abgestimmt wird, als auch das Abstimmungsergebnis auf sachlicher Diskussion zwischen allen Beteiligten beruhen.

Man sollte aber die parlamentarische Realität nicht idealisieren. Gerade in hochpolitischen Fragen ist Wesentliches regelmäßig schon durch Festlegungen in Koalitionsverträgen, durch auf internationaler Ebene informell bereits getroffene Absprachen, durch Marschrichtungsvorgaben des politischen Spitzenpersonals etc. festgelegt. Zu Kompromissen zwischen Regierungs- und Oppositionspositionen kommt es in politisch kontroversen Fragen in der Regel nur, wo man sich braucht, etwa bei Verfassungsänderungen.

Außerdem ist die Vorstellung, direktdemokratische Verfahren seien *per se* eine nichtdeliberative Angelegenheit, die keinen Raum für Kompromissfindung bietet, verfehlt.[298] Das kann, muss aber nicht so sein. Wiederum hängt alles von der Ausgestaltung ab. Urteile, die das nicht berücksichtigen, leiden am Pauschalierungsfehler.[299]

Bei den verbreiteten Volksabstimmungen, die sich, sei es auch auf Initiative der Bürger, auf vom Parlament beschlossene Gesetze beziehen (Referenden), ist Gegenstand der Abstimmung ohnehin genau das, was auch schon im Parlament Gegenstand der Abstimmung war. Auch wo das Parlament beschließt, dem Volk eine bestimmte Frage zur Abstimmung vorzulegen, lässt sich nicht behaupten, der Vorlage fehle die Diskussionsbasiertheit, Differenziertheit oder Kompromisshaftigkeit, die parlamentarische Beschlüsse auszeichnet. Die Fragestellung mag verfehlt sein. So zum Beispiel im Fall des Brexit-Votums. Aber das Parlament hätte jede Gelegenheit gehabt, es besser zu machen. Bei ihm, nicht bei dem direktdemokratischen Charakter der abschließenden Abstimmung liegt die Verantwortung für das Unsinnige des Verfahrens.[300]

Im Falle einer Volksinitiative für einen Gesetzgebungsvorschlag, über den das Parlament (noch) nicht entschieden hat, werden die Initianten ihren Vorschlag, wenn er erfolgversprechend sein soll, unter Berücksichtigung des Standes der öffentlichen Meinung zu formulieren und gegebenenfalls zu differenzieren haben. Über die Abfassung des Vorschlages werden sie *untereinander* nicht we-

---

[298] Zum möglichen deliberativen Charakter direktdemokratischer Verfahren Tierney 2012; Bächtiger 2013.
[299] S.o. Text m. Fn. 94.
[300] Näher o. Text m. Fn. 147 ff.

II.6. „Ja-Nein-Entscheidungen sind zu simpel ..."

niger eingehend diskutieren müssen als etwa eine Parlamentsfraktion, die einen Gesetzgebungsvorschlag ins Parlament einbringt. Eher dürfte das Gegenteil der Fall sein. Denn im Gegensatz zu parlamentarischen Regierungsfraktionen, deren Spitzen sich die notwendige Gefolgschaft einer Mehrheit durch Fraktionsdisziplin sichern können, brauchen die Initianten einer Volksinitiative die mehrheitliche Zustimmung von Bürgern, denen gegenüber sie über keinerlei Machtmittel verfügen.

Möglichkeiten der Differenzierung und der Auswahl zwischen mehr als bloß einem „Ja" oder „Nein" lassen sich im Übrigen durch geeignete Verfahrensvorkehrungen auch für den direktdemokratischen Entscheidungsprozess institutionalisieren. Besonders wichtig ist hier die Möglichkeit, auf Initiativen aus dem Volk mit einem Gegenvorschlag zu reagieren.[301] In der Schweiz kann einer Volksinitiative vom Parlament ein direkter Gegenentwurf gegenübergestellt werden, über den gleichzeitig abzustimmen ist.[302] Dabei kann es sich zum Beispiel um eine Variante handeln, die dem hinter der Volksinitiative stehenden Anliegen Rechnung zu tragen versucht, dabei aber weniger weit geht als diese. Damit dies nicht genutzt werden kann, um die Verfechter des Anliegens zu spalten, können die Stimmbürger beide Vorschläge annehmen und zusätzlich angeben, welchen sie bevorzugen, falls beide Vorschläge eine Mehrheit finden.[303] Diese Vorkehrung wurde, ebenso wie eine im Effekt ähnliche Regelung in Liechtenstein, erst 1987 – im Wege der Volksabstimmung – eingeführt.[304] Alternativ zum

---

[301] Für die Bedeutung dieser Möglichkeit als Instrument der Kompromissbildung auch McKay 2018, S. 320 f.
[302] S. für die Bundesebene Art. 139 Abs. 5 Satz 3, Art. 139b Abs. 1 schweizBV; zur Auslegung näher Seferovic 2018, S. 131 f. Rn. 116; zur Geschichte und zur kompromissfördernden Wirkung Delley 1978, S. 105. Auf Bundesebene sind in der Schweiz nur Verfassungsänderungen möglicher Gegenstand einer Volksinitiative. Plädoyer für die Einführung einer einfachen Gesetzesinitiative bei Feld / Kirchgässner / Savioz 1999, S. 184; Gross 2016/1987, S. 81 ff.; ders. 2016/1994b, S. 58; Tschentscher 2021, S. 438 ff., m.w.N.; zu den bisherigen gescheiterten Vorstößen, die u.a. eine 1961 mit weit überwiegender Mehrheit abgelehnte Volksinitiative zur Einführung einer einfachen Gesetzesinitiative einschließen, Marxer 2021, S. 450.
[303] Art. 139b Abs. 2, 3 schweizBV; Art. 76 schweizBPR.
[304] Für die Schweiz s. Möckli 2018, S. 67; Linder / Mueller 2017, S. 308 f.; dazu, dass die zuvor bestehende Möglichkeit, Gegenvorschläge zur Reformverhinderung durch Spaltung einer veränderungswilligen Bevölkerungsmehrheit einzusetzen, schon im Zuge der Einführung der Volksinitiative (1891) Gegenstand der Diskussion war, was vermuten lässt, dass diese Konsequenz nicht ohne „reformfeindliche Hintergedanken" in Kauf genommen wurde, und für Beispiele einer Nutzung des Gegenvorschlagsrechts mit entsprechender Absicht Gross 1985/2015, S. 44 f. („Reformfeindliche Hintergedanken"); zu Spaltungsabsichten auch Delley 1978, S. 107 ff. Für Liechtenstein s. Art. 82 Abs. 3 liechtVRG (Recht des Landta-

direkten Gegenvorschlag besteht auch die Möglichkeit, einem Anliegen dadurch Rechnung zu tragen und einer radikaleren Volksinitiative dadurch den Wind aus den Segeln zu nehmen, dass auf repräsentativdemokratischem Weg eine weniger radikale Regelung beschlossen wird. Das bezeichnen die Schweizer als „indirekten Gegenvorschlag",[305] weil dieser Vorschlag nicht unmittelbar zum Gegenstand der Volksabstimmung wird, sondern den Ausgang des direktdemokratischen Verfahrens nur indirekt beeinflusst – häufig in der Weise, dass die Initiative, auf die er sich bezieht, zurückgezogen wird, weil die Initianten ihr Anliegen ausreichend aufgenommen finden.[306] Sowohl direkte als auch indirekte Gegenvorschläge spielen in der Praxis eine wichtige Rolle als Instrumente der Vermittlung und Mäßigung.

Entgegenkommende und damit entweder eine Volksabstimmung erübrigende oder den Ausgang durch ein kompromisshaftes Alternativangebot beeinflussende Reaktionen des repräsentativdemokratischen Systems auf mehr oder weniger weit gediehene direktdemokratische Entscheidungsprojekte, einschließlich förmlicher Gegenvorschläge, sind auch in den deutschen Ländern möglich.[307] In der Praxis kommt es hier ebenfalls häufig zu Ver-

---

ges, eine abgeänderte Fassung des Initiativantrages zur Abstimmung zu stellen), Art. 83 Abs. 5, Art. 84 Abs. 2 liechtVRG (bei konkurrierenden Vorschlägen können beide bejaht werden; es wird mit einer Zusatzfrage ermittelt, welchem der Abstimmende den Vorzug gibt, und wenn mehr als ein Vorschlag eine absolute Mehrheit der Stimmen erreicht, werden die Stimmzettel mit einem mehrfachen Ja nur noch dem als bevorzugt angegebenen Vorschlag zugerechnet); zur Einführung durch Volksabstimmung 1987 und für ein Beispiel des Scheiterns einer Veränderung der Rechtslage wegen Aufspaltung der Befürworter auf zwei konkurrierende Änderungsvorschläge aus der Zeit davor s. Marxer 2012, S. 174.
[305] Näher dazu Seferovic 2018, S. 138 ff., Rn. 122 ff.
[306] Für ein Beispiel s.o. Text m. Fn. 271. Zu möglichen Reaktionen „der Behörden" (d.h. im Wesentlichen: von Regierung und Parlament) auf Volksinitiativen schon Werder 1978, S. 152 ff. (154: „Es ist natürlich schwierig, die Behördenreaktion in jedem Einzelfall exakt zu bestimmen [Fußnotenziffer]. Trotzdem kann zweifellos festgestellt werden, dass die Behörden bisher auf rund die Hälfte der Initiativen mit mehr oder weniger weitgehenden Konzessionen reagiert haben." Zur Frequenz indirekter Gegenvorschläge Möckli 1994, S. 284. Zum verbreiteten Zurückziehen von Initiativen aufgrund direkter oder indirekter Gegenvorschläge, die den Initianten entgegenkommen, ders. 2018, S. 94. S. auch Vatter 2020, S. 360, m.w.N.: Bei knapp der Hälfte aller Volksinitiativen komme es entweder aufgrund der Annahme der Initiative *oder aufgrund eines Gegenvorschlages* „direkt oder indirekt zu einer Änderung der Rechtsordnung, wobei in knapp einem Drittel der Fälle die Initiative zurückgezogen wird".
[307] Überblick bei Seferovic 2018, S. 154 ff., Rn. 135 ff.; s. auch ders. 2021, S. 549. Durchweg besteht die Möglichkeit, dass der parlamentarische Gesetzgeber einen Initiativentwurf übernimmt und damit einen Volksentscheid über den Entwurf verhindert (Seferovic 2018, S. 154 f., Rn. 135; S.

II.6. „Ja-Nein-Entscheidungen sind zu simpel ..." 103

handlungen zwischen den Initiatoren eines direktdemokratischen Gesetzgebungsverfahrens und Akteuren der repräsentativdemokratischen Politik und zu daraus hervorgehenden Kompromissen, die im Wege parlamentarischer Regelung umzusetzen sind und dazu führen, dass die Initiatoren auf das Weiterbetreiben des Volksgesetzgebungsverfahrens verzichten.[308] Auf der kommunalen Ebene sind Bürgerbegehren gleichfalls oft auf indirekte Weise – indem sie repräsentativdemokratische Entscheidungen beeinflussen – erfolgreich, ohne dass es zu einem Bürgerentscheid überhaupt kommt.[309]

In den USA spielen solche Erscheinungsformen der Koexistenz direktdemokratischer und repräsentativdemokratischer Elemente eines politischen Systems dagegen, im Einklang mit den auch sonst eher wenig auf Verständigung und Kompromissbildung hin orien-

---

156 f. Rn. 138), wobei in einigen Ländern auch begrenzte Abweichungen im Detail zulässig sind (ebd. S. 155 f., Rn. 136). Inzwischen sind außerdem in allen Ländern Gegenvorschläge des Landesgesetzgebers zulässig. Meist wird für die Entscheidung zwischen den alternativen Entwürfen wie in der Schweiz ein Eventualstimmrecht eingesetzt (s. z.B. für Bayern Art. 76 Abs. 4 bayLWG) oder ein Mehrfachstimmrecht vorgesehen mit der Maßgabe, dass die meistbefürwortete Vorlage siegt (s. z.B. für Hamburg § 20 Abs. 2, § 23 Abs. 5 hambVAbstG); etliche Länder ermöglichen nach wie vor keine dieser beiden Lösungen und zwingen die Bürger damit, sich ausschließlich für einen der konkurrierenden Entwürfe zu entscheiden (näher Seferovic 2021, S. 549; ders. 2018, S. 156, Rn. 137). Zum Umgang mit etwaigen konkurrierenden Vorschlägen für kommunale Bürgerentscheide im Recht der deutschen Länder Seybold 2021, S. 374 ff.
[308] S. z.B. für das mit den Initiatoren ausgehandelte Entgegenkommen, dessentwegen in Berlin das Volksbegehren „Kitakinder + Bildung von Anfang an = Gewinn für Berlin" nicht weiterverfolgt wurde, Solar 2016, S. 292 ff., 324; für ähnliche – (nur) zu einem kleinen Teil durch Regierungswechsel bedingte – Fälle der faktischen Erledigung durch Entgegenkommen in Hamburg ebd. S. 335 f., 340 f., 349 f., 351 f., 356 f., 360 ff., 369 f., 372 ff., 388 f., 390, 391 f., 396 sowie, für den Fall einer umstrittenen Erledigungswirkung, S. 354 f.; für Kompromissangebote im Zusammenhang mit der Berliner Volksabstimmung über die Nichtbebauung des Tempelhofer Felds Solar 2016, S. 313 ff. (dass die Bürger diese Kompromissangebote letztlich nicht angenommen, sondern für die gänzliche Nichtbebauung gestimmt haben, ändert nichts daran, dass das Beispiel die Unrichtigkeit der These illustriert, direkte Demokratie sei gewissermaßen konstitutionell deshalb kompromissunfähig, weil den Bürgern nicht mehr als ein „Ja" oder „Nein" angeboten werden könne); für eine ähnliche Konstellation beim Hamburger Volksentscheid „Unser Hamburg – Unser Netz" ebd. S. 381 ff. Zahlreiche Beispiele für „indirekt" erfolgreiche direktdemokratische Verfahren auf Länderebene in den länderspezifischen Aufstellungen bei Möller 2019, S. 49 ff.; s. auch Seferovic 2021, S. 549 f. sowie allg. Schuler-Harms 2013, S. 426 m.w.N. (zur Möglichkeit der Verständigung); Decker 2021, S. 24 (in der Praxis werde „das Gros der Volksinitiativen und -begehren bereits während des Verfahrens durch Kompromisse mit dem Parlament zum Erfolg geführt").
[309] Näher Mehr Demokratie e.V. 2020, S. 7, 23 f.

tierten Rechtstraditionen des Landes,[310] nur ganz am Rande eine Rolle. Die Parlamente sind zwar rechtlich nicht gehindert, Volksinitiativen von vornherein mit eigenen Beschlüssen entgegenzutreten, die die Initiative überflüssig machen oder ihr den Wind aus den Segeln nehmen sollen. Zum Teil besteht auch die Möglichkeit, den Bürgern eine Alternative zur Abstimmung zu unterbreiten. In der Praxis geschieht das aber selten, unter anderem weil die Zeit dafür häufig zu knapp ist und nicht einmal Vorkehrungen dafür getroffen sind, dass angesichts der oft zahlreichen zeitgleich anliegenden Abstimmungen auf der langen, erratisch angeordneten Liste der Abstimmungsgegenstände überhaupt erkennbar wird, dass zwei davon zueinander im Verhältnis von Vorschlag und Gegenvorschlag stehen. Verhandlungen mit den Initianten, die auf einen parlamentarisch umzusetzenden Kompromiss zielen, finden kaum statt, weil in den meisten US-Staaten eine einmal lancierte Initiative nicht mehr zurückgezogen werden kann und solche Verhandlungen daher das Ziel, die Volksabstimmung entbehrlich zu machen, nicht erreichen können.[311] Außerdem fehlt es aufgrund der Verfahrensausgestaltung an der für die Aushandlung von Kompromissen nötigen Zeit.[312] Wegen dieser nicht gegebenen Verschränkung der direktdemokratischen mit den repräsentativdemokratischen Elementen des politischen Systems in den USA spricht Stefan Vospernik von einer hier vorliegenden „unvermittelten" Form direkter Demokratie.[313] Ausreichender Vorbereitung der Bürger und dem intensiven Kommunikatonsprozess, von dem die günstigen Wirkungen direktdemokratischer Verfahren in hohem Maß abhängen, steht in den USA zudem auch die oft viel zu große Anzahl der Vorlagen entgegen, über die an ein und demselben Termin zu entscheiden ist.[314]

Nicht überall, wo Volksinitiativen möglich sind, sind Gegenvorschläge überhaupt zugelassen. In Ungarn hat das Verfassungsgericht sie sogar im Wege der Verfassungsauslegung für ausgeschlossen erklärt.[315]

Zur politischen Tradition der Schweiz gehört es auch, dass bei

---

[310] S.o. Text m. Fn. 143.
[311] Seferovic 2018, S. 147 f., Rn. 129 f. (s. auch ders. 2021, S. 549); Möckli 2018, S. 155; s. auch bereits ders. 1994, S. 345. Zum Umgang mit konkurrierenden Initiativen zum gleichen Gegenstand *aus der Bürgerschaft* Seferovic 2021, S. 544.
[312] Seferovic 2021, S. 543, und, auch zur Bedeutung dieses Gesichtspunkts für die integrative Leistungsfähigkeit direktdemokratischer Entscheidungsverfahren, Gross 2002, S. 336 ff.
[313] Vospernik 2014, S. 119 f.; ähnlich für die kalifornische Ausgestaltung Landemore 2020, S. 195.
[314] S.o. Fn. 209.
[315] Komáromi 2014, S. 235; s. auch Pállinger 2014.

II.6. „Ja-Nein-Entscheidungen sind zu simpel ..."

Initiativen, die erhebliche Unterstützung finden, die nötige Mehrheit aber doch verfehlen, das Parlament den Initianten häufig mit anschließender parlamentarischer Gesetzgebung ein Stück weit entgegenkommt und auf diese Weise einen Kompromiss zwischen Mehrheit und Minderheit *ex post* realisiert.[316] Einer älteren Veröffentlichung zufolge reagieren auf nicht zur Annahme gelangte Initiativen in drei Vierteln aller Fälle Regierung und Parlament mit Konzessionen an die Initianten.[317] Auch in den USA kommt, wenngleich deutlich seltener, diese Art der indirekten Wirkung direktdemokratischer Entscheidungen vor.[318]

In der Schweiz hat außerdem gerade die Existenz eines praktisch nutzbaren, also nicht mit zu hohen Hürden versehenen direktdemokratischen Instrumentariums, das es den Bürgern erlaubt, gegen parlamentarisch beschlossene Gesetze ein Veto einzulegen, zur Herausbildung einer politischen Kultur des Kompromisses und der Kollegialität („Konkordanzdemokratie") beigetragen, indem es den jeweiligen repräsentativdemokratischen Mehrheiten nahelegt, Verständigung mit denen zu suchen, die sich im Fall der Vernachlässigung ihrer Interessen veranlasst sehen könnten, gegen das repräsentativdemokratisch Beschlossene mit direktdemokratischen Mitteln vorzugehen, und denen entgegenzukommen, die diesen Weg bereits beschritten haben.[319] Ähnliche Zusammen-

---

[316] Beispiele bei Sigg 1978, S. 284; Feld / Kirchgässner 2000, S. 288 f. Verfahren der Kompromissbildung *ex post* sind auch in anderen Formen denkbar; s. z.B. für den verfassungspolitischen Vorschlag, für den Fall knapper Abstimmungsergebnisse verbindlich ein „Konsensverfahren" mit anschließender erneuter Abstimmung vorzusehen, Frey 2016a; kritisch dazu unter dem Gesichtspunkt, dass das schweizerische System der direkten Demokratie schon ganz unabhängig von diesem Vorschlag auf Kompromissfindung ausgerichtet sei, Neuhaus 2021.

[317] Möckli 1994, S. 345; der Satzabfolge nach bezieht die zitierte Aussage sich auf „Abgelehnte, zurückgezogene und nicht zustandegekommene Initiativen".

[318] Für ein bemerkenswertes Beispiel s. Möckli 1994, S. 284, m.w.N.: Nachdem die *Proposition 15*, die sich gegen den Bau eines Atomkraftwerks richtete, per Volksabstimmung abgelehnt worden war, beschloss das Parlament u.a. so scharfe Sicherheitsbestimmungen für Kernkraftwerke, dass das umstrittene Werk schließlich nicht gebaut wurde, da es als nicht mehr rentabel galt.

[319] Grundlegend Neidhart 1970, S. 21 ff. u. passim; für diesen unbestrittenen Zusammenhang s. auch Bühlmann 2020, S. 9; Vatter 2020, S. 366 ff.; Möckli 2018, S. 146 f.; Solar 2016, S. 58; Linder / Mueller 2017, S. 59, 299, 319, 363 ff., 382 f.; Milic / Rousselot / Vatter 2014, S. 110. Die auffälligste Erscheinungsform der Schweizer Konkordanzdemokratie ist die systematische Einbindung der wichtigen Parteien in die Regierung (den Bundesrat) unabhängig davon, ob diese Einbindung nach den parlamentarischen Mehrheitsverhältnissen für eine Regierungsbildung nötig wäre. Dieser Usus hat sich im Lauf der Zeit in Reaktion auf die sukzessive Ausweitung der Volksrechte entwickelt, s. statt vieler Möckli 2018, S. 147;

hänge zwischen direktdemokratischen Institutionen und konsensorientierter Funktionsweise der repräsentativdemokratischen Institutionen sind in einigen anderen Ländern zu beobachten, in denen direktdemokratische Entscheidungen durch Minderheiten- oder Volksinitiativen in Gang gesetzt werden können, nicht aber in den USA,[320] weil dort die institutionelle Ausgestaltung nicht kompromiss- und konsensfördernd angelegt ist.[321]

„Die Referendumsdemokratie bedingt eben den Kompromiss", hieß es schon Mitte des vorigen Jahrhunderts im damaligen Standardwerk zum schweizerischen Bundesstaatsrecht.[322] Oft wird gerade die indirekt kompromissfördernde Wirkung direktdemokratischer Entscheidungsmöglichkeiten – oder spezieller Varianten davon – zu den Nachteilen der direkten Demokratie gezählt, weil damit der für repräsentativdemokratische Politik konstitutive Gegensatz von Regierung und Opposition verwässert werde.[323] Zur Kritik am angeblich Kompromisswidrigen der direktdemokratischen Institutionen passt das nicht.

Auch bei diesem Thema begegnet man der Merkwürdigkeit, dass direktdemokratische Entscheidungsverfahren heute mit genau entgegengesetzten Annahmen über ihre voraussichtlichen Wirkungen bekämpft werden wie früher. Beklagt man heute ihre mangelnde Kompromissbildungseignung, so war im neunzehnten Jahrhundert sozialistischen Theoretikern gerade ihre kompromissfördernde, entpolarisierende Tendenz ein Dorn im Auge. Karl Kautsky warnte davor, dass direkte Demokratie die Verständigung fördere, während es für das Klassenziel der Diktatur des Proletariats doch gerade auf die Zuspitzung der Klassengegensätze und damit der Parteiengegensätze ankam: Direkte Volksgesetzgebung habe die Tendenz, „die Scheidung der Bevölkerung in Parteien zu hemmen, nicht zu fördern"; sie schlage „immer wieder neue Brücken zwischen den nach verschiedenen Richtungen auseinander-

Schmidt 2019, S. 363; zur Veränderung der Formel für die parteipolitische Zusammensetzung des siebenköpfigen Bundesrates in Reaktion auf starke Zuwächse der SVP bei den Nationalratswahlen Schommer 2014, S. 157.
[320] Leeman / Stadelmann-Steffen 2022, S. 98. Für die Annahme, dass auch in den USA der repräsentativdemokratische Prozess durch die Existenz direktdemokratischer Instrumente indirekt in Richtung auf mehr Konsenssuche beeinflusst wird, s. Altman 2019, S. 148 mit Rekurs auf die (rein modelltheoretische) Arbeit von Gerber / Lupia 1995.
[321] S. für die Ausgestaltung der direktdemokratischen Instrumente o. Text m. Fn 310 ff.
[322] Giacometti / Fleiner 1949, S. 764.
[323] S. z.B. Müller-Franken 2012, S. 56; speziell mit Bezug auf Volksgesetzgebungsverfahren Decker 2016, S. 155 ff. Vgl. dagegen die auf Analysen für 21 EU-Staaten gestützte Feststellung, dass direkte und repräsentative Demokratie sich insoweit gerade im Sinne wechselseitiger Verbesserung ihres Funktionierens ergänzen, Vospernik 2018a, S. 144.

gehenden Parteien", mindere die Geschlossenheit innerhalb der Parteien, habe „die Tendenz, das Interesse von den prinzipiellen Fragen abzulenken", und sei damit der notwendigen Entwicklung des Klassenbewusstseins abträglich.[324] Kompromissförderung durch die Möglichkeit von Gegenvorschlägen und den Anreiz zu entgegenkommender parlamentarischer Gesetzgebung ist allerdings ein Spezifikum direktdemokratischer Entscheidungsverfahren, die aus Volksinitiativen oder Initiativen parlamentarischer Minderheiten hervorgehen. Im international weit verbreiteteren Modell der *top-down* – seitens des Staatsoberhaupts, der Regierung oder einer regierungstragenden Parlamentsmehrheit – anberaumten Referenden sind dagegen Regierungs- oder Parlamentsbeschlüsse, die der zur Abstimmung gestellten Frage eine differenzierende, Auswahl ermöglichende oder durch Entgegenkommen den Wind aus den Segeln nehmende Alternative entgegensetzen, naturgemäß nicht zu erwarten. Spitzenorgane der Exekutive können, vor allem in Präsidialsystemen, die Möglichkeit, nach eigenem Gusto Volksabstimmungen zu veranlassen, im Gegenteil gerade dazu nutzen, einer im parlamentarischen Verfahren unvermeidlichen Kompromissbildung auszuweichen. Das ist einer der vielen Gründe, die gegen die nach politischem Gutdünken *top-down*-initiierten Varianten direktdemokratischen Entscheidens sprechen. Insofern hat *hier* der Vorwurf tendenzieller Kompromisswidrigkeit durchaus eine Berechtigung.[325] Volksinitiierte oder von parlamentarischen Minderheiten initiierte Abstimmungen trifft er aber gerade nicht.

7. „Direkte Demokratie gefährdet Minderheiten"

Zu den tradierten Vorbehalten gegen direkte Demokratie gehört, dass sie in undemokratischer Weise Minderheitsanliegen begünstige.[326] Heute ist die umgekehrte Kritik weitaus verbreiteter: Direkte Demokratie sei für Minderheiten besonders riskant.[327] Soweit da-

---

[324] Kautsky 1893, S. 133 f. (wörtliche Zitate S. 133; es folgen Differenzierungen, die aber an der Ablehnung einer direkten Volksgesetzgebung unter den in Deutschland gegebenen Verhältnissen nichts ändern).
[325] S. auch Heußner 2021, S. 67; ders. 2021b S. 67.
[326] Dazu (kritisch) Wittreck 2005, S. 174, m. zahlr. w.N.
[327] Slupik 1987, S. 298 (aus diesem Grund für die Beschränkung von Möglichkeiten des Volksentscheids auf Referenden, mit denen ein Veto gegen parlamentsbeschlossene Gesetze eingelegt werden kann); Papadopoulos 1998, S. 183 f.; Sartori 2006/1997, S. 128 (wiederum für die von ihm so genannte „Referendumsdemokratie" auf der Grundlage eines Zerrbildes davon, s.o. Fn. 296); Christmann 2012, S. 53 f.; Mayer 2017, S. 63 ff.; Merli 2020, S. 199 ff., mit Gestaltungsvorschlägen zur Minimierung des Risikos,

bei nach Ausgestaltungen differenziert wird, trifft dieser Vorwurf besonders Volksabstimmungen, die durch Volksinitiative ausgelöst werden können.[328] Diese Einschätzung lässt sich nicht ganz trennen von der schon behandelten, die direktdemokratische Institutionen als kompromisswidrig darstellt, denn auch da soll es ja nicht zuletzt um Kompromisse zugunsten der jeweiligen Minderheit gehen. Insofern ist auf das Obige zu verweisen und noch einmal daran zu erinnern, dass auch hier wieder der Idealvergleichsfehler[329] vermieden werden muss.

Zu bedenken ist außerdem, dass direktdemokratische Entscheidungsmöglichkeiten in der hier vor allem befürworteten volksinitiierten Variante gerade Minderheiten, die ihre Belange im repräsentativdemokratischen Politikbetrieb und womöglich auch schon in der öffentlichen Diskussion nicht ausreichend wahrgenommen und gewürdigt sehen, eine Chance bieten, sich zu artikulieren und auf sich aufmerksam zu machen.[330] Man kann daher sagen, dass es sich insoweit hier funktionell um ein Minderheitenrecht handelt[331] – allerdings nicht um eines, das *ausschließlich* Minderheiten zur Verfügung steht, und auch nicht um eines, das *allen* Minderheiten zur Verfügung steht, denn die Minderheit der mangels Staatsangehörigkeit nicht stimmberechtigten Einwohner kann es nicht wirksam nutzen.

Auf die Intensivierung sachbezogener öffentlicher Diskussion, die eine mögliche und unter geeigneten Rahmenbedingungen typische Folge direktdemokratischer Abstimmungsmöglichkeit ist, wurde schon hingewiesen. Hier liegt, zumindest bei vergleichsweise günstigen medialen Kommunikationsbedingungen, eine Chance gerade für die Berücksichtigung von Minderheitsinteressen.[332] Darüber hinaus verschaffen speziell die direktde-

S. 202 ff., u.a. durch Ausschluss von Minderheitenbelangen aus dem Spektrum der zulässigen Gegenstände direktdemokratischer Entscheidung; ebenso Merkel / Ritzi 2017b, S. 247. Zur Diskussion s. auch Vatter / Danaci 2014, S. 163 ff; Fatin-Rouge Stefanini 2018, S. 371 ff., jew. m.w.N., sowie die Nachw.e in den nachfolgenden Fn. Zum Problem der Identifikation, welche Gruppen für die Zwecke dieser Diskussion als Minderheiten angesehen werden sollten, Marxer 2012, S. 170 f.; Öhlinger 2015, S. 296. Für praktische Zwecke liegt auf der Hand, dass eine sinnvolle Diskussion über etwaige besondere Diskriminierungstendenzen der direkten Demokratie geführt werden kann, ohne dass alle Abgrenzungsfragen, die sich insoweit aufwerfen lassen, abschließend beantwortet sind.
[328] Christmann 2012, S. 54 f.
[329] S.o. Text m. Fn. 66.
[330] Gross 2002, S. 333; ders. 2016/1994b, S. 58.
[331] So Ebsen 1985, S. 13; ähnlich Slupik 1987, S. 287.
[332] S. z.B. Marcinkowski / Donk 2012, S. 198 ff., 207, mit dem Befund, dass in der Schweiz die Medienberichterstattung zu den untersuchten Referenden (zwischen 1983 und 2004) über Fragen der Einbürgerung junger

II.7. „Direkte Demokratie gefährdet Minderheiten"

mokratischen Entscheidungsverfahren, die es ermöglichen, dass Gegenstände aus der Bürgerschaft heraus auf die politische Entscheidungsagenda gesetzt werden, bei geeigneter Ausgestaltung gerade Minderheiten eine Chance, für ihre Belange eine öffentliche Aufmerksamkeit zu erzeugen, die in rein repräsentativdemokratischen Systemen unter sonst gleichen Bedingungen nicht zu mobilisieren wäre.[333] Diejenigen direktdemokratischen Institutionen, die

Menschen mit Migrationshintergrund die Berichterstattung in den untersuchten Medien sachlich (*„neutral and unbiased"*) gewesen sei, was die Verfasser auf den konsensdemokratischen Charakter des schweizerischen politischen Systems, der tendenziell minderheitenfreundlich wirke, und auf eine professionalitäts- und sachlichkeitsfördernde „demokratisch-korporatistische" Verfassung des schweizerischen Mediensystems zurückführen, ebd. S. 208. Die von Marcinkowski und Donk untersuchten Referenden gingen *nicht* zugunsten erleichterter Einbürgerung aus. Im Jahr 2008 wurde dann allerdings auch die von der rechtsgerichteten SVP lancierte Initiative „für demokratische Einbürgerungen" (sog. Einbürgerungsinitiative), die darauf zielte, Einbürgerungen entgegen der Rechtsprechung des Bundesgerichts zu einer gerichtlich nicht überprüfbaren politischen Entscheidung zu machen – und so die Möglichkeit diskriminierender Ungleichbehandlungen bei Einbürgerungsentscheidungen zu erhalten – mit deutlicher Mehrheit abgelehnt, s. <https://www.bk.admin.ch/ch/d/pore/va/20080601/index.html>, Abruf 9.9.2022. Im Jahr 2017 ging die Volksabstimmung über die „erleichterte Einbürgerung von Personen der dritten Ausländergeneration" (Aufnahme des Art. 38 Abs. 3 in die Bundesverfassung) mit deutlicher Mehrheit bestätigend aus, s. <https://www.bk.admin.ch/ch/d/pore/va/20170212/index.html>, Abruf 9.9.2022. Auf diesem Gebiet haben direktdemokratische Entscheidungen die staatsangehörigkeitsrechtliche Integration Zugewanderter und ihrer Nachkommen tendenziell verzögert, dürften damit aber zugleich dazu beigetragen haben, dass die Bürger das Gefühl der Kontrolle über die Entwicklung behielten und die erfolgten Öffnungsschritte daher als von ihnen selbst mehrheitlich getragene verlässlicher akzeptiert und stabiler verankert sind, als bei repräsentativdemokratisch gegen die Überzeugungen einer Bevölkerungsmehrheit vorangetriebenen Fortschritten der Fall wäre.

[333] So auch Stutzer / Frey 2013, S. 495, m.w.N.; für eine Reihe lateinamerikanischer Staaten zur Bedeutung direktdemokratischer Entscheidungsverfahren für die Aktivierung und das Hörbarwerden historisch ausgeschlossener und benachteiligter Gruppen Lissidini 2014, S. 72 u. passim. Speziell in Bezug auf die Belange von Frauen, die nach wie vor in höherem Maß als Männer durch unbezahlte Arbeit jenseits beruflicher Pflichten in Anspruch genommen sind und für die direktdemokratisches Abstimmen als „eine zeitlich und thematisch begrenzbare Partizipationsform ein attraktives Teilhabe-Angebot" sei, Holland-Cunz 2021, S. 653. Für ein entsprechendes minderheitenfreundliches Potential auch des auf Unionsebene mit Art. 11 Abs. 4 EUV institutionalisierten Verfahrens der „Europäischen Bürgerinitiative" (EBI, die allerdings nur eine Befassungspflicht der Kommission auslöst, nicht dagegen – auch nicht im Fall ablehnender Behandlung des vorgebrachten Anliegens durch die Kommission – eine Entscheidung durch die Unionsbürger ermöglicht) Kaufmann 2012, S. 241 ff. (243). Überlegungen zur Weiterentwicklung bei Chevenal 2020, S. 130 ff. Zur EBI auch Mayer 2013, S. 147 ff.

dem Volk selbstinitiierte „Einmischung" ins politische Sachentscheidungsgeschäft erlauben, begünstigen in der Tendenz zudem die proaktive Berücksichtigung von Minderheiteninteressen auch durch ihre – Konsenssuche und Kompromissneigung begünstigenden – Rückwirkungen auf das repräsentativdemokratische System.[334]

Gerade was den Umgang mit Minderheiten angeht, zeigen Langzeitüberblicke über Volksabstimmungen in den Einzelstaaten der USA – bei insgesamt unübersichtlicher Studienlage, die auch anderslautende und relativierende Einschätzungen einschließt – nach vorherrschender Meinung allerdings, dass solche Abstimmungen wesentlich häufiger zulasten als zugunsten bestimmter Minderheitengruppen (ethnische und religiöse Minderheiten, Homosexuelle, Ausländer) ausgehen,[335] dass hier vor allem volksinitiierte Abstimmungen eine Rolle spielen,[336] und dass die Möglichkeit solcher gegen das repräsentativdemokratisch Beschlossene gerichteter Abstimmungen mittelbar auch die jeweiligen repräsentativen Institutionen entsprechend beeinflusst.[337] Nun hat es zwar in den

---

[334] Zu diesen Rückwirkungen in Richtung auf die Ausbildung konsensdemokratischer Formen s.o. Text m. Fn. 319 ff. Am wenigsten profitiert von dieser und anderen minderheitenschützenden Tendenzen der direkten Demokratie allerdings, wie schon erwähnt, die Minderheit der im Land lebenden Menschen ohne Staatsangehörigkeit, die mangels Aktivbürgerstatus nicht zu denen gehören, deren potentieller direktdemokratischer Intervention die repräsentativdemokratische Politik durch vorausschauende Berücksichtigung ihrer Interessen und Einbindung ihrer Interessenvertreter zuvorkommen müsste. Sie können allenfalls auf die allgemeinere Tendenz vernünftiger direktdemokratischer Institutionen zur Förderung eines Habitus sachorientierter und kompromissbereiter Abwägung zählen und sind im Übrigen in besonderem Maß auf den Schutz ihrer Rechte durch Gerichte (dazu noch im Folgenden) angewiesen. Silvano Möckli hat auf einen für die Lage von Minderheiten wichtigen allgemeineren Gesichtspunkt hingewiesen: „Es ist in der direkten Demokratie wichtig, dass die Mehrheitskoalitionen wechseln (in der Schweiz z.B. nicht stets die Deutsch- die Westschweizer überstimmen). Dies" – dass die Mehrheitskoalitionen wechseln und daher nicht ein bestimmter Teil der Bevölkerung systematischem Überstimmtwerden ausgesetzt ist – „wird gewöhnlich der Fall sein, wenn eine Gesellschaft stark differenziert ist und sich überlagernde Konfliktlinien bestehen." (Möckli 1994, S. 334.) Letzteres ist richtig, gilt aber, wie man schon aus den Federalist Papers lernen kann, nicht nur für die direkte Demokratie, sondern genauso für die repräsentative; zu einschlägigen Ausführungen schon in Nr. 10 und Nr. 52 der Federalist Papers (Madison) und allgemeiner zur Bedeutung sich überschneidender Konfliktlinien Lübbe-Wolff 2007, S. 127. Mit einer spezifischen Angewiesenheit und einer korrespondierenden spezifischen Gefährdung der direkten Demokratie hat man es hier also nicht zu tun.
[335] Überblicke bei Matsusaka 2020, S. 207 ff.; Fatin-Rouge Stefanini 2018, S. 374, 376 ff.; dort S. 378 f. zu relativierenden Gesichtspunkten.
[336] Zusammenfassend Fatin-Rouge Stefanini 2018, S. 374, 380.
[337] Zusammenfassend Fatin-Rouge Stefanini 2018, S. 378, 380.

II.7. „Direkte Demokratie gefährdet Minderheiten"

USA auf nationaler wie auf einzelstaatlicher Ebene zuhauf, und insgesamt in weit größerem Umfang, auch *repräsentativ*demokratisch beschlossene Gesetze zulasten der genannten Minderheiten gegeben,[338] und es gibt sie teilweise noch immer. Die Sklaverei und die nach ihrer Abschaffung fortdauernde grobe historische Diskriminierung der Afroamerikaner waren ganz auf dem Boden der repräsentativen Demokratie gewachsen. Für heute noch verbliebene erhebliche mittelbare Diskriminierungen[339] dürfte größtenteils dasselbe gelten. In vielen Fällen sind aber tatsächlich Regelungen zum Abbau diskriminierender Gesetze und zur Gleichstellung von Minderheiten – etwa Regelungen gegen Diskriminierung von Minderheiten auf dem Wohnungsmarkt, gegen die schulische Segregation nach Hautfarben und gegen Diskriminierungen wegen der sexuellen Orientierung – in den Einzelstaaten gerade an

---

[338] S. Cronin 1989, S. 93 ff., der deshalb nicht sieht, dass direktdemokratische Entscheidungen in den USA im Hinblick auf den Minderheitenschutz schlechter abschnitten als repräsentativdemokratische; ähnlich Matsusaka 2020, S. 209 f. Überwiegend lassen sich parlamentsbeschlossene unmittelbare und mittelbare Diskriminierungen in den USA auch nicht als indirekte Wirkungen vorhandener direktdemokratischer Instrumente in Gestalt antizipierter Rücksichtnahme auf minderheitenfeindliche Stimmungen in der Bevölkerung zurückführen, denn auf der nationalen Ebene wie auch in ungefähr der Hälfte der Einzelstaaten gibt es direktdemokratische Entscheidungsmöglichkeiten, die solche Rückwirkungen auslösen könnten, nicht (zu den unterschiedlichen auf der Ebene der Einzelstaaten zugelassenen Formen direktdemokratischer Entscheidung und ihrer Verbreitung s. den Überblick bei Ballotpedia <https://ballotpedia.org/Forms_of_direct_democracy_in_the_American_states>, Abruf 9.7.2022).

[339] Ein bekanntes Beispiel sind Regelungen, nach denen bestimmte Mindeststrafen für Drogenbesitz im Fall von Crack bei geringeren Mengen einsetzen als bei Kokainpulver, mit der Folge, dass die zu weit höherem Anteil weißen Konsumenten des teuren Kokainpulvers weitgehend verschont, die häufiger schwarzen Crack-Konsumenten dagegen ungleich häufiger mit harten Freiheitsstrafen sanktioniert werden. Dazu und zur Milderung – nicht aber Abschaffung – der Disparitäten durch den Fair Sentencing Act 2018 s. Congressional Research Service 2021; knapp auch Wikipedia, Art. Crack epidemic in the United States, Abschnitt Effect on African American Communities, Abruf 9.9.2022. S. auch z.B. zu gezielt ergebnisorientierten Wahlkreiseinteilungen, die nicht nur, aber besonders intensiv zugunsten der Republikanischen Partei eingesetzt werden und hier besonders die Armen sowie die nicht weißen Minderheiten benachteiligen, zu Regelungen der Identitätsüberprüfung bei Wahlen, die die gleiche Wirkung – und wohl auch die gleiche Zielsetzung – haben, und zur bestätigenden Rechtsprechung des Supreme Court Keena et al. 2021, S. 5 ff. u. passim; Cohen 2020, S. 175 ff.; Klarman 2020, S. 46 ff., m.w.N. Zu massiven Benachteiligungen der wirtschaftlich schwächeren Bevölkerungsteile – darunter wiederum weit überproportional Menschen, die nicht der weißen (Noch-)Bevölkerungsmehrheit angehören – hinsichtlich des Zugangs zu gerichtlichem Rechtsschutz wegen der immensen Kosten Tribe / Matz 2014, S. 312.

Volksabstimmungen gescheitert.[340] Das bedeutete allerdings nicht durchweg, dass die Bürger sich diskriminierungsgeneigter gezeigt hätten als die Mehrheit ihrer parlamentarischen Repräsentanten. Im Fall der häufig per Volksabstimmung abgelehnten Pläne zum *desegregation busing* zum Beispiel – der vorgegebenen Verbringung von Schülern, durch Busse, in teilweise entfernte andere als die bislang besuchten Schulen zwecks Aufhebung der schulischen Segregation nach Rassenzuschreibung[341] – war die Vorgabe in der Regel keine gesetzgeberische, sondern gerichtlich angeordnet.[342] Volksabstimmungen zum *busing* bieten auch ein Beispiel dafür, dass direktdemokratische Vetos gegen zum Schutz von Minderhei-

---

[340] Fatin-Rouge Stefanini 2018, S. 374, 377; Cronin 1989, S. 94 ff.; s. auch Heußner 2014, S. 219 ff.

[341] Ich spreche hier von Zuschreibung, weil der Begriff der Rasse, wo an Rassenzugehörigkeit Rechtsfolgen geknüpft werden, nur als für politische Zwecke konstruierter funktionieren kann. Das gilt ganz unabhängig davon, wie man zu der Frage steht, ob es Rassen überhaupt „gibt" oder, was nicht dasselbe ist, ob die Unterscheidung von Menschen nach Phänotypen oder sonstigen Merkmalen, die auf Beheimatung in, Herkunft aus oder Wurzeln in bestimmten Weltgegenden schließen lassen, unter naturwissenschaftlichen Gesichtspunkten einen vernünftigen Begriffsbildungssinn (dazu Lübbe-Wolff 1981, S. 61 ff.) hat. Denn jedenfalls ergibt der Rekurs auf die betreffenden phänotypischen oder sonstigen Merkmale (oder deren genetische Grundlagen oder Begleiterscheinungen) nicht die überschneidungsfreie Einteilung, die für eine Anknüpfung von Rechtsfolgen benötigt wird. Dementsprechend musste in den USA in der Segregations- wie in der Desegrationspolitik die benötigte Überschneidungsfreiheit der Gruppen, um die es ging, mithilfe politisch-zweckorientierter Kriterien hergestellt werden. S. zur Funktion der historischen Ein-(Bluts)Tropfen-Regel (*one-drop rule*), nach der als schwarz jede Person zählte, die auch nur einen einzigen wie weit auch immer entfernten schwarzen Vorfahren hatte, Davis 1991, S. 77 u. passim (zur Geschichte ebd. S. 33 ff., 54 ff.; zu allmählichen Modifikationen ebd. S. 8 ff.); Liebscher 2021, S. 154; zur heutigen, bei Abwesenheit einer verbindlichen Definition weitgehend auf Selbsteinordnung abstellenden Praxis Liebscher 2021, S. 262 (dies betrifft etwa Zuordnungen für statistische und *affirmative-action*-Zwecke). Die Selbsteinordnung passt zu der Annahme, das Konzept der Rasse sei überhaupt ein rein konstruiertes. Ein „Realkonzept" der Rassenzugehörigkeit liegt dagegen der Skandalisierung falscher Selbstidentifikationen zugrunde (zu den durch solche Fälle in den USA ausgelösten Identitätsdiskussionen s. etwa Wikipedia, Art. Rachel Dolezal, Abruf 9.9.2022).

[342] Zur regelmäßig gerichtlichen Anordnung des *busing* s. Wikipedia, Art. Desegregation busing, Abruf 9.7.2022. In solchen Fällen kam es typischerweise zu entsprechenden Planungen der zuständigen Städte und Kreise. Diese wurden dann häufig zum Gegenstand von Volksabstimmungen. Kam es zur Ablehnung, blieb dem Richter, der das *busing* zunächst *in abstracto* angeordnet hatte, die Möglichkeit, seiner Anordnung mittels eines eigenen konkretisierenden Plans zur Durchsetzung zu verhelfen, s. exemplarisch o. Verf. 1989; weitere Beispiele von gegen das *busing* ausgegangenen Volksabstimmungen bei Erikson / Luttberg / Halloway 1975, S. 233, 236.

II.7. „Direkte Demokratie gefährdet Minderheiten"

ten ergriffene Maßnahmen auch Angelegenheiten betreffen konnten, über die sich trotz der minderheitenschützenden Zielsetzung mit nachvollziehbaren Gründen streiten ließ. Das *busing* wurde nicht nur von Angehörigen der weißen Bevölkerungsmehrheit abgelehnt, die mit dieser Ablehnung in weiten Teilen die Ablehnung der Desegregation als solcher camouflierte, sondern war auch unter den Angehörigen der Minderheit, der sie zugutekommen sollte, umstritten.[343] Inwiefern der direktdemokratische Widerstand gegen das *busing* als Exempel einer auf dem Rücken von Minderheiten ausgetragenen Mehrheitspolitik zu gebrauchen ist, bedürfte daher näherer Untersuchung. Teilweise ähnliche Einwände sind gegen die Einstufung von überwiegend ablehnend ausgegangenen Volksabstimmungen gegen *low-income housing projects* als Beispiele dafür, dass direktdemokratische Entscheidungen minderheitenfeindlicher ausfallen als repräsentativdemokratische, geltend gemacht worden.[344]

Wenn direktdemokratische Entscheidungen tatsächlich eine Bedrohung für Minderheiten darstellten, müsste man erwarten, dass gerade Minderheiten besonders wenig von ihnen halten. Das ist aber jedenfalls hinsichtlich der ethnischen Minderheiten selbst in Kalifornien, das von allen US-Staaten den häufigsten Gebrauch von direktdemokratischen Entscheidungsverfahren macht, nicht der Fall, obwohl diese Verfahren dort, wie überhaupt in den USA, weniger mäßigungs- und kompromissfördernd ausgestaltet sind als etwa in der Schweiz oder in den deutschen Bundesländern.[345]

---

[343] Nach Cronin 1989, S. 93 f., wurde die Abschaffung einiger dieser Maßnahmen auch in Wohnbezirken dieser Minderheit unterstützt. Zur Ablehnung des *busing* in Teilen der afroamerikanischen Bevölkerung und zu den Gründen ausführlich Delmont 2016, S. 168 ff. u. passim; s. auch Wikipedia, Art. Desegregation busing, Abruf 9.7.2022. Aktuell ist der prominenteste afroamerikanische Vertreter einer solchen ablehnenden Haltung der Supreme-Court-Richter Clarence Thomas, dem zufolge allen Desegregationsprogrammen eine Unterstellung schwarzer Minderwertigkeit zugrundeliegt, s. Robin 2019, S. 58, 74.

[344] Cronin 1989, S. 84, zu entsprechenden Schlussfolgerungen aus den Ergebnissen einschlägiger Volksabstimmungen von 1963 bis 1968 in Kalifornien – zehn auf örtlicher oder Bezirksebene, eine gesamtkalifornisch –, die mit nur einer Ausnahme ablehnend ausfielen: Es hätten auch andere Faktoren als die Rassenfrage eine Rolle gespielt, und vor allem fehle es an Informationen über das Vorgehen der lokalen Behörden, aus denen geschlossen werden könnte, dass die Bürger intoleranter gewesen seien als diese.

[345] S. für eine Umfrage aus dem Jahr 2011, bei der Angehörige der größten ethnischen Gruppen (*Asian / Black / Latino / White*) die Institution der *statewide ballot propositions* bewerten sollten, Matsusaka 2020, S. 201 f. In allen vier Gruppen war der Anteil der „*Good*"-Antworten höher als der der „*Bad*"- oder der „*No difference*"-Antworten. Die Anzahl der positiven Bewertungen war zwar unter den Weißen – genauer: den nicht aus Lateinamerika stammenden Weißen, die in Kalifornien schon damals nicht mehr

In der Schweiz hat es, wie oben schon besprochen, einige kritikwürdige Volksentscheide gegeben, die religiöse Minderheiten oder Ausländer betrafen. Insgesamt fallen Volksentscheide dort deutlich häufiger zulasten als zugunsten von Minderheiten aus; besonders der *Ausbau* der Rechte von Ausländern wird häufig abgelehnt.[346] Im Übrigen herrscht aber die Bereitschaft vor, parlamentarisch beschlossene Verbesserungen der Position von Minderheiten zu akzeptieren, und was die Achtung des Völkerrechts im Umgang mit Minderheiten angeht, haben die Bürger sich lernwillig gezeigt.[347] Insgesamt fällt die Bilanz für die Schweiz deutlich günstiger aus als für die USA.[348] Das deutet darauf hin, dass auch hinsichtlich des Umgangs mit Minderheiten die dialog- und kompromissorientiertere, weniger polarisierungsträchtige Ausgestaltung der schweizerischen im Vergleich zu den US-amerikanischen direktdemokratischen Verfahren Wirkung entfaltet.

Eine Untersuchung minderheitenbezogener Volksabstimmungen in europäischen Demokratien im Zeitraum 1990 bis 2015, unter Einschluss der schweizerischen, ermittelte für Vorlagen, die „gegen die Interessen der betroffenen Minderheiten formuliert waren", in neun von 22 Fällen Erfolg, mehrheitlich – in 13 Fällen – also Misserfolg, während umgekehrt von den 17 Vorlagen, die auf eine „Ausweitung von Minderheitenrechten" zielten, nur vier angenommen wurden, 13 also ohne Erfolg blieben.[349] Für die Frage der Spezifik direktdemokratischer Verfahren – verglichen mit dem, was repräsentativdemokratische Entscheidung ergeben hatte, hätte oder würde – lässt sich allerdings mangels Angaben zu den Urhebern der Vorlagen, die dazu systematisch ausgewertet werden müssten, aus diesen Befunden keine Erkenntnis gewinnen. Auch liefert bloße „pro Minderheit-" versus „contra Minderheit-" Statis-

---

die Bevölkerungsmehrheit stellten – am höchsten (*White*: 60 %; *Black*: 58 %, *Latino*: 56 %, *Asian*: 50 %), die Anzahl der negativen Bewertungen aber bei den Bevölkerungsgruppen mit afrikanischen, asiatischen und lateinamerikanischen Wurzeln am niedrigsten (*Black*: 8 %, *Asian: 11 %, Latino: 11 %, White: 16 %*). Ein klarer Zusammenhang der Bewertungen mit der Größe bzw. Kleinheit der Gruppen ist nicht erkennbar; so beurteilte z.B. gerade die mit Abstand kleinste der genannten Bevölkerungsgruppen (*Black*) die direktdemokratischen Entscheidungsmöglichkeiten zu einem besonders kleinen Anteil kritisch.

[346] Vatter / Danaci 2014, S. 166 ff. (170). Zur Empirie des Umgangs mit Minderheiten s. auch Vatter 2020, S. 380 f.; näher zum Umgang mit Minderheiten in Volksabstimmungen auf kantonaler und Bundesebene in der Schweiz anhand der Volksabstimmungen der Jahre 1963 bis 2007 Danaci 2012, S. 158 ff., jeweils auch zu indirekten Effekten auf die parlamentarische Gesetzgebung.
[347] S. o. Text m. Fn. 162, 165.
[348] So auch Fatin-Rouge Stefanini 2018, S. 374 ff.; Möckli 2018, S. 168.
[349] Geißel / Krämling / Paulus 2020, S. 173 ff. (175).

II.7. „Direkte Demokratie gefährdet Minderheiten"

tik ohne nähere Information zu den jeweiligen Inhalten und Kontexten kaum eine vernünftige Basis für inhaltliche Bewertungen.[350] Die Verfasser der Studie weisen darauf hin, dass es „verschiedene Kontextfaktoren" gebe, die „die Auswirkungen der direkten Demokratie auf den Minderheitenschutz maßgeblich beeinflussen". Von Bedeutung seien unter anderem der Grad der Integration der jeweiligen Minderheit, die Einstellung („Toleranzniveau") der Bevölkerung,[351] die Ausgestaltung der direktdemokratischen Verfahren und, damit sind wir bei einem wichtigen noch nicht näher behandelten Teil der institutionellen Rahmenbedingungen, die „Verfassungskontrolle".[352]

In rechtsstaatlichen Demokratien werden Minderheiten vor Entscheidungen, die ihre Belange unzumutbar beeinträchtigen, typischerweise durch Grundrechte und Verfassungsregeln zur Wahrung von Oppositionsrechten geschützt, und es gibt in der Regel eine Verfassungsgerichtsbarkeit, die in mehr oder weniger weitem Umfang zur Durchsetzung dieser Regeln angerufen werden kann. Darüber hinaus stehen Minderheitsinteressen heute, besonders in Europa, auch unter weitreichendem völkerrechtlichen und, in der EU, unionsrechtlichem Schutz. Die Mitgliedstaaten des Europarates, nach dem Ausscheiden Russlands 46 an der Zahl, sind an

---

[350] Prinzipiell negative Bewertung von Entscheidungen oder Entwicklungstendenzen „contra-Minderheit" impliziert, dass jeder beliebige Ausbau von Minderheitenrechten richtig und jeder beliebige Reduktionsschritt falsch sei – eine offensichtlich wenig sinnvolle Prämisse. Im Fall der Minderheit der Einwohner ohne Staatsbürgerrecht („Ausländer") z.B. ist die Minderberechtigung im Verhältnis zu den Einwohnern mit Staatsbürgerrecht definierendes Statusmerkmal und wird und muss das ungeachtet inzwischen (besonders im EU-Kontext) erheblicher Annäherungen auf absehbare Zeit auch bleiben.

[351] Hier ist in Bezug auf LGBT-Minderheit(en) u.a. in Osteuropa eine Rückwärtsentwicklung zu verzeichnen, die, obwohl zur Verhinderung einer Gleichstellung in einigen Fällen auch direktdemokratische Instrumente eingesetzt worden sind (in Slowenien wurde 2012 sogar eine repräsentativdemokratisch beschlossene gesetzliche, auch das Adoptionsrecht betreffende Gleichstellung homosexueller Partnerschaften mit der Ehe per Volksabstimmung mit deutlicher Mehrheit verworfen), ihre wesentliche Ursache nicht in der Nutzbarkeit solcher Instrumente hat, sondern im Konservatismus der Bevölkerung in Fragen der Geschlechterordnung und in der verbreiteten ausgeprägten Homophobie, die zunehmend – meist auch seitens der jeweiligen Regierungen – durch Stilisierung zum antiwestlichen kulturellen Identitätsmerkmal befeuert werden. Zur diesbezüglichen innereuropäischen Ost-/West-Spaltung und zum Problem der Bewältigung dieser Lage in der Rechtsprechung des Europäischen Gerichtshofs für Menschenrechte Nußberger 2022; dies. / Van de Graaf i.E., Abschn. 5.

[352] So Geißel / Krämling / Paulus 2020, S. 184, als Ergebnis der Auswertung (S. 177 ff.) weniger der vorgestellten eigenen Untersuchung als vorhandener Literatur zum Thema.

die Europäische Menschenrechtskonvention gebunden und unterliegen der Rechtsprechung des Europäischen Gerichtshofs für Menschenrechte. Im Anwendungsbereich des Unionsrechts gilt darüber hinaus die Europäische Grundrechtecharta, über deren Anwendung der Europäische Gerichtshof wacht.

Unter solchen Kontrollen steht heute in der Regel auch direktdemokratisches Entscheiden.[353] In den deutschen Bundesländern wie in den Gliedstaaten der USA, wo eine allgemeine Volksgesetzgebung ebenfalls nur auf der Ebene der Einzelstaaten institutionalisiert ist, unterliegt die Vereinbarkeit von Volksabstimmungen mit höherrangigem Recht durchweg gerichtlicher Prüfung.[354] Für die Sicherung der Verfassungskonformität von Volksabstimmungen auf nationaler Ebene stünde in Deutschland mit dem Bundesverfassungsgericht ein Gericht zur Verfügung, das verfassungswidriger Volksgesetzgebung Grenzen setzen könnte und müsste.[355] Auch der Vorrang des Unionsrechts, der nicht durch nationale Volksgesetzgebung ausgehebelt werden kann, unterläge gerichtlicher Kontrolle, und durch entsprechende verfassungsrechtliche Regelung könnte und sollte festgelegt werden, dass auch das geltende Völkerrecht für direktdemokratische Entscheidungen eine Grenze bildet.[356]

---

[353] S. z.B. für Deutschland, die USA und die Schweiz nachfolgend im Text; für Frankreich Roche 2012b, S. 190; für Liechtenstein Marxer 2012, S. 169; für Österreich Eberhard 2019, S. 63; für zahlreiche osteuropäische Länder Fantin-Rouge Stefanini 2018, S. 381. Die Möglichkeiten der Auslösung der gerichtlichen Kontrolle sind dabei im Einzelnen unterschiedlich ausgestaltet.

[354] Näher u. Fn. 359.

[355] Dreier / Wittreck 2010, S. 32; Heußner 2021, S. 76. Gemäß Art. 79 Abs. 3 GG, der änderungsfeste Verfassungsinhalte festschreibt, beträfe das nicht nur einfachgesetzliche, sondern auch verfassungsändernde Volksgesetzgebung. Zum Sonderfall einer Verfassungsablösung gemäß Art. 146 GG, für den die Reichweite der Anwendbarkeit der für Verfassungsänderungen geltenden Beschränkungen des Art. 79 Abs. 3 GG nicht abschließend geklärt ist, o. Fn. 2. Speziell zur Grundrechtsbindung (auch) der direktdemokratischen Gesetzgebung und zu deren verfassungsgerichtlicher Kontrolle Hartmann 2005, S. 98 ff., 131 ff., 170 ff.

[356] Heußner 2021, S. 77 f. Hinsichtlich der Vereinbarkeit mit Unionsrecht wäre die gerichtliche Kontrolle volksbeschlossener Gesetze nicht einmal beim Bundesverfassungsgericht monopolisiert; auch andere Gerichte hätten solche Gesetze bei Unvereinbarkeit mit dem Unionsrecht ohne weiteres außer Anwendung zu lassen. Hinsichtlich des Völkerrechts wäre in Deutschland eine entsprechende verfassungsrechtliche Regelung notwendig, da völkerrechtliche Verträge gemäß Art. 59 Abs. 2 GG durch das jeweilige Zustimmungsgesetz nur im Rang eines einfachen Gesetzes gelten, was nach der Rechtsprechung des Bundesverfassungsgerichts zur Folge hat, dass nachfolgende Gesetzgebung – sofern diese Regelung im Fall der Einführung direktdemokratischer Gesetzgebungsverfahren einschließlich nachfolgender Volksgesetzgebung unverändert bliebe – vorrangig und von

II.7. „Direkte Demokratie gefährdet Minderheiten"

In der Schweiz, wo auf eidgenössischer Ebene eine Verfassungsgerichtsbarkeit mit der Kompetenz, Gesetze und Volksentscheidergebnisse auf ihre Verfassungsmäßigkeit zu prüfen, nicht existiert, hat das Bundesgericht am Beispiel der erfolgreichen, in Teilen aber verfassungsrechtlich problematischen und völkerrechtswidrigen Ausschaffungsinitiative eine Methode der Auslegung entwickelt, die es im Regelfall erlaubt, verfassungs- und völkerrechtswidrige Abstimmungsergebnisse zurückzustutzen.[357]

Verfassungsgerichte, und damit auch deren minderheitenschützende Rolle, können, ebenso wie der Respekt vor Völkerrecht, Unionsrecht und der Rechtsprechung transnationaler Gerichte,

den Gerichten nicht am (älteren) Völkervertragsrecht zu messen wären, s. BVerfGE 141, S. 1 (20 ff., Rn. 49 ff.). Nicht ausgeschlossen werden sollten allerdings Volksabstimmungen über die Nutzung bestehender Möglichkeiten der Kündigung völkerrechtlicher Verträge.

[357] Bundesgericht, Urteil vom 12. Oktober 2012, 2C_828/2011, BGE 139 I 16 (dort S. 23 ff.; zur einschlägigen Rechtsprechung des EGMR S. 20 f.); Die Auslegung der mit der Annahme der Ausschaffungsinitiative in die Verfassung gelangten Verfassungsbestimmung hat nach der Entscheidung des Bundesgerichts nicht ausschließlich den Willen der Initianten zu berücksichtigen, sondern muss dem Gesamtkontext der Verfassung Rechnung tragen, und in Abwesenheit einer entgegenstehenden Kollisionsregel hat eine durch Volksentscheid in die Verfassung gelangte Bestimmung keinen Vorrang vor anderen Verfassungsbestimmungen, auch nicht vor früher erlassenen (wie dem u.a. die Maßgeblichkeit des Völkerrechts anordnenden Art. 190 schweizBV). Zu den entstehenden Fragen der „Koordination von Verfassungsrecht im Widerspruch" Ehrenzeller 2020, S. 80, Rn. 130 ff. u. passim. Zur ex-ante-Prüfung der Vereinbarkeit von Volksinitiativen mit zwingendem Völkerrecht durch die Bundesversammlung s. Art. 139 Abs. 3 schweizBV; näher Seferovic 2018, S. 218 f., Rn. 199 f. (zu Vorabprüfungen für die kantonale Ebd. S. 223 ff., Rn. 205 ff.) sowie, zur faktisch eingeschränkten Prüfungspraxis, Mitic / Rousselot / Vatter 2014, S. 63 f. Für die verbreitete Forderung der Ergänzung des schweizerischen Systems der direkten Demokratie um eine (nicht notwendigerweise spezialisierte) Verfassungsgerichtsbarkeit gerade aus Gründen des Minderheitenschutzes s. statt vieler Danaci 2012, S. 154, 162; Gross 2016/2015b, S. 257 f. (für eine gerichtliche Vorabkontrolle von Volksinitiativen auch ders. 2016/2011b, S. 251 f.); ebenso wohl Vatter 2020, S. 394; kritisch zu einer stärkeren Rolle der Justiz dagegen Möckli 2018, S. 77 ff. Für die Schweiz stellt sich hier zwar das Problem, dass Volksinitiativen auf Bundesebene nur als Verfassungsinitiativen zulässig sind, ein im Wege der Volksinitiative beschlossenes Gesetz also Verfassungsrang hat und die Normen der Bundesverfassung, u.a. die Grundrechte, daher ihnen gegenüber kein höherrangiges Recht darstellen. Ob die dargestellte Herangehensweise des Bundesgerichts über diese Schwierigkeit durchweg hinweghelfen würde, erscheint zweifelhaft. Im Hinblick darauf, dass das Bundesgericht eine Kontrolle am Maßstab des Völkerrechts – und damit u.a. an dem der Europäischen Menschenrechtskonvention – bereits aktiviert hat, stellt sich dennoch die Frage, ob eine darüber hinausgehende Transformation dieses Gerichts zu einem Verfassungsgericht gerade aus Gründen des Minderheitenschutzes wirklich erforderlich ist.

118 II. Vorbehalte gegen direktdemokratische Entscheidungen

unter die Räder kommen. Dass das sogar in Mitgliedstaaten der EU möglich ist, illustriert besonders nachdrücklich die Entwicklung der letzten Jahre in Polen,[358] die allerdings nicht auf das Konto direkter Demokratie geht. Funktionsfähige Verfassungsgerichte aber sind in der Lage, auch direktdemokratischen Entscheidungen Grenzen zu setzen, und tun das in der Praxis auch.[359] Wenn sie da-

---

[358] S. für das polnische Verfassungsgericht und, allgemeiner, die polnische Justiz Sadurski 2019, S. 58 ff.; zu verschiedenen die politische Indienstnahme des Verfassungsgerichts betreffenden Details Lübbe-Wolff 2022b, S. 62, 189, 293 f., 393 f., 636.

[359] In diesem Sinne auch Schünemann 2017, S. 40 f. Im Einzelnen kommt es auch hier auf die Ausgestaltung an. Die wichtigste Frage ist dabei, ob die inhaltliche gerichtliche Kontrolle des Abstimmungsgegenstandes obligatorisch oder zumindest potentiell schon *ex ante* stattfindet oder prinzipiell erst nachdem die jeweilige Volksabstimmung stattgefunden hat. Die Durchsetzung verfassungsrechtlicher Grenzen der Volksgesetzgebung fällt naturgemäß leichter, wenn die verfassungsgerichtliche Prüfung *vor* vollendeter Entscheidung einsetzt, s. dazu Steiner 2000, S. 9, 11; Decker 2016, S. 154; aus diesem Grund für eine Vorabkontrolle Neumann 2009, S. 818; für eine zumindest mögliche, *ex-post*-Kontrollen nicht ausschließende verfassungsgerichtliche Vorabkontrolle Heußner 2021, S. 78. In den deutschen Bundesländern ist eine gerichtliche Vorabprüfung regelmäßig entweder vorgeschrieben oder möglich für den Fall, dass die übliche behördliche Vorprüfung einen Verstoß gegen höherrangiges Recht bzw. diesbezügliche begründete Zweifel ergibt; die vorprüfende Stelle muss dann entweder die Sache unmittelbar dem Verfassungsgericht vorlegen oder kann selbst die Zulassung des Volksbegehrens ablehnen, wogegen dann die Initiatoren Rechtsschutz vor dem jeweiligen Verfassungsgericht suchen können (Seferovic 2021, S. 545 ff.; Kaiser 2020, S. 207; Kuoni 2015, S. 197 ff.; Mann 2010, S. 89 ff.). S. etwa zum bayerischen Modell einer Vorabprüfung durch das Staatsministerium des Innern, das, wenn es die Zulassungsvoraussetzungen für ein Volksbegehren für nicht gegeben hält, eine Entscheidung des Verfassungsgerichtshofs herbeizuführen hat, Art. 64 Abs. 1 Satz 1 bayLWG; zur Möglichkeit der gerichtlichen *ex-ante*-Prüfung in Hamburg § 26 hambVAbstG; komplexere Regelungen in Berlin, §§ 17 Abs. 2 ff. berlAbstG. Unabhängig von der Möglichkeit gerichtlicher Vorabprüfung kann es u.U. auch noch zu nachträglichen gerichtlichen Entscheidungen kommen, s. für Beispiele Weixner 2002, S. 257 ff. Zur gerichtlichen Vorabprüfung abrogativer Referenden in Italien Steiner 2000, S. 11; Hornig / Steinke 2017, S. 75; jüngstes Beispiel: Nichtzulassung eines Referendums über die Zulassung aktiver Sterbehilfe, Corte Costituzionale, Sentenza 50/22 v. 15.2.2022 (auf den Webseiten des Gerichts per Suchwort „*omicidio*" auffindbar). In der Schweiz gibt es eine formelle Zulässigkeitsprüfung angemeldeter Initiativen durch die Bundeskanzlei, gegen deren Bescheide negativenfalls das Bundesgericht angerufen werden kann (näher Seferovic 2018, S. 216 f.). Außerdem werden Initiativen von der Bundesversammlung vorgeprüft; über die Wahrung der Grundsätze der Einheit der Form und der Materie hinaus schließt diese Prüfung nach Art. 139 Abs. 3 schweizBV aber nur die Vereinbarkeit mit zwingendem Völkerrecht ein (dazu und zur Auslegung Möckli 2018, S. 77; Seferovic 2018, S. 218). Einschlägige Beschlüsse der Bundesversammlung sind *nicht* gerichtlich überprüfbar (Möckli 2018, S. 77; Seferovic 2018, S. 218). Zu

II.7. „Direkte Demokratie gefährdet Minderheiten"

bei möglicherweise dem Souverän gegenüber einen ausgeprägteren Sinn für das gebotene Maß an Maß an richterlicher Zurückhaltung entwickeln,[360] ist das kein Nachteil. Gerade in einem Land wie Deutschland, in dem politische Gestaltungsmöglichkeiten durch verfassungsgerichtliche Maßgaben eher übermäßig als zu wenig beschränkt sind und die Politik nicht nur – erfreulicherweise – zum Respekt vor verfassungsgerichtlicher Rechtsprechung neigt, sondern auch – unerfreulicherweise – dazu, sich hinter verfassungsrechtlichen Argumenten zu verstecken, wo Faktenanalyse, politische Diskussion und Entscheidung gefragt wären, sollte ein möglicher die richterliche Zurückhaltung fördernder Effekt direktdemokratischer Institutionen nicht als Risiko begriffen werden, sondern als Chance.

Möglichkeiten und Grenzen der bundesgerichtlichen Kontrolle s. i.Ü. o. Text m. Fn. 357. Für Überlegungen zur Reform Thürer 2014, S. 56 f. In Liechtenstein prüft das Parlament Initiativbegehren auf ihre Verfassungskonformität und erklärt sie negativenfalls für nichtig; hiergegen können die Initianten Beschwerde beim Staatsgerichtshof einlegen, Art. 70b Abs. 2, 3 liechtVRG. Unabhängig von diesem Vorprüfungsmechanismus kann eine gerichtliche Kontrolle durch den Staatsgerichtshof gegen direktdemokratisch beschlossene gesetzliche Regelungen auf den üblichen prozessualen Wegen auch *ex post* in Gang gesetzt werden. In den USA beziehen sich Rechtsstreitigkeiten über Initiativen in der Phase vor Beginn der Unterschriftensammlung häufig auf die – in vielen Staaten von den Behörden zu vergebende – Bezeichnung der jeweiligen Initiative (Seferovic 2018, S. 261 ff., Rn. 236 ff.); eine inhaltliche gerichtliche Prüfung von Initiativen findet überwiegend erst, auf entsprechende Klagen hin, *ex post* statt (näher Fatin-Rouge Stefanini 2018, S. 381 f.; Seferovic 2018, S 266 ff., Rn. 241 ff.). Zur hohen Rate gerichtlicher Kassationen direktdemokratischer Entscheidungen in den USA Gebhardt 2000, S. 22 f.; Kamps 2014, S. 465; für Kalifornien zur häufigen Aufhebung von per Volksabstimmung beschlossenen Gesetzen u.a. durch den Supreme Court Möckli 1994, S. 228 f. Eine Vorabprüfung, die verhindert, dass mit Völkerrecht oder vorrangigem nationalen Recht unvereinbare Vorlagen zur Abstimmung gelangen, empfiehlt die Venedig-Kommission, s. Venice Commission 2007, S. 21, Rn. 32 ff. (34).

[360] Für diese Annahme Morel 2018b, S. 150. Hier stellt sich die Frage, ob die Spielräume des direktdemokratischen Gesetzgebers *de jure* größer sind als die des parlamentarischen. Nach geltendem deutschen Verfassungsrecht ist diese Frage angesichts des Gleichrangs parlamentarischer und direktdemokratischer Gesetzgebung zu verneinen, s. Hartmann 2005, S. 163 ff., m.w.N. Ein die richterliche Zurückhaltung fördernder Effekt direktdemokratischer Institutionen müsste sich demnach von Rechts wegen auch auf die parlamentarische Gesetzgebung erstrecken. Dass für solche Zurückhaltung kein Maßstab zur Verfügung steht, anhand dessen Verstöße gegen ein diesbezügliches Differenzierungsverbot leicht identifizierbar wären, steht auf einem anderen Blatt.

8. „Direkte Demokratie passt nur zu kleinen Einheiten"

Zu den argumentativen Waffen im anti-direktdemokratischen Arsenal gehört die Behauptung, direktdemokratische Verfahren eigneten sich nur für die Entscheidungsfindung in kleinräumigen Verhältnissen, nicht dagegen für den modernen „Großstaat" oder die „Massendemokratie".[361]

Hier liegt ein besonders eklatanter Fall des Pauschalierungsfehlers[362] vor: Man überträgt ein Argument, das nur für die Versammlungsdemokratie zutrifft, unbesehen auf die direkte Demokratie als solche. Volksentscheide in öffentlicher Versammlung der Stimmbürger, wie sie in der Schweiz in zwei der bevölkerungs-

---

[361] Das Argument der Nichtpraktikabilität direkter Demokratie außerhalb kleinräumiger Verhältnisse hat u.a. in der Phase der Entstehung des Grundgesetzes eine Rolle gespielt. Theodor Heuss nutzte es im Parlamentarischen Rat undifferenziert, obwohl ihm bewusst war, dass es ausschließlich die Versammlungsdemokratie betraf, dazu Jung 1994, S. 283 (mit Fn. 165), 287, 290, 294; s. auch Heuss' o. Fn. 67 zitierte Äußerung. Zum Zusammenhang mit den Gedanken der Verführbarkeit des Volks durch Demagogen, wo die Untauglichkeit direkter Demokratie für die moderne „Massendemokratie" oder „Massengesellschaft" behauptet und damit das historisch gegen die Demokratie als solche gewendete Bild der irrationalen „Masse" evoziert wird, o. Fn. 67. Einen Sonderfall bildet Sartoris Annahme der Unmöglichkeit direkter Demokratie in größeren Kommunitäten (Sartori 2006/1997, S. 279 f.), die im Rahmen seiner – unzweckmäßigen – Terminologie, die nur eine in Präsenz aller Beteiligten funktionierende Demokratie als direkte gelten lässt (zu seinem davon auf unzweckmäßige Weise unterschiedenen Begriff der Referendumsdemokratie s.o. Fn. 296), fast tautologischen Charakter hat. Oft findet man die Erwägung, dass die direkte Demokratie nur für kleine Verhältnisse passe, nur andeutungsweise ausgeführt, s. z.B. bei Geppert / Wirsching 2022, S. 426, die Erwähnung des „gerne genannte[n] Beispiel[s] der Schweiz, das sich mit seiner über Jahrhunderte gewachsenen kantonal geprägten ‚direkten' Demokratie ohnehin nicht als Vergleichsfolie für eine industrielle Massengesellschaft eignet". Dem auch sonst verbreiteten Hinweis auf das in langer direktdemokratischer Tradition begründete Singuläre und Nichtübertragbare der schweizerischen direkten Demokratie ist entgegenzuhalten, dass auch in der Schweiz die direkte Demokratie auf eidgenössischer Ebene sich erst seit der Mitte des 19. Jahrhunderts schrittweise entwickelt hat – 1848 obligatorisches Verfassungsreferendum, 1874 fakultatives Referendum, 1891 Volksinitiative –, s. Bühlmann 2020, S. 12 f.; knapper Überblick zur historischen Entwicklung auch bei Kreis 2020, S. 56 f. Der Annahme, direkte Demokratie passe nur zu Kleinstaaten, korrespondierte in den *Federalist Papers* (Nr. 63, Hamilton oder Madison) die umgekehrte Annahme, es könne nicht angenommen werden, *„that any form of representative government could have succeeded within the narrow limits occupied by the democracies of Greece"*. Für die nicht weiter begründete These, in „großen Staaten" könne „das Volk nicht drei- bis viermal pro Jahr an die Urnen gerufen werden, wie das in der Schweiz der Fall ist", Neidhart 2014, S. 61.

[362] S.o. Text m. Fn. 94.

II.8. „Direkte Demokratie passt nur zu kleinen Einheiten"

mäßig kleinsten Schweizer Kantone (Appenzell-Innerrhoden und Glarus) und vereinzelt auf kommunaler Ebene bis heute praktiziert wird, sind tatsächlich nur in kleinen Kommunitäten praktikabel.[363] Für die Möglichkeit, auch in bevölkerungsreichen politischen Einheiten das repräsentativdemokratische System um Elemente direkter Demokratie zu ergänzen, besagt das nichts.[364] Zwar gibt es für vernünftige Ergänzungen dieser Art Grenzen, die daraus resultieren, dass Bürger keine Berufspolitiker sind und sein sollen, denen man sinnvoll abverlangen kann, sich ohne Unterlass politisch zu betätigen und entsprechend zu informieren. Das erfordert Vorkehrungen, die einer Überforderung und Demotivation durch zuviele Abstimmungen entgegenwirken,[365] betrifft aber kleine und große Gemeinwesen gleichermaßen.

Im Verweis auf die „Massendemokratie" klingt nicht zufällig der Horror entfesselter Menschenmengen an – die „formlose Masse, deren Bewegung und Tun eben damit nur elementarisch, vernunftlos, wild und fürchterlich wäre" (Hegel),[366] die Masse, deren Kennzeichen Erregbarkeit, Irrationalität und Lenkbarkeit durch Führer sind (Le Bon), die Hetzmeute (Canetti). Das Grauen der Lynchmobs und der Pogrome, der massenhysterischen Grausamkeiten bis hin zum Völkermord ist keine Phantasmagorie. Die

---

[363] Gründe, auch unter solchen Verhältnissen die Urnenabstimmung zuzulassen, nennt Gross 2016/2004, S. 237.

[364] Zutreffende Unterscheidung z.B. bei Schünemann 2017, S. 31 f. Das Argument der Ungeeignetheit direkter Demokratie für großräumige Verhältnisse hatte seine historische Berechtigung insofern, als eine mehr oder weniger *rein* direkte Form der Selbstregierung, in der alle oder zumindest alle wesentlichen politischen Entscheidungen direktdemokratisch getroffen werden, außerhalb einfachster Verhältnisse und sehr kleiner Kommunitäten selbstverständlich nie in Betracht kam; dazu etwa Kautsky 1893, S. 55 ff., 78, gegen das von Moritz Rittinghaus entworfene Modell einer direkten Demokratie, die die repräsentative vollkommen überflüssig machen sollte. Zur repräsentativen Demokratie als Antwort auf die Frage, wie demokratische Selbstbestimmung über *derartige Verhältnisse hinaus* ermöglicht werden kann, Vorländer 2020, S. 57 f.

[365] Für die Möglichkeit solcher Überforderung o. Fn. 209. Zu den sinnvollen Vorkehrungen, die dieser entgegenwirken, gehören nicht nur geeignete Unterschriftsquoren für Volksinitiativen. Daneben ist der Ausschluss von nach Ermessen „von oben" anberaumten Volksabstimmungen *auch* unter dem Gesichtspunkt des effizienten Umgangs mit begrenzten Ressourcen an breitem bürgerschaftlichem Engagement sinnvoll (zu weiteren Gründen o. Text m. Fn. 84). Regulierungen gegen eine Kommerzialisierung des Unterschriftensammelns (s.o. Text mit Fn. 275 f.) könnten sich unter demselben Gesichtspunkt empfehlen: Besser eine niedrige Quorumshürde für Unterschriften, die aber von engagierten Befürwortern des jeweiligen Initiativanliegens zusammengebracht werden müssen, als eine hohe, die aber leicht – und womöglich *nur* – von beliebigen finanzstarken Interessengruppen übersprungen werden kann.

[366] Hegel 1970/1821, Anmerkung zu § 303.

Weltgeschichte ist voll davon. Ein Phantasieprodukt ist dagegen die mit der Warnung vor Sachentscheidungen durch die Bürgerschaft der „Massendemokratie" assoziativ aufgerufene Vorstellung, gerade von ihnen und viel weniger im rein Repräsentativdemokratischen drohten, jedenfalls außerhalb kleiner Kommunitäten, solche Entgleisungen. Von diesem Vorurteil – nicht allerdings speziell von der romantischen Unterstellung, kleinkommunitäre Verhältnisse seien für aufgepeitschte Willkür und Grausamkeit prinzipiell weniger anfällig – war oben schon, unter anderem im Zusammenhang mit der angeblichen besonderen Demagogieanfälligkeit der direkten Demokratie, die Rede.[367] Das Volk als unorganisierte Masse ist in der Tat nicht herrschaftsfähig, schon gar nicht auf zivilisierte Weise. Die rechtsstaatliche Demokratie hat hohen Institutionalisierungsbedarf. Sie ist angewiesen auf Organisation und Verfahren, auf Regeln, die dazu angetan sind, Einzelinteressen zu kanalisieren und auf die Mühlen des Gemeinwohldienlichen zu lenken, begründetes Vertrauen aufzubauen, Missbräuchen und unzuträglichen Machtakkumulationen in Staat und Gesellschaft entgegenzuwirken, und so fort. Das alles gilt für direktdemokratische Institutionen nicht anders als für repräsentativdemokratische und für das Zusammenwirken beider.

9. „Direkte Demokratie passt nicht zur repräsentativen"

Nach verbreiteter Meinung beißen sich repräsentative und direkte Demokratie.[368] Teilweise wird dies nicht pauschal, speziell aber

---

[367] Abschn. II.2.; s. auch Abschn. II.1., zum Einfluss Le Bons auf die Entwicklung von Skepsis gegen die direkte Demokratie dort Fn. 28. Le Bon selbst befürwortete in seiner „Psychologie der Massen" – ohne sich mit der Frage direktdemokratischer Entscheidungen auseinanderzusetzen – das parlamentarische Regierungssystem als das beste, immerhin der Tyrannei Einzelner überlegene (Le Bon 2021/1895, S. 151); bei seinen Beispielen für zu Massen mit allen (im Rahmen seiner Theorie definitorischen) Irrationalitätskennzeichen transformierten Menschengruppen handelt es sich allerdings großenteils um Parlamente. Zum „Massediskurs" im Zusammenhang mit direkter Demokratie s. auch Flam / Schönemann 2014, S. 209 ff.
[368] Fraenkel 1991/1958, S. 176 („Strukturwidrigkeit von Direktgesetzgebung und parlamentarischem Regierungssystem"; zur theoretischen Grundlage s.u. Fn. 433). Für Kompatibilität nur bei – anders als in der Schweiz – eher marginaler Rolle direktdemokratischer Instrumente Möstl 2013, S. 362 ff. (362: zu einem „systemsprengenden Umschlagen der repräsentativdemokratischen Grundform" komme es, „wenn plebiszitäre Entscheidungen so gehäuft auftreten, dass sie über eine bloß exzeptionell-punktuelle Ergänzungsfunktion hinausgehend in eine Art regelmäßige Kontroll- und Mitgestaltungsfunktion hineinwachsen"); ähnlich – für die Annahme, dass dysfunktionale Dauerkonflikte zwischen parlamentarischem und direktdemokratisch artikuliertem Mehrheitswillen

II.9. „Direkte Demokratie passt nicht zur repräsentativen"

für volksinitiierte direktdemokratische Gesetzgebung angenommen.[369] Tatsächlich stellt sich die Frage, wie sich direktdemokratische Verfahren auf das Funktionieren des repräsentativdemokratischen Systems auswirken, in das sie eingefügt sind oder eingefügt werden sollen, und auch hier muss zwischen den unterschiedlichen Ausgestaltungen solcher Verfahren unterschieden werden.[370] Das betrifft mögliche günstige ebenso wie mögliche ungünstige Wirkungen.

So gilt als ausgemacht, dass direktdemokratische Instrumente die Responsivität der repräsentativdemokratischen Politik erhö-

---

bei Einführung direktdemokratischer Instrumente auf Bundesebene nur durch „möglichst restriktive Ausgestaltung (z.b. Ausschlussthemen, Finanztabu, Beteiligungshürden, Terminierung, Sammlungsformen, Abstimmungsquoren, Verbindlichkeit)" vermeidbar seien – Roth 2020, S. 76. S. auch Krings 2012, S. 20 („eine signifikante Ergänzung der repräsentativen Demokratie durch Volksentscheide" würde Störung des „dem Parlamentarismus eigenen" Verfahrens der Konsensfindung auf der Grundlage von Kompromissen bedeuten; hier überschneidet sich das Argument der Inkompatibilität – oder Vereinbarkeit nur um den Preis der Störung – mit dem weiter oben (unter II.6.) behandelten Argument, dass direkte Demokratie kompromisswidrig wirke. Zur zentralen Rolle des Arguments der strukturellen Unvereinbarkeit in den Diskussionen der Gemeinsamen Verfassungskommission über die Frage der Ergänzung des Grundgesetzes um Elemente direkter Demokratie Schwieger 2005, S. 297. Zur Brexit-Entscheidung und ihren Folgen als *„clash between direct and representative democracy of a type that had never arisen before"* Blick / Salter 2021, S. 621 ff. (622). Die Analyse von Blick und Salter bezieht sich auf Umstände, die mit den Kuriositäten der Brexit-Abstimmung (s.o. Text m. Fn. 148 ff.) zusammenhängen. Im Übrigen spricht ein „Zusammenstoß" derart, dass, wie im Fall des Brexit, Parlament und Regierung durch eine Volksabstimmung zu Entscheidungen genötigt werden, die sie mehrheitlich nicht billigen, nicht für eine Unvereinbarkeit des direktdemokratischen Entscheidungsmodus mit dem repräsentativdemokratischen. Mit Recht problematisieren die Verfasser demgegenüber die Menge der mit dem Brexit-Votum verbundenen ungeklärten Verfassungsfragen. Damit allerdings ist keine *per-se*-Inkompatibilität von direkt- und repräsentativdemokratischen Elementen des politischen Entscheidungssystems aufgezeigt (zum Sonderfall des Brexit-Votums und zu den missratenen institutionellen Rahmenbedingungen s.o. Text m. Fn. 147 ff.). Zur Unvereinbarkeitsfrage auch, verneinend, Gordon 2020, S. 237 f.

[369] S. Decker 2021, S. 25 ff., zur „Systemwidrigkeit der von unten ausgelösten Verfahren in der parlamentarischen Demokratie"; ders. 2016, S.155 f. Ähnlich bereits Jung 2001 (S. 148 ff. zu Inkompatibilitätsproblemen mit Differenzierungen hinsichtlich unterschiedlicher Ausprägungen repräsentativer und unterschiedlicher Instrumente direkter Demokratie; Deutschland betreffend, S. 279 ff., erwartet die Verfasserin speziell von der Einführung einer einfachen Gesetzesinitiative „dramatische" intentionswidrige Wirkungen, S. 287, während sie die „von oben" auszulösenden Verfahren weniger dezidiert kritisch beurteilt, S. 290 ff.).

[370] Hervorhebung der Interdependenzen, aber auch ihrer Ausgestaltungsabhängigkeit bei Schuler-Harms 2013, S. 420 ff.

hen, die politischen Amts- und Mandatsträger also enger an die Wünsche der Wähler binden, als das in einem rein repräsentativdemokratischen System der Fall ist.[371] Genaugenommen muss hier allerdings differenziert werden: Nicht in jeder Ausgestaltung hat die Ergänzung der repräsentativen Demokratie um direktdemokratische Elemente – in der hier zugrundegelegten Bedeutung des Begriffs „direktdemokratisch"[372] – diese Wirkung. Es war schon davon die Rede, dass man es vor allem dort, wo Volksabstimmungen als nach Ermessen „von oben" anberaumte vorgesehen sind, nicht mit einem Instrument der Stärkung des Einflusses der Bürger, sondern mit einem zusätzlichen Machtinstrument in der Hand der Regierenden zu tun hat, und dass auch dort, wo die Möglichkeit der Initiative „von unten" besteht, die Auswirkungen, einschließlich der Rückwirkungen auf das repräsentativdemokratische System, von der näheren Ausgestaltung abhängen.[373]

Die demgegenüber von Frank Decker vertretene These, gerade die „von unten" auslösbaren direktdemokratischen Verfahren seien in einer parlamentarischen Demokratie systemwidrig,[374] beruht auf der Annahme, dass bei ausgeprägter Nutzbarkeit solcher Verfahren nach dem Muster der Schweiz eine Verschiebung der Funktionsweise des repräsentativdemokratischen Systems hin zum Konsensdemokratischen zu erwarten sei.[375] Ein solcher Zu-

---

[371] Allg. zur responsivitätsfördernden Wirkung direkter Demokratie, s. statt vieler Pestalozza 1981, S. 2085; Feld / Kirchgässner / Savioz 1999, S. 139; Jung / Knemeyer 2001, S. 18 f.; Dreier / Wittreck 2010, S. 34 f.; Kost 2013, S. 45; Patzelt 2013, S. 142 (mit Hervorhebung, dass dies auch die Belange der nur punktuell politisch mobilisierbaren Bevölkerungsschichten betrifft); Möckli 2018, S. 30, 97, 146 f.; Matsusaka 2018, S. 134 ff., und ausführlich Altman 2019, S. 146 ff. (dort w.N. auf S. 150); anders noch Offe 1992, S. 132, in der Annahme, „dank der demoskopischen Dauerbeobachtung" des Meinungsprofils der Bevölkerung befänden „sich Regierungen ohnehin kontinuierlich in hoher Übereinstimmung mit den wichtigsten sachlichen Präferenzen, die in der Bevölkerung vorherrschen", und es sei daher „nicht recht zu sehen, was auf einem zusätzlich eingerichteten Kommunikationskanal der Volksbegehren usw. an zusätzlichen Inhalten übermittelt werden könnte". Auch Gegner direktdemokratischer Verfahren – sei es allgemein oder in der speziellen Variante der volksinitiierten Gesetzgebung – pflegen diese Wirkung, wenn sie sich zu diesem Punkt überhaupt äußern, nicht zu bestreiten, s. etwa Decker 2016, S. 15. Die pflichtschuldig bekundete Vorliebe für solche Responsivität reicht unter Demokratietheoretikern aber oft nur so weit, wie sie die jeweils eigenen politischen Präferenzen zu bedienen verspricht, s.o. Fn. 173.
[372] S. Anhang zur Terminologie.
[373] S. insbes. o. Text m. Fn. 48 ff., 84 ff., 191 ff., 199 ff., 208 ff., 269 ff., 301 ff., 319 ff., 352 ff. Zu unterschiedlichen Rückwirkungen direktdemokratischer Instrumente auf das repräsentativdemokratische System in Abhängigkeit von der Ausgestaltung s. auch Vospernik 2014, S. 120 ff., 133 ff.
[374] Decker 2021, S. 25 ff.; ders. 2016, S.155 f.
[375] Decker 2021, S. 27 f.; s. auch ders. 2020, S. 60.

sammenhang ist, davon war schon die Rede, nicht von der Hand zu weisen. Weshalb damit aber eine Systemwidrigkeit aufgewiesen sein soll, bleibt unerfindlich. Rückwirkungen direktdemokratischer Verfahren auf die repräsentativdemokratischen Systemelemente machen, wo die direktdemokratischen Verfahren vernünftig konzipiert sind, einen wichtigen Teil von deren gutem Sinn aus.

Die gegen eine funktionelle Vereinbarkeit direktdemokratischer Entscheidungsmöglichkeiten mit der repräsentativen Demokratie ins Feld geführte These, direkte Demokratie schwäche die Parteien – und damit indirekt das auf diese angewiesene repräsentativdemokratische System – lässt sich, soweit damit eine Schwächung der Funktionsfähigkeit behauptet werden soll, empirisch nicht bestätigen.[376] Zwar sind, wo Volksabstimmungen von Bürgern und/oder von parlamentarischen Minderheiten initiiert werden können, die jeweils „regierenden" Parteien trivialerweise in einer schwächeren Position als sonst, sofern ihrem Tun und Unterlassen bzw. dem der von ihnen Exponenten besetzten Staatsorgane hier andere Akteure wirksam entgegentreten können. Umgekehrt ist insoweit die Position der Oppositionsparteien gestärkt, da sie mittels des parlamentarischen Minderheitsrechts und/oder des allgemeinen bürgerschaftlichen Initiativrechts die parlamentarische Mehrheit potentiell ausmanövrieren können und unter Umständen schon diese bloße Möglichkeit ein ohne sie nicht erreichbares Entgegenkommen auslöst.[377] Dementsprechend ist die direkte Demokratie bei Oppositionsparteien beliebter als bei Regierungsparteien.[378] Mit der Existenz von Möglichkeiten der Sachabstimmung erlangen außerdem, wiederum trivialerweise, diese Möglichkeit und ihre praktische Nutzung politische Bedeutung, und korrespondierend sinkt ein Stück weit die Bedeutung von Wahlen.[379] Das alles läuft aber nicht auf eine Dysfunktionalisierung der repräsentativen Demokratie hinaus, sondern auf die erhöhte Responsivität und höhere integrative Leistungsfähigkeit, die zu den indirekten Wirkungen sinnvoll ausgestalteter direktdemokratischer Institutionen gehören.

---

[376] Überblick über entsprechende Forschungsergebnisse und Ergebnisse eigener Untersuchung zur Rolle der Parteien in Systemen mit direktdemokratischen *bottom-up*-Instrumenten bei Serdült / Welp 2012, S. 72 f., 80 ff. (91). Zum Streit darüber, ob die Zulassung direktdemokratischer Instrumente den Einfluss der Parteien eher zurückdrängen oder ihn eher stärken würde, auch bereits, für Letzteres, Schneider 1955, S. 156. Zu diesem Thema s. auch bereits o. Fn. 94.
[377] Milic / Rousselot / Vatter 2014, S. 101, m.w.N.
[378] Möckli 2018, S. 80..
[379] S. Imboden 2011/1964, S. 137, der darin kein Funktionsproblem der Demokratie erblickt, sondern die Forderung an die Parteien daraus ableitet, sich stärker in Abstimmungskämpfen zu engagieren, ggf. auch im Konflikt mit ihren jeweiligen Regierungsvertretern.

Ein häufiger, manchmal auch nur zwischen den Zeilen geäußerter Vorwurf geht dahin, dass direktdemokratische Intervention den vernünftigen inneren Zusammenhang der repräsentativdemokratischen Politik – und damit der Politik überhaupt – ruiniere.[380] Tatsächlich handelt es sich ja, wo durch Volksabstimmung entschieden wird, um Interventionen, die in der Lage sind, aus dem programmgemäßen Entscheidungstableau repräsentativdemokratischer Politik Elemente herauszubrechen oder umgekehrt Elemente unprogrammgemäß hinzuzufügen. Darin wird die Gefahr dysfunktionaler Inkohärenzen und Inkonsistenzen gesehen. Regieren nach einem „Gesamtkonzept" werde so unmöglich gemacht. Dieses Argument wird besonders häufig als Rechtfertigung dafür herangezogen, dass direktdemokratische Entscheidungsmöglichkeiten sich nicht auf Finanzfragen erstrecken sollten.[381]

Welche Anforderungen sind an die Kohärenz oder Konsistenz politischer Entscheidungen zu stellen, und ist es richtig, dass gerade direktdemokratisches Entscheiden solchen Anforderungen zuwiderzulaufen droht?

Kohärenz im Sinne durchgängigen sachlichen Zusammenhangs sollte von politischen Entscheidungen nicht erwartet werden. Politik präsentiert sich normalerweise nicht als kohärenter Ausdruck irgendwelcher Leitprinzipien, ob diese nun auf Freiheit und Wettbewerb lauten, auf soziale Gerechtigkeit, Solidarität, christliches Menschenbild, Schutz der Lebensgrundlagen, homogene Volksgemeinschaft oder worauf auch immer. Das liegt nicht nur an Spannungsverhältnissen zwischen richtunggebenden Prinzipien und Klientelbegünstigungsinteressen, sondern auch an der schwachen Determinationskraft solcher Leitprinzipien, die nicht für die Beantwortung jeder politischen Frage überhaupt etwas hergeben und außerdem typischerweise abzuwägen sind gegen andere Prinzipien, „Werte" und Akzeptanzgesichtspunkte, die neben den programmatisch besonders hoch aufgehängten relevant bleiben. Der Eindruck voller Kohärenz in dem Sinne, dass die Elemente eines politischen Programms als sämtlich zusammenhängend und zwin-

---

[380] S. statt vieler Decker 2021, S. 25; vgl. auch Lewisch 2019, S. 10 (der dies als eines der *contra*-Argumente neben gleichfalls zu berücksichtigenden Argumenten *pro* direkte Demokratie anführt). Bedenken gegen direktdemokratische Entscheidungen unter dem Gesichtspunkt, dass dadurch Kompromisse zerlegt werden könnten, bei Bellamy 2020, S. 313 ff. (318).
[381] S. z.B. Isensee 2005, S. 108; w.N. zu der Argumentationsfigur, direktdemokratische Intervention speziell in Finanzfragen störe das erforderliche haushaltsplanerische „Gesamtkonzept", bei Klatt 2011, S. 8. Aus der Rechtsprechung vgl. BVerfGE 102, 176 (187 f., zum Haushaltsvorbehalt des Art. 41 Abs. 2 slhVerf; s.o. Fn. 296); BayVerfGH, Entsch. v. 22.10.2012 – Vf. 57-IX-12 –, Rn. 90, juris; SaarlVerfGH, Beschl. v. 23.1.2006 – Lv 3/05 –, Rn. 85; BerlVerfGH, Urt. v. 22.11.2005 – 35/04 –, Rn. 85, juris, m.w.N.

gend zusammengehörig wahrgenommen werden, erzeugt sich nur durch hochgradige Ideologisierung und Polarisierung. Da erscheinen dann Euroskepsis und Maskenpflicht-Gegnerschaft einfach deshalb als kohärent, weil sie den Präferenzen des „Mainstream", von dem man sich abgrenzt, entgegengesetzt sind. Fortschritt in der Erkenntnis, dass in der Politik sehr Vieles vernünftigerweise gerade *nicht* – oder nur aufgrund von Überzeugungsbildungen, die auf kontingenten historischen Umständen beruhen – miteinander zusammenhängt, kann als Entideologisierungs-, Pragmatisierungs- und Versachlichungsfortschritt gelten. Solche Fortschritte bereiten den Parteien und damit der repräsentativdemokratischen Politik Schwierigkeiten, weil sie die Bindung an ganze parteipolitische Programmkomplexe entplausibilisieren, Parteibindungen schwächen und die politische Aggregationsfunktion der Parteien beeinträchtigen. Die daraus für die repräsentative Demokratie resultierenden Schwierigkeiten sprechen aber nicht gegen, sondern gerade für deren Ergänzung um direktdemokratische Elemente (dazu näher unten, III.1.).

Kohärenz im schwächeren Sinne des sinnvollen Aufeinanderabgestimmtseins politischer Entscheidungen, zwischen denen sachliche Zusammenhänge tatsächlich bestehen, *Konsistenz* also derart, dass beschlossene Ziele und eingesetzte Mittel einigermaßen harmonieren, dass keine erratischen Kehrtwenden stattfinden, dass nicht die eine politische Entscheidung konterkariert, was die andere bewirken soll – kurz: dass einigermaßen folgerichtig agiert wird –, ist ungeachtet aller Schwierigkeiten der Konkretisierung[382] selbstverständlich wünschenswert.

Wie sieht es aber mit der Konsistenz repräsentativdemokratischer Politik aus? In jeder Demokratie, die den Namen verdient, wirken einer Konsistenz der politischen Entscheidungen schon die periodischen Regierungswechsel mit ihren Revirements entgegen, denen man alles Mögliche Gute nachsagen kann, aber gewiss nicht, dass sie der Politik zu innerer Konsistenz verhelfen. Konsistenz der Politik ist eben auch nur *ein* Desiderat neben anderen und wird aus gutem Grund geopfert, wo Wichtigeres, wie die Möglichkeit demokratischen Macht- und Politikwechsels, auf dem Spiel steht. Die Politik regierender Mehrheiten ist typischerweise auch während der Amtszeit *einer* Regierung alles andere als in sich konsistent,

---

[382] Vgl. O'Hara 2018, S. 23 ff. u. passim zu den Problemen der Operationalisierung verfassungsrechtlicher Folgerichtigkeitsanforderungen, wie sie die Rechtsprechung vor allem für das Steuerrecht entwickelt hat. Rechts- und verfassungs*politische* Konsistenzdesiderate sind von solchen verfassungs*rechtlichen* selbstverständlich zu unterscheiden. Sie stoßen aber in vielen Hinsichten auf vergleichbare Operationalisierungsschwierigkeiten.

oder auch nur konsistent im Verhältnis zu den Programmen und Ankündigungen, deretwegen die jeweiligen Akteure gewählt worden sind. So verlangen Koalitionsbildungen den jeweiligen Partnern Abweichungen von ihrer ursprünglichen „Linie" ab, auch wo diese in sich konsistent gezogen gewesen sein mag. Daraus gehen erhebliche Inkonsistenzen der Politik hervor, die aber um der mit dem Verhältniswahlrecht verbundenen Vorteile wegen in vielen repräsentativdemokratischen Systemen, und so auch bei uns, hingenommen werden. Auch von Koalitionsbildungszwängen ganz unabhängige Faktoren stehen einer konsistenten Politik, und etliche davon besonders einer *repräsentativ*demokratischen Politik, permanent im Wege: Interessengruppeneinflüsse, Gesichtsverlustsorgen, systemisch bedingte Kurzfristorientierung, Absprachen und sonstige Bindungen aller Art, Überkomplexität, die schon die rechtzeitige Identifikation von Inkonsistenzen erschwert, und vieles andere mehr.[383] Unerfindlich bleibt auch die Grundlage der Unterstellung, dass etwaige mit einer bestimmten direktdemokratischen Entscheidung verbundene Probleme der Konsistenz mit dem repräsentativdemokratischen Beschlussumfeld nicht, wie jedes andere Problem, von den Stimmbürgern selbst erwogen und berücksichtigt werden könnten.

Selbstverständlich muss, wo über ein und denselben Gegenstand sowohl Parlamentsbeschlüsse oder Regierungsakte als auch Volksentscheide möglich sind, das Verhältnis beider zueinander geklärt werden. Kann zum Beispiel ein Akt der Gesetzgebung durch Volksabstimmung im Wege parlamentarischer Gesetzgebung revidiert werden? Hier sind unterschiedliche Ausgestaltungen denkbar, von freier Konkurrenz der unterschiedlichen Entscheidungsinstrumente, die am ehesten dem Gleichrang parlamentarischer und direktdemokratischer Gesetzgebung entspricht und auf eine ausreichend regulierende Wirkung des politischen Kalküls der jeweiligen Akteure setzt, über zeitliche Restriktionen der Abänderbarkeit bis hin zu weitreichender Immunisierung von Volksabstimmungsergebnissen gegen parlamentarische oder umgekehrt von Parlamentsbeschlüssen gegen direktdemokratische „Korrektur".[384] Diese und viele andere Fragen der Einpassung

---

[383] Gegen übertriebene Vorstellungen von der Konsistenz repräsentativdemokratischer Politik auch Merli 2015, S. 316 (speziell die u.a. auf Gesichtspunkte der Konsistenz der Haushaltspolitik gestützte extensive Rechtsprechung deutscher Gerichte zu den landesrechtlichen Finanzvorbehalten – dazu o. Text m. Fn. 97 f. – betreffend). Zur geringeren Anfälligkeit direktdemokratischer Politik für einige dieser Inkonsistenzfaktoren s.o. Text mit Fn. 288 ff., mit Fn. 403 f. und mit Fn. 406 ff.
[384] Zu Beschränkungen parlamentarischer Änderung volksbeschlossener Gesetzgebung in den USA Seferovic 2018, S. 190 ff., Rn. 171 ff.; McKay 2018, S. 331, jew. m.w.N. Verbreitet ist, wo sowohl parlamentarische als

II.9. "Direkte Demokratie passt nicht zur repräsentativen" 129

auch (positive oder negative) Volksgesetzgebung zulässig sind, das Fehlen wechselseitig bestandsschützender Beschränkungen für die Nutzung dieser Möglichkeiten (diese freie Abänderbarkeit befürwortend Altman 2019, S. 177, 179); so u.a. in einem großen Teil der deutschen Länder, allerdings mit Ausnahmen (näher Seferovic 2018, S. 211 ff., Rn. 192 ff.); s. z.b. für eine befristete Erschwerung oder einen befristeten Ausschluss der Aufhebbarkeit und Abänderbarkeit volksbeschlossener Gesetze durch Parlamentsgesetz Art. 73 Abs. 2 bremVerf (ein durch Volksentscheid beschlossenes Gesetz kann während einer laufenden Wahlperiode innerhalb von zwei Jahren nur durch einen Volksentscheid oder durch die Bürgerschaft mit verfassungsändernder Mehrheit aufgehoben werden). Zur Auslegung der auch in einigen anderen Ländern geltenden Sperrfristregelungen Kuoni 2015, S. 147 f. Krit. zu starren Sperrfristlösungen Decker 2021, S. 33 f. Ein interessantes Modell bietet die Regelung für Hamburg: Ein von der Bürgerschaft beschlossenes Gesetz, durch das ein vom Volk beschlossenes Gesetz aufgehoben oder geändert wird, tritt nicht vor Ablauf von drei Monaten nach seiner Verkündung in Kraft. Innerhalb dieser Frist können zweieinhalb Prozent der Wahlberechtigten einen Volksentscheid über das Änderungsgesetz verlangen, s. i.E. Art. 50 Abs. 4 hambVerf, § 25 hambVAbstG. Zur in einer Reihe deutscher Länder vorgesehenen Sperrwirkung kommunaler Bürgerbegehren Seybold 2021, S. 365 ff. In Abwesenheit von die wechselseitige Abänderbarkeit beschränkenden Regelungen gilt für das Verhältnis von volksbeschlossener und parlamentarischer Gesetzgebung im Grundsatz der Vorrang der *lex posterior*, des späteren Gesetzes, s. (ohne Hinweis auf vorkommende positivrechtliche Einschränkungen dieses Grundsatzes) Isensee 2005, S. 122. Für die Beschränkung der parlamentarischen Konterlegislatur (d.h. der Überschreibung des vom direktdemokratischen Gesetzgeber Beschlossenen durch den repräsentativdemokratischen) durch einen (auch) im Verhältnis zwischen direktdemokratischem und parlamentarischem Gesetzgeber geltenden verfassungsrechtlichen Grundsatz der Organtreue HambVerfG, Urt. v. 27.4.2007 – 4/06 –, Rn. 94 ff., juris; Cancik 2013, S. 62 ff. Zu Österreich, wo eine Volksabstimmung, mit der ein parlamentarisches Gesetzgebungsverfahren durch Verwerfung des abstimmungsgegenständlichen Gesetzesbeschlusses beendet wurde, ein erneutes auf inhaltsgleiche Regelung zielendes Verfahren zu keinem Zeitpunkt hindert, Eberhard 2019, S. 59. In der Schweiz ist auf eidgenössischer Ebene das Ergebnis einer angenommenen Volksinitiative nicht durch *rein* parlamentarische Entscheidung änderbar, da hier nur auf Verfassungsänderung gerichtete Initiativen zulässig sind und jede parlamentsbeschlossene Änderung der Bundesverfassung dem obligatorischen Referendum unterliegt, Art. 140 Abs. 1 Buchst. a. schweizBV, so dass die parlamentarische Rückgängigmachung oder Modifikation einer volksbeschlossenen Verfassungsänderung ihrerseits der Billigung durch eine Volksabstimmung bedürfte; für die Ebene der Kantone, wo die Parlamente in den Grenzen des nicht Missbräuchlichen *von Bundesrechts wegen* frei sind, volksbeschlossene einfache Gesetze durch Parlamentsgesetz zu ändern, die zu einem Teil aber solche parlamentarischen Änderungen dem obligatorischen, im Übrigen durchweg dem fakultativen Referendum – also einem Veto-Referendum – unterstellt haben, Seferovic 2018, S. 166 f., Rn. 149 f. *Parlamentarische* Gesetzesbeschlüsse sind weniger häufig als direktdemokratische gegen Interventionen des jeweils anderen Legislators geschützt; das nicht sehr verbreitete, aber doch auch nicht seltene (s. die Aufstellung bei Morel 2018c) Institut des Veto-Referendums setzt im Gegenteil die parlamentarische Gesetzgebung systematisch der Möglichkeit des Ungültigwerdens kraft direktdemokratischer Entscheidung aus. In

direktdemokratischer Elemente in eine bestehende repräsentativ-demokratische Verfassungsordnung sind ernstzunehmen und mit Sorgfalt unter genauer Berücksichtigung der Besonderheiten des jeweiligen Repräsentativsystems zu beantworten.[385] Für die Annahme, dass sie nicht sachgerecht beantwortbar sind, sprechen weder theoretische Evidenzen noch praktische Erfahrungen.[386]

10. „Es fehlt an Verantwortung"

Ein besonders verbreiteter Einwand lautet seit alters her: Bei direktdemokratischen Entscheidungen entfällt die Verantwortung – weil man ja für das direktdemokratisch Entschiedene nicht mehr die gewählten Politiker verantwortlich machen kann.[387] Das ist von

den USA kommt auf mitgliedstaatlicher Ebene aber umgekehrt auch der Ausschluss von Volksinitiativen vor, die parlamentarische Gesetzgebung aufheben; s. Erwähnung bei Donovan / Smith 2021, S. 522. Für die Unzulässigkeit einer Volksinitiative in Nordrhein-Westfalen, wenn der Landtag sich innerhalb der letzten zwei Jahre vor der Antragstellung aufgrund einer Volksinitiative mit einem sachlich gleichen Gegenstand befasst hat, § 3 Ziff. 2 nrwVIVBVEG; zu Sperrfristregelungen mit ähnlicher, die Wiederbefassung (der Stimmbürger und des Parlaments) in kurzem Abstand nach Volksbegehren oder Volksentscheiden mit gleichem Gegenstand in kurzem zeitlichem Abstand beschränkende Regelungen in einigen weiteren Bundesländern Kuoni 2015, S. 128 f. S. auch noch u. Text m. Fn. 415 ff.
[385] Nur einige keineswegs abschließende Überlegungen dazu u., Text m. Fn. 415 ff. Was die deutsche Verfassungsordnung angeht, verlangt die nicht triviale, allerdings nicht speziell die Vereinbarkeit von Direkt- und Repräsentativdemokratischem betreffende Frage der Einpassung direktdemokratischer Gesetzgebungsverfahren in das *föderale* System besondere Aufmerksamkeit: Was wird bei direktdemokratischer Gesetzgebung auf nationaler Ebene aus den für die repräsentativdemokratische Gesetzgebung auf dieser Ebene üblicherweise vorgesehenen, in der deutschen Verfassung sogar durch die „Ewigkeitsklausel" des Art. 79 Abs. 3 GG geschützten Mitwirkungsbefugnissen der föderalen Teileinheiten (in Deutschland: der Länder)? In welchen Formen lässt sie sich hier sinnerhaltend realisieren? Unterschiedliche Lösungsmodelle sind dargestellt bei Estel 2006, S. 102 ff.; zur kontroversen einschlägigen Diskussion s. auch Renger 2013, S. 83 ff; Kühling 2013, S. 99 ff.; Heußner 2021, Rn. 79. Gegen die Möglichkeit einer zweckentsprechenden Anpassung der Ländermitwirkung und (auch) aus diesem Grund gegen die Einführung einer Volksinitiative auf Bundesebene Decker 2021, S. 38.
[386] S. auch Vospernik 2014, S. 119 u. passim; Heußner 2021, S. 87 ff.
[387] Zur Verwendung dieses Arguments gegen die Einführung der Volksinitiative in der Schweiz im 19. Jahrhundert Sigg 1978, S. 19. Aus der deutschen Diskussion, die wohl eine an Schumpeter anknüpft (zu einem *„reduced sense of responsibility"* des Bürgers in Angelegenheiten, die er nicht aufgrund eigener Alltagserfahrung überblickt, Schumpeter 2011/1947, S. 261), s. Depenheuer 1996, S. 104 (wenn alle politisch für alles verantwortlich seien, sei es „in Wahrheit keiner mehr"; direkte und unvermittelte

allen gegen die direkte Demokratie vorgebrachten Argumenten das kurioseste.

Verantwortung oder Verantwortlichkeit wird oft dahin verstanden, dass es sich darum handle, Rede und Antwort stehen zu müssen. Vom Wortlaut her liegt eine solche Sinnbestimmung ja auch nahe. Rede und Antwort stehen zu müssen, gehört aber nicht begriffsnotwendig zur Verantwortung oder Verantwortlichkeit. Die ihren Wählern verantwortlichen Abgeordneten des Deutschen Bundestages *müssen* keineswegs den Wählern Rede und Antwort stehen. Selbst die direkt gewählten Abgeordneten sind rechtlich nicht verpflichtet, regelmäßig ihr Wahlkreisbüro aufzusuchen und dort Sprechstunden abzuhalten oder dem Wähler ihre Positionen durch mündliche oder schriftlich zu Protokoll gegebene Redebeiträge im Bundestag, durch Interviews usw. zu erläutern. Sie *sollten* das tun, es entspricht dem Sinn ihres Amtes. Sie tun das aber auch im eigenen Interesse, weil sie wiedergewählt werden möchten, und dieses Eigeninteresse unterstützt ein entsprechendes Pflichtgefühl. In der Sanktionsmöglichkeit des Wählers, der bei der nächsten Wahl seine Stimme einem anderen Kandidaten und einer anderen Partei geben kann, wenn die abgelegte Rechenschaft nicht zufriedenstellend ausgefallen ist, liegt der eigentliche Kern der politischen Verantwortung des Abgeordneten.[388] Wenn die gewählten

---

Bürgerverantwortung erweise „sich damit buchstäblich als verantwortungslos"); Isensee 2001, S. 1164; ders. 2005, S. 110; ders. 2010, S. 126 f.; Graf Kielmansegg 2012, S. 9; Christmann 2012, S. 53; Thiele 2019, unter 1.; Kruse 2021, S. 244 (der es als „Kollektivgutproblem" betrachtet, dass bei direktdemokratischen Entscheidungen niemand die persönliche Verantwortung trage, aber dennoch für eine Zulassung von Volksabstimmungen in begrenztem Umfang plädiert, s. o. Fn. 28). Bei Isensee 2010, S. 126 f., ist das Argument dahin expliziert, dass erst das Verantwortenmüssen einer Entscheidung vor den Repräsentierten den Gemeinsinn der Repräsentanten aktiviere, während direktdemokratische Verfahren zu solcher Aktivierung nicht angetan seien. Diese These wird ihrerseits nur mit dem Verweis auf eine in der repräsentativdemokratischen Notwendigkeit, Rede und Antwort zu stehen, angelegte Tendenz zur Berücksichtigung der Interessen von Minderheiten unterfüttert. Insoweit läuft das Argument der fehlenden Verantwortlichkeit hier auf das oben schon behandelte Argument unzureichenden Minderheitenschutzes hinaus.

[388] Entsprechendes gilt auch da, wo bestimmte Verantwortlichkeiten die Rechtspflichten einschließen, sich denen zu stellen, denen gegenüber die Verantwortlichkeit besteht, und ihnen Rede und Antwort zu stehen, wie z.B. im Fall der in einer parlamentarischen Demokratie bestehenden Verantwortlichkeit der Regierung gegenüber dem Parlament (Art. 43 GG, §§ 100 ff. GOBT), wo es sich also beim Rede- und Antwortstehenmüssen, rechtstechnisch gesprochen, wirklich um eine *Pflicht* und nicht bloß um eine *Last* (eine Verhaltensregel, die man – nur – im eigenen Interesse an der Vermeidung bestimmter sonst zu gewärtigender Nachteile befolgen sollte) handelt. Auch hier liegt der Kern der Verantwortlichkeit nicht in dem Redegebot, sondern in den möglichen handfesten Konsequenzen ver-

Abgeordneten zu einer Erläuterung ihres politischen Verhaltens während der Wahlperiode zwar rechtlich verpflichtet, aber dieser Sanktion nicht ausgesetzt wären, könnte man von Verantwortung gar nicht mehr sinnvoll sprechen, oder nur noch in einem normativen Sinne von Verantwortung als ethischem Gebot, eine Aufgabe wahrzunehmen und sich in ihrer Erfüllung Mühe zu geben. Uns interessiert hier aber Verantwortung nicht als Ausdruck für einen ethischen Imperativ, sondern als eine Institution, die Auswirkungen auf das tatsächliche Verhalten hat. Unter diesem Gesichtspunkt kommt es wesentlich darauf an, dass man Folgen zu tragen hat. In diesem Sinne wird zum Beispiel auch von Selbstverantwortung gesprochen oder davon, dass Eltern Verantwortung für ihre Kinder tragen. Hier ist nicht irgendeine Rechenschaftslast oder -pflicht das Entscheidende, sondern das Tragenmüssen von Konsequenzen des eigenen Verhaltens. Die wirksamste Form der Verantwortung besteht darin, dass man die Suppe, die man sich selbst eingebrockt hat, auch selber auslöffeln muss. Genau das ist bei direktdemokratischen Entscheidungen der Fall.[389] Die selbst eingebrockte Suppe schmeckt dann im Zweifel auch nicht ganz so übel, wie wenn andere, zum Beispiel gewählte Politiker, sie angerührt hätten.

---

weigerter oder unbefriedigend ausgefallener Rechenschaft (Abwahl oder Nichtwiederwahl bzw. Nichtwiedernominierung).
[389] S. auch Jung 2002a, S. 56 f., m.w.N.; Sommer 2022, S. 37.

III. Vernachlässigte Argumente *für* direktdemokratisches Entscheiden

Eine Reihe wichtiger Gründe, die *für* die Zulassung direktdemokratischer Entscheidungen unter vernünftig ausgestalteten Rahmenbedingungen – in Deutschland auch auf Bundesebene – sprechen, sind im Zuge der Auseinandersetzung mit den prominentesten Einwänden schon zur Sprache gekommen, allen voran
- die direktere Selbstbestimmtheit,
- der positive Beitrag zur politischen Bildung und Urteilskraft,
- die Rückwirkungen auf die repräsentative Politik im Sinne einer stärkeren Orientierung an Wählerinteressen und verstärkter Bemühungen um sachliche Überzeugungsarbeit für die jeweils verfolgte Politik,
- die Zurückdrängung parteipolitischer Eigeninteressen und eigener Interessen der politischen Repräsentanten, und
- die infolge all dessen erhöhte Zufriedenheit mit dem politischen System, auch in seinen repräsentativdemokratischen Anteilen, und das im Zusammenhang damit gesteigerte Demokratievertrauen.

Von einigen weiteren Gesichtspunkten war noch nicht die Rede. Sie spielen in der öffentlichen Diskussion teils kaum eine, teils überhaupt keine Rolle, sind aber gerade angesichts der Herausforderungen, vor denen die Demokratie unter den gegenwärtigen Verhältnissen steht, besonders wichtig.

1. Lösung des Problems der festgeschnürten Politikpakete

Die Institutionen der repräsentativen Demokratie bieten dem Bürger nur recht grobe Möglichkeiten, seinen Willen in Bezug auf Gesetzgebung und Regierung im engeren Sinne entscheidend zu artikulieren: In der parlamentarischen Demokratie kann er, jeweils im Abstand von mehreren Jahren, *eine* Wahlstimme als Ausdruck der Billigung oder Missbilligung all dessen abgeben, was in der zurückliegenden Wahlperiode politisch getan oder unterlassen wurde und für die kommende Wahlperiode angekündigt oder erwartet wird. Im präsidentiellen System kommt die Möglichkeit der

Beteiligung an der periodischen Volkswahl des Staatsoberhaupts hinzu. Das kann als ausreichend empfunden werden, solange Politik sich als eine Frage der Wahl zwischen wenigen großen Alternativen darstellt, hinter denen jeweils eine weitgehend einigende Ideologie steht. Man könnte auch sagen: solange Politik sich primär als eine Frage der Parteinahme in großen gesellschaftlichen Spaltungen darstellt. In Europa verhielt es sich über lange Zeit so. Es existierten festgefügte Lebenszusammenhänge wie die der Arbeiter, der Bauern, des Bürgertums und seiner Untergruppen, mit oft über Generationen stabilen Zugehörigkeiten, in denen sich entsprechend festgefügte Weltbilder, eine stabile gemeinsame Interessenlage formten. Außerdem spielte die Religion – in Deutschland vor allem der Gegensatz zwischen den großen christlichen Konfessionen – eine wesentliche Rolle für die Stiftung innerlich verbundener und gegeneinander abgegrenzter Großgruppen. Man war Katholik oder Protestant, Stadt- oder Landbewohner, Arbeiter, Bauer, Handwerker, Freiberufler usw., wählte die Partei, die das jeweilige Milieu mit seinen charakteristischen Überzeugungen vertrat,[390] und konnte sich eben deshalb von dieser Partei gut vertreten fühlen.

Im Vorwort zu einem 2016 erschienenen Buch mit Texten von Andreas Gross zur direkten Demokratie hat Roger Blum diese älteren Verhältnisse für die Schweiz so geschildert: „Die Parteien dominierten die ihnen entsprechenden Milieus: Die Freisinnigen das bürgerliche Milieu der Schützenvereine, Industrie- und Handelsvereine, Freimaurer, Offizierskorps sowie der Studentenverbindungen Helvetia und Zofingia; die Konservativen das katholische Milieu der Jungwacht, der Cäcilienchöre, der Männerbünde und des Studentenvereins (StV), und die Sozialdemokraten das Milieu

---

[390] Auch hier war natürlich die Lage wegen sich überschneidender Zugehörigkeiten schon komplexer, als dass bereits eine einzelne davon alle Parteiaffiliationen hätte erklären können; zur daraus resultierenden Diskussion Lepsius 1993, S. 37 ff. (zur historischen Verankerung deutscher Parteien in unterschiedlichen Sozialmilieus); Rohe 1992, S. 9 ff. u. passim (u.a. die Bedeutung auch regionaler Zugehörigkeiten hervorhebend); Winkler 1995, passim (zur Komplexität der Wählerrekrutierungsverhältnisse insbesondere bei den liberalen, aber auch bei anderen Parteien in Deutschland 1871 bis 1933); Weigl / Klink 2022, S. 33 ff. (zu neueren theoretischen Überlegungen u.a. betr. den Wandel gesellschaftlicher Spaltungslinien und dessen Bedeutung für die Entwicklung der Parteien). Die oben im Text dargestellten Unterschiede zwischen früheren und heutigen Verhältnissen sind demgemäß nur gradueller Natur, und es ist auch nicht auszuschließen, dass neue Ideologisierungsprozesse entlang sich vertiefender neuer gesellschaftlicher Spaltungslinien (s. z.B. Goodhart 2017) diese Unterschiede zumindest für größere Teile der Bevölkerung wieder einebnen und partiell schon eingeebnet haben; zu dieser Möglichkeit noch nachfolgend im Text.

der Gewerkschaften, der Konsumvereine, der Naturfreunde, des Arbeiter-Radfahrerbundes und der Arbeiter-Turnvereine. In diesen Milieus konnten sie ihre jeweilige Moral und ihre Auffassung von politischer Kultur verbreiten."[391] Begrenzt waren zugleich die Möglichkeiten der Kommunikation über Milieugrenzen hinweg.[392] Schilderungen dieser Art sind als Gegenwartsbeschreibungen nicht mehr möglich. Das gilt nicht nur für die Schweiz.[393] Der Zerfall von Ideologien und Milieus, die sehr große Wählergruppen zu gewissermaßen natürlichen Verbündeten einer bestimmten Partei machen, mit deren Gebaren sie dann auch im Wesentlichen zufrieden sind, stellt, jedenfalls solange die Entwicklung nicht auf sehr breiter Front zum Wiederaufleben ideologischer Polarisierungen unter veränderten Vorzeichen führt, die Parteien wie auch die Bürger und in der Folge auch das repräsentativdemokratische System vor Probleme.[394]

Dass das *für den Bürger* Festgeschnürte der zur Wahl stehenden Politikpakete zum Problem wird, von koalitionärer Umpackerei ganz zu schweigen, liegt daran, dass die Angebotssortimente der Parteien in dem, was sie enthalten und nicht enthalten, weitgehend keine Kohärenz im Sinne eines aus einem starken, umfassend prägekräftigen weltanschaulichen Fundament erwachsenden inneren Zusammenhangs mehr aufweisen, und dass jedenfalls die politischen Präferenzen der Wähler in weitem Umfang nicht mehr durch solche ideologische Kohärenz geprägt sind. Für die Parteien lösen sich alte Selbstverständlichkeiten der politischen Programmatik und der Orientierung auf bestimmte politische Klientelen ebenso auf wie für die Bürger milieubedingte Selbstverständlichkeiten der Affinität zu bestimmten Parteien. Daher die abnehmende Unter-

---

[391] Blum 2016, S. 16. Der Verfasser bezieht diese Darstellung auf das 19. und 20. Jahrhundert bis etwa 1968. S. auch die auf die zitierte Passage folgende Bemerkung zur parteipolitischen Affiliation der meisten Schweizer Zeitungen in diesem Zeitraum.

[392] Dazu und zu den demgegenüber heute veränderten Möglichkeiten der Kommunikation und ihrer Bedeutung für direktdemokratische Verfahren Möckli 2018, S. 122 f.

[393] Für Deutschland s. z.B. Roth 2008, S. 35 ff. (zu das Parteiensystem ursprünglich prägenden Zugehörigkeits- und entsprechenden Konfliktlinien, und zur abnehmenden Bindekraft der Parteien im Gefolge sozialstruktureller Veränderungen und abnehmenden Bedeutung der entsprechenden spezifischen Milieus).

[394] Dazu Lübbe-Wolff 2001, S. 265 ff.; dies. 2019a; allgemeiner zur Diskussion um den Bedeutungsschwund früherer und das Aufkommen neuer gesellschaftlicher Spaltungslinien (*cleavages*) s. statt vieler Weigl / Klink 2022, S. 34 ff.; zu politischer Polarisierung auf der Basis von Länderstudien und mit merkwürdiger Außerachtlassung des Auseinanderdriftens großstädtisch-akademischer und anderer Milieus Carothers / O'Donohue 2019, S. 258 ff.; s. auch o. Fn. 390.

scheidbarkeit der Volksparteien, die zunehmenden innerparteilichen Konflikte, die in der Folge zunehmende Tendenz, wichtige Personal- und inhaltliche Grundsatzentscheidungen von der Funktionärs- auf die Mitgliederebene zu verlagern oder gar Pseudo-Mitgliedern Stimmrecht einzuräumen, die zunehmende Diversifizierung der Parteienlandschaft, die Zunahme von unwahrscheinlichen, früher als unmöglich geltenden Koalitionsbildungen, der Mitgliederschwund und die Tendenz weg von der konsolidierten politischen Partei hin zur formal als Partei organisierten politischen „Bewegung".[395] All das korrespondiert dem Problem des einzelnen Wählers, der sich in der Programmatik keiner einzelnen Partei mehr einigermaßen vollständig wiederfindet. Die fertiggeschnürten Politikangebotspakete, die die Parteien jeweils anbieten, treffen die Präferenzen einer individualisierten Wählerschaft nicht mehr ausreichend. Jeder, der nicht als Berufspolitiker oder in sonstiger Weise seine Existenz auf eine bestimmte Partei gebaut hat, kennt das Problem: Das Wählen wird immer schwieriger und zumutungsreicher – so als dürfte man im Supermarkt die benötigten und gewünschten Lebensmittel nicht einzeln kaufen, sondern nur in nach Art eines Geschenkkorbs fertig arrangierten Zusammenstellungen, bei denen Vieles den eigenen Bedarf und Geschmack nicht trifft.[396]

[395] Zu vielen dieser Entwicklungen illustrativ Manow 2020, S. 70 ff. (interessant u.a. die Darstellung für die britische Labour Party, die 2014 eine sogenannte *„three-quid-membership"* einführte, die jeden, der auf den Partei-Webseiten die Box „Ich glaube an die Werte der Labour Party" anklickte und einmalig drei Pfund Sterling zahlte, berechtigte, als *supporter*, wenn auch ohne volle Mitgliedschaftsrechte, an der Wahl der Parteiführung im Jahr 2015 teilzunehmen, ebd. S. 72 ff.). Für den Zusammenhang zwischen Abschwächung früherer Parteibindungen durch „Pluralisierung und Neuformierung der Konfliktlinien" und zunehmender Repräsentationsschwäche der Parteien Decker 2016, S. 38 f. (dort S. 40 auch zur damit zusammenhängenden wachsenden Nachfrage nach direktdemokratischen Entscheidungsmöglichkeiten); s. auch Mair 2013, S. 56 ff.; den Gesichtspunkt der Individualisierung hervorhebend Sommer 2021, S. 28 ff. Dass die genannten Entwicklungen zu einem großen Teil ihre Ursachen *auch* noch in anderen Faktoren haben – Veränderungen in den Kommunikationsbedingungen, gestiegene Opportunitätskosten politischer Betätigung, globalisierungsbedingt abnehmende Fähigkeit des politischen Systems zur Bedienung von Wählerwünschen u.a. – soll mit der aufgestellten Zusammenhangsbehauptung nicht bestritten werden.
[396] Für eine ähnliche Analogie s. Jung / Knemeyer 2001, S. 65: „Das gegenwärtige Repräsentativsystem könnte man im wirtschaftlichen Bereich damit vergleichen, dass sich jeder Konsument entscheiden müsste, in welchem Kaufhaus er in den nächsten vier Jahren seinen gesamten Bedarf decken will." Die Verfasser ziehen diesen Vergleich in einem etwas anderen als dem obigen Argumentationszusammenhang, nämlich um überhöhte Kohärenzanforderungen an die Politik zurückzuweisen, die gern herangezogen werden, um direktdemokratische Entscheidungen als damit unver-

Auf die politische Frustration, die sich daraus ergibt, sind direktdemokratische Institutionen die genau passende Antwort: Sie ermöglichen den Wählern das, was ihnen unter den heutigen Bedingungen der repräsentativen Demokratie fehlt: die Möglichkeit, ihre politischen Präferenzen thematisch zielgenau zum Ausdruck zu bringen.[397] Und sie geben den gewählten Parlamentariern und Regierungen die Information, die ihnen die alle paar Jahre abgegebene Wahlstimme nicht gibt: die Information, was genau es ist, das die Bürger von ihnen wollen. Damit reduzieren sie zugleich die Wahrscheinlichkeit, dass wichtige Wählerwünsche und Interessen – unter Umständen schon mangels ausreichender Wahrnehmung – über Jahre und Jahrzehnte vernachlässigt werden, bis diese Vernachlässigung bei den Betroffenen in Politik- und Staatsverdrossenheit oder gar blanke Wut umschlägt.

2. Demokratisierung der auswärtigen Politik

Ein anderes Funktionsdefizit der gegenwärtigen repräsentativen Demokratie ist in den Demokratiedefiziten der auswärtigen Politik begründet. Das betrifft genau den Bereich, aus dem sich, was die handfesten Existenzbedingungen angeht, die heftigsten Unzufriedenheiten mit dem gegenwärtigen System der repräsentativdemokratischen Politik speisen: die Globalisierung, einschließlich der Europäisierung. Gerade auf diesem Gebiet neigt repräsentativdemokratische Politik dazu, sich von den Wünschen der Bürger in besonders auffälliger Weise abzukoppeln.[398] Das hängt mit der besonderen Exekutivlastigkeit der auswärtigen Politik zusammen.[399]

---

träglich zurückzuweisen. Zur Frage der Kohärenz s.o., Text m. Fn. 380 ff. Zu dem in der Literatur nur selten angesprochenen Paketproblem und dem noch seltener angesprochenen Zusammenhang des zunehmenden Bedarfs an direktdemokratischen Entscheidungsmöglichkeiten mit diesem Problem s. auch Lübbe-Wolff 2001, S. 265 ff., 275 f.; Besley / Coates 2008, S. 380 ff.; Heußner 2021, S. 51. Für den zu diesem Problem passenden empirischen Befund, dass Wahlerfolge und Abstimmungserfolge der Parteien auseinanderfallen, Sager / Bühlmann 2009, S. 196 ff., 200.

[397] Lübbe-Wolff 2001, S. 275 f.; Besley / Coates 2008, S. 380 ff. Für die plausible Annahme, dass diese Möglichkeit ihrerseits tendenziell entideologisierend wirkt, Sommer 2022, S. 87 f.

[398] S. z.B. für die deutsche Europapolitik Lübbe-Wolff 2017a, S. 139 f. m. Fn. 33.

[399] Auswärtige Politik wird in wesentlichen Hinsichten primär von den Regierungen gestaltet. Wenn es um internationale Handelsverträge und andere völkerrechtliche Vertragswerke geht (einschließlich der Verträge, die offiziell nicht so genannte Verfassung der Europäischen Union bilden), kommen die Parlamente, auf nationaler wie auf europäischer Ebene, in der Regel erst spät ins Spiel, nachdem Verhandlungspakete, die

Direkte Demokratie kann das ändern. Wenn die Bürger sich in bedeutenden Fragen der nationalen Europapolitik und der sonstigen internationalen Politik unmittelbar äußern könnten, würde schon die repräsentativdemokratische Politik sich von vornherein ganz anders aufstellen und sich enger an den Präferenzen der Bürger orientieren müssen.[400] Der Prozess der weiteren weltwirtschaftlichen und europapolitischen Integration würde sich dann zweifellos zäher gestalten. Das entspräche aber auch genau dem politischen Bedarf.

Marktöffnung über Grenzen hinaus ist in vielen Hinsichten eine gute Sache, aber sie produziert nicht nur Gewinner, und wie die Verluste vertragen werden, hängt nicht zuletzt von dem Tempo ab, in dem sie eintreten. In den USA spricht man vom „China shock" durch den Aufstieg Chinas als Handelsnation, der in den 1990er Jahren begann, mit der Aufnahme Chinas in die Welthandelsorganisation (2001) rasant Fahrt aufnahm und in den USA viele Verlierer hervorgebracht hat – mit deutlichen regionalen Schwerpunkten im Niedergang.[401] Schockartig sollten aber Globalisierungsentwicklungen gerade nicht verlaufen. Schocks verursachen Trauma und Wut, sie verursachen Trump-Wähler. Wenn das vermieden werden soll, braucht es Zeit für Verarbeitungs- und Anpassungsprozesse. Schwund der Arbeitsplätze in bestimmten Branchen zum Beispiel, wie er unvermeidlich ist, wenn Märkte für anderswo günstiger Produziertes geöffnet werden, wird besser vertragen, wenn er sich allmählich vollzieht, so dass nicht Massenentlassungen daraus folgen müssen, sondern der Verzicht auf

---

sich nur unter hohen Kosten wieder aufschnüren lassen, schon ausgehandelt und politische Pflöcke schon eingeschlagen sind, und können dann das Ausgehandelte nur noch im Ganzen verwerfen (oder damit drohen). Zur eine frühzeitigere informierte parlamentarische Willensbildung – von öffentlicher Diskussion ganz zu schweigen – weitgehend ausschließenden Intransparenz der Verhandlungen Lübbe-Wolff 2016, S. 183 ff.; dies. 2017b, S. 53 ff.; allg. zur besonderen Exekutivlastigkeit der auswärtigen Politik statt vieler dies. 2009b, passim. Das Bundesverfassungsgericht hat diese Exekutivlastigkeit bislang zwar bereichsweise im Auslegungswege durch verfassungsrechtliche Parlamentsvorbehalte begrenzt – daher die in der Politikwissenschaft vorkommenden Reserven gegen die Diagnose der Exekutivlastigkeit auswärtiger Politik (s. z.B. Jungbauer 2012, S. 18 ff., m.w.N. zur Diskussion). Es verortet die auswärtigen Angelegenheiten aber unverändert als „grundsätzlich in den Kompetenzbereich der Exekutive" fallend, s. jüngst Urteil des Zweiten Senats v. 15.6.2022 – 2 BvE 4/20 und 2 BvE 5/20 –, Rn. 108.
[400] Zur (bei geeigneter Ausgestaltung) responsivitätsfördernden Wirkung direkter Demokratie s.o. Fn. 371.
[401] Autor / Dorn / Hanson 2016, S. 205 ff.

Neueinstellungen genügt und für die nachwachsenden Arbeitskräfte Alternativen entwickelt und aufgebaut werden können.[402] Auch sonstige große politische und gesellschaftliche Umwälzungen vertragen oft, aus unterschiedlichen Gründen, kein beliebiges Tempo. Eine einheitliche europäische Währung, Erweiterungen des Europäischen Währungsraums, Erweiterungen der Europäischen Union, dadurch und durch sonstige grenzüberschreitende Liberalisierungen ermöglichte Wanderungsbewegungen von Menschen und Kapital – solche Veränderungen haben anspruchsvolle Voraussetzungen, wenn sie nicht destruktiv werden sollen, und in vielen Fällen gehört dazu die Einräumung ausreichender Zeit für Anpassungsprozesse. Man darf davon ausgehen, dass solche Zusammenhänge von der Gesamtheit der Bürger in den beteiligten Staaten ernster genommen werden als von Politikern, die sich vorgenommen haben, Geschichte zu schreiben, oder die im Zuge ihrer regelmäßigen internationalen Kontakte immer wieder mit denselben Erwartungen ihrer Partner konfrontiert und beständig der Versuchung ausgesetzt sind, sich Kooperationsleistungen, gute Beziehungen und Bindungen ans eigene geopolitische Lager mit Zugeständnissen zu erkaufen, deren Kosten und Risiken sich im Zweifel erst lange nach der nächsten Wahl materialisieren.

3. Gegengewicht zur Kurzfristorientierung repräsentativdemokratischer Politik

Damit ist der dritte wichtige Punkt schon angesprochen: Direktdemokratische Entscheidungsmöglichkeiten bieten ein Korrektiv für eine spezifische Schwäche repräsentativdemokratischer Politik: ihre Kurzfristorientierung. Gewählte Politiker wollen wiedergewählt werden. Daraus folgt eine Fokussierung auf den nächsten Wahltermin. Die Periodizität der repräsentativdemokratischen „Abrechnung" begünstigt eine Neigung zur Vernachlässigung von Langfristperspektiven.[403]

---

[402] China und seine asiatisch-pazifischen Handelspartner haben das schneller verstanden als die Industriestaaten des Westens. Während große westliche Handelsabkommen wie das eurokanadische CETA und das im Entwurfsstadium steckengebliebene transatlantische Freihandelsabkommen TTIP den Wegfall von Zollschranken zwischen den beteiligten Ländern auf einen Schlag vorsehen, sieht das zwischen China, Japan, Südkorea, Australien, Neuseeland und zehn ASEAN-Staaten abgeschlossene RCEP-Abkommen (*Regional Comprehensive Economic Partnership*) in weitem Umfang einen langsamen sukzessiven Abbau im Zeitraum von 20 Jahren vor, s. Teti / Hildenbrand 2021, S. 42; Frenkel / Ngo 2021, S. 433.
[403] In der Sprache der Ökonomie: Politiker haben eine höhere „soziale Diskontrate" als Wähler, Wagschal / Obinger 2000, S. 469; Freitag / Vat-

Vorsorge für die Langfristprobleme demographischer Entwicklungen, Vermeidung und Rückführung von Schulden, die künftige Generationen über Gebühr belasten, Investitionen in Bildung und Umweltschutz, die sich für die Allgemeinheit erst nach vielen Jahren spürbar auszahlen – all das ist nicht unbedingt bei gewählten Repräsentanten, die unabhängig von Möglichkeiten direktdemokratischer Korrektur und deren Vorwirkungen agieren, in den besten denkbaren Händen. Der schon erwähnte, aus empirischen Untersuchungen bekannte Zusammenhang zwischen direkter Demokratie und geringerer Verschuldung beziehungsweise effizienterem Einsatz öffentlicher Mittel[404] illustriert diesen Zusammenhang.

Unzureichend langfristige Perspektiven machen sich nicht zuletzt in der auswärtigen Politik bemerkbar. Der freigiebige Umgang mit EU-Beitrittsperspektiven für immer weitere Kandidatenländer bietet dafür ein Beispiel. Solche Perspektiven waren bisher – was angesichts des Entwicklungsstandes der betreffenden Länder auch nicht anders sein konnte – immer langfristig angelegt. Für die Eröffnung einer solchen Perspektive kann man sich aber schon in der Gegenwart etwas kaufen, nämlich Partnerschaft und politische Gefügigkeiten in allen möglichen Hinsichten. Die Kosten unrealistisch optimistischer Erweiterungspolitik tragen die Unionsbürger viel später, sei es in der Gestalt, dass irgendwann erneut Staaten mit unzureichend entwickelter Rechtsstaatlichkeit und nicht ansatzweise bewältigten massiven Korruptionsproblemen in die EU aufgenommen werden, oder in der Gestalt, dass die demütigende Erfahrung jahrelanger Unterwerfung unter Vorgaben der EU, die dann doch nicht mit dem erhofften Beitritt belohnt wird, bei den betroffenen Staaten in antiwestliche Ressentiments und umso einseitigere Zuwendung zu ganz anderen Partnern umschlägt und die Hoffnungen der Menschen, die sich in diesen Ländern für Rechtsstaatlichkeit, Demokratie und Integrität eingesetzt haben, nur umso bitterer enttäuscht werden.

Direktdemokratische Entscheidungen unterliegen demgegenüber zwar der allgemeinen, nicht *per se* irrationalen Neigung, in zeitlicher Entfernung Erhofftes oder Befürchtetes bei Abwägungen nicht so hoch zu gewichten wie das, was an Gutem oder

---

ter / Müller 2003, S. 354; Vatter 2020, S. 372; s. auch Eichenberger 2019, S. 39, 44 f. (dort auch zu dem Fehlanreiz für repräsentativdemokratische Politik, der daraus resultiert, dass Langfristorientierung in Finanzfragen, d.h. eine Politik des Schuldenab- statt -aufbaus, für Politiker u.a. deshalb vergleichsweise unattraktiv ist, weil sie mit hoher Wahrscheinlichkeit Nachfolgern im Amt oder Mandat zugutekommt; zum Idealvergleichsfehler in diesem Zusammenhang Eichenberger 2021, S. 602).
[404] S.o. Text m. Fn. 102 ff., 217 ff., 222.

Schlechtem ganz zeitnah winkt bzw. droht. Der im Repräsentativsystem angelegten Versuchung, massiv unterzugewichten, was voraussichtlich jenseits der nächsten Wahl oder gar erst nach dem Ende der eigenen Berufslaufbahn anfallen wird, unterliegen sie dagegen nicht.

4. Fehlerkorrekturfreundlichkeit

Stimmbürger sind so wenig unfehlbar wie ihre Repräsentanten.[405] Volksabstimmungen haben aber repräsentativdemokratisch getroffenen Entscheidungen gegenüber den Vorteil, dass sie, vor allem wo die Möglichkeit der Initiative „von unten" besteht, gerade in hoch politisierten Fragen offener für Fehlerkorrekturen sind. Das ist in einer immer komplexeren Welt mit abnehmenden Vorhersehbarkeiten ein Vorzug. Dieser Vorteil direktdemokratischen Entscheidens hat seine Ursache darin, dass Koalitionsrücksichten und, noch wichtiger, Gesichtswahrung bei diesem Entscheidungstyp keine Rolle spielen. Das ist in der repräsentativdemokratischen Politik ganz anders.[406] Hier fällt schon das Eingeständnis, dass die zeitlichen Perspektiven für den Beitritt eines Landes zur Währungsunion fehlkalkuliert waren, so schwer, dass man sich lieber mit zweifelhaften, *mindestens* unzureichend geprüften Haushaltsdaten zufriedengibt.[407] Die Bürger haben dagegen, anders als die

---

[405] Die durch relativistische Demokratietheorie nahegelegte Frage, ob in Bezug auf demokratisch zustandegekommene Entscheidungen von Fehlern überhaupt sinnvoll die Rede sein kann (dazu Offe 1992, S. 129 f.), gehört zu den typischen „intellektuellen" Fragen, in deren Beantwortung man nur die Plausibilität der Prämissen eigener Denkgebäude testen kann, ohne die die Frage sich gar nicht stellte, und die daher den Alltagsverstand nicht im Geringsten behelligen. In der Diskussion über Sinn oder Unsinn der über die Sommermonate 2022 angesichts rasant steigender Kraftstoffpreise spendierten Steuerermäßigung („Tankrabatt") hätte die Frage, ob diese Maßnahme nicht schon deshalb kein Fehler gewesen sein kann, weil sie demokratisch beschlossen wurde, zu Recht nur Gelächter geerntet.

[406] Ein prominentes Beispiel bietet die von der FDP nach der Bundestagswahl 2009 durchgesetzte Mehrwertsteuerermäßigung für das Hotelgewerbe, die inzwischen von der FDP selbst als Fehler angesehen, aber dennoch nicht rückgängig gemacht wird, s. Heußner 2021, S. 55. Was die internationale Politik angeht, muss man nur auf die Häufigkeit des Vorkommens des Ausdrucks „gesichtswahrend" in diesem Kontext achten, um zu ermessen, welche Bedeutung dem Gesichtspunkt des *facekeeping* schon im wechselseitigen Verhältnis der nationalen politischen Akteure zukommt; hinzu kommt das Verhältnis zur jeweils eigenen Bürgerschaft, in dem, wenn es um internationale Politik geht, Kehrtwenden durch die involvierten internationalen Status- und Reputationsgesichtspunkte zusätzlich erschwert werden.

[407] Zur auf frisierten griechischen Haushaltsdaten beruhenden Feststel-

Parteien, kein kollektives Gesicht, das sie vor sich selbst und anderen zu wahren hätten. Ein Beispiel bietet die erwähnte Geschichte der schweizerischen Initiativen zur „Ausschaffung" und zur „Masseneinwanderung", bei denen die Schweizer auf wortgetreuer Umsetzung der Abstimmungsergebnisse in weiteren Abstimmungen nicht bestanden haben. Vom Inhalt der jeweils ersten Abstimmung haben sie sich so auf pragmatische Weise mit Rücksicht auf völkerrechtliche Gesichtspunkte und zwischenzeitliche Verhandlungsergebnisse wieder abgekehrt.[408] Viele weitere Beispiele ließen sich nennen.[409]

Die hier und da anzutreffende Einschätzung, zu den Nachteilen der direkten Demokratie gehöre nicht etwa besondere Fehlerkorrekturfreundlichkeit, sondern gerade umgekehrt die erschwerte Reversibilität ihrer Entscheidungen,[410] erklärt sich wohl hauptsächlich daraus, dass dabei die in der Tat nicht empfehlenswerte, international aber sehr verbreitete Variante vor Augen steht, in der Volksabstimmungen – abgesehen von etwaigen obligatorischen Fällen – nur „von oben" anberaumt werden können. Wenn ein unter dieser Voraussetzung anberaumtes Referendum nicht so ausgeht, wie die Regierenden es sich gewünscht haben,[411] mögen die

---

lung der Kommission, die Konvergenzkriterien für den Beitritt zur Währungsunion seien erfüllt, s. statt vieler Biedenkopf 2012, S. 127 f. Dass die EU-Organe bei pflichtgemäß sorgfältiger Prüfung nicht in der Lage gewesen wären, den Schwindel schon vor dem griechischen Beitritt aufzudecken, wird man nicht ernsthaft annehmen können (alles andere liefe auf ein Unfähigkeitsurteil hinaus, das noch mehr beunruhigen müsste als die folgenreiche Unregelmäßigkeit als solche).
[408] S.o. Text m. Fn. 162, 165.
[409] Beispiele bei Morel 2019, S. 207 f. Fälle, in denen, wie etwa bei der Brexit-Abstimmung oder bei den o. (Text m. Fn. 131 ff.) erwähnten schweizerischen und liechtensteinischen Abstimmungen zugunsten des Frauenstimmrechts, das Ergebnis lange zurückliegender gegensinniger Abstimmungen revidiert wurde, sollten hier nicht mitberücksichtigt werden. Revirements in größeren zeitlichen Abständen, insbesondere nach Regierungs- und Mehrheitswechseln, sind im repräsentativdemokratischen Modus gegenüber dem direktdemokratischen allenfalls noch in ideologisch besonders sensiblen Bereichen erschwert. Allg. zur Fehlerkorrekturfreundlichkeit direktdemokratischen Abstimmungen Eichenberger 2019, S. 40. Unter besonderen Umständen, wie z.B. bei neuen Ereignissen von großer Wucht, können selbstverständlich Gesichtswahrungsinteressen als Lernhemmnis auch im repräsentativdemokratischen Modus ganz unabhängig von Regierungswechseln neutralisiert sein.
[410] Manow 2020, S. 183 Fn. 14, u.a. mit der Begründung, ein Referendum korrigieren zu wollen, wirke undemokratisch; ähnlich Thiele 2019, unter 1.; a.A. Morel 2018b, S. 152; dies. 2019, S. 207 ff.
[411] S. für das Beispiel der Brexit-Abstimmung o. Fn. 148; bei quer durch die Parteien und Fraktionen laufenden Meinungsunterschieden gab es auch im Parlament, das die gesetzlichen Grundlagen für das Abhalten des Referendums bereitstellte, seinerzeit keine Mehrheit für einen Austritt.

III.4. Fehlerkorrekturfreundlichkeit

initiierenden Organe besonders ausgeprägte Hemmungen haben, dem Volk dieselbe Frage noch einmal vorzulegen oder sich gar im Wege der Inanspruchnahme etwaiger eigener Kompetenzen darüber hinwegzusetzen, und den Bürgern selbst fehlt dann, wie im Fall des Brexit, die Möglichkeit der Selbstkorrektur im Wege eigener Initiative.[412] Sogar wo überraschende Ergebnisse einer „von oben" angesetzten Abstimmung nicht im Wege der Volksinitiative revidiert werden können, kommen in der Praxis allerdings – gleichfalls von „von oben" initiierte – Korrekturen, sei es im Wege der Volksabstimmung oder der repräsentativdemokratischen Entscheidung, vor. Der übliche Weg, dem Verdikt der Missachtung des Volkswillens auszuweichen, ist in solchen Fällen eine – unter Umständen nur leichte oder sogar nur scheinbare – Modifikation des Entscheidungsgegenstandes. Unter anderem europapolitische Entscheidungen sind wiederholt auf diese Weise trotz zunächst entgegenstehender Volksabstimmungsergebnisse in einzelnen EU-Mitgliedstaaten zustandegekommen.[413]

---

[412] Nach einer Meinungsumfrage vom Juni 2017 wünschten die Briten sich mehrheitlich die Gelegenheit, über den Brexit ein zweites Mal, diesmal in Kenntnis der Bedingungen, abzustimmen (Baynes 2017; s. auch, zu auf dieses Ziel gerichteten Petitionen und Demonstrationen, Kaufmann 2020, S. 282). Die Gelegenheit zu einer zweiten Abstimmung konnten sie sich allerdings nicht selbst verschaffen, weil das Vereinigte Königreich keine Volksinitiative kennt, sondern nur die Möglichkeit einer vom Parlament anberaumten Befragung des Volkes. In den von Baynes, ebd., zitierten Umfrageergebnissen wurde auch deutlich, dass es jedenfalls für die harte Brexit-Variante keine mehrheitliche Unterstützung gab und je gegeben hatte.

[413] In Frankreich wurde, nachdem die Franzosen 2005 den Vertrag über eine Verfassung für Europa per Volksabstimmung abgelehnt hatten (Einzelheiten des Hergangs bei Schünemann 2017, S. 96), die im Anschluss an diese und die niederländische Ablehnung ausgehandelte Neufassung des Vertragswerks, die auf die Bezeichnung „Verfassung" verzichtete, inhaltlich aber nichts Wesentliches änderte, die Zustimmung zu dieser Neufassung parlamentarisch beschlossen, ohne die Bürger ein zweites Mal zu befassen (s. statt vieler Morel 2019, S. 208). Für das Beispiel der zweiten irischen Abstimmung zum Vertrag von Lissabon, die im Gegensatz zur ersten zustimmend ausfiel, nachdem man Irland in einigen Punkten entgegengekommen war, Schünemann 2017, S. 132 ff. (der Volksentscheid war für eine derartige Konstellation in Irland obligatorisch; um eine nach Ermessen „von oben" initiierte Volksabstimmung handelte es sich hier also nicht). Nachdem in den Niederlanden das Assoziationsabkommen der EU mit der Ukraine 2016 zunächst per (volksinitiierter konsultativer) Volksabstimmung abgelehnt worden war, handelte die Regierung eine Zusatzerklärung zu dem Abkommen aus, nach der das Abkommen u.a. nicht automatisch zu Beitrittsverhandlungen mit der Ukraine führen werde, für Ukrainer kein Recht auf Freizügigkeit in der EU begründe und keine Garantien für Sicherheit oder militärische Unterstützung damit verbunden sein (Nuspliger 2017; Otto 2017) – lauter Feststellungen, die nur klar-

Näher als die Befürchtung, dass Volksabstimmungen irreversible Schäden anrichten, liegt die Gefahr schlicht missachtender „Korrektur" direktdemokratischer Entscheidungen durch repräsentativdemokratische.[414] Diese Gefahr besteht besonders dort, wo die Möglichkeit der Volksinitiative fehlt und daher die Präventivwirkung der Möglichkeit einer von den Korrigierten veranlassten „Rückkorrektur" entfällt.

Es liegt nicht in der Natur der Sache, dass direktdemokratische Entscheidungen nur durch ebensolche revidiert werden können. Dass Volksabstimmungen mit rein konsultativer Bedeutung, auch wenn ihr faktisches Gewicht hoch sein mag, für die jeweiligen Regierungen und Parlamente rechtlich nicht bindend sind, liegt schon im Begriff des Konsultativen. Aber auch bei Volksentscheiden, die verbindlichen Charakter haben, ist es eine Frage der rechtlichen Ausgestaltung, ob und inwieweit die Möglichkeit anderslautender oder abändernder Entscheidung durch die repräsentativdemokratischen Organe besteht. In der Praxis ist hier das Modell der offenen Konkurrenz verbreitet: Direktdemokratisch beschlossene Gesetze können ohne Einschränkung im Wege repräsentativdemokratischer Gesetzgebung modifiziert oder abgeschafft werden.[415] Gehemmt wird der Gebrauch dieser Möglichkeit dann nur dadurch, dass er sich dem Vorwurf der Missachtung des Volkswillens aussetzt, dass – sofern die Ausgestaltung der direktdemokratischen Institutionen das zulässt – ein Ping-Pong wechselseitiger derartiger Reaktionen droht, und dass mit ungünstigen Reaktionen bei der nächsten Wahl gerechnet werden muss. Alternativ können Sperrfristen oder andere Mechanismen vorgesehen sein, die einem Überschreiben oder zumindest einem leichtfertigen Überschreiben des direktdemokratisch Beschlossenen vorbeugen.[416] Über die Erforderlichkeit und Zweckmäßigkeit solcher Ausgestaltungen lässt sich streiten.[417] Es spricht durchaus etwas dafür, den repräsentativdemokratischen Organen die Möglichkeit, dem Ergebnis von

---

stellten, was der Vertrag ohnehin nicht vorsah –, und man stimmte dem Abkommen daraufhin ohne erneutes Referendum zu.

[414] So auch Morel 2018b, S. 152.
[415] Zu dieser und anderen möglichen Lösungen schon o. Text m. Fn. 384.
[416] S.o. Text m. Fn. 384. Die Leitlinien der Venedig-Kommission für Volksabstimmungen sehen vor, dass ein Text, der durch Volksabstimmung abgelehnt wurde, in einem näher zu bestimmenden Zeitraum nicht in einem anderen Verfahren als dem der Volksabstimmung angenommen werden, und dass in demselben Zeitraum ein durch Volksabstimmung angenommener Text nicht in einem anderen Verfahren als dem der Volksabstimmung geändert werden darf (Venice Commission 2006, S. 10, unter 5.a)i und 5.a)ii); bekräftigt durch Venice Commission 2007 (der Text nimmt die Leitlinien von 2006 auf und erläutert sie).
[417] Für Entbehrlichkeit Menzel 2002, S. 401 f.

III.4. Fehlerkorrekturfreundlichkeit

Volksabstimmungen mit eigenen Beschlüssen entgegenzutreten, nicht von vornherein zu verwehren – vorausgesetzt, dass dieselbe Möglichkeit auch in umgekehrter Richtung besteht. Die Lern- und Fehlerkorrekturfähigkeit des Gesamtsystems kann davon profitieren, wenn keinem der beiden Systeme ein definitives letztes Wort zugewiesen[418] oder vor dem letzten Wort zumindest die Möglichkeit einer Rückkoppelungsschleife eingebaut ist.[419]

---

[418] Zu partiell analogen Vorteilen des Offenhaltens der Frage des letzten Wortes in einem anderen Zusammenhang s. Lübbe-Wolff 2011, S. 90 ff. (betrifft das Verhältnis zwischen nationalen und transnationalen Gerichten).

[419] So die hamburgische Lösung, s.o. Fn. 384, die zwar die Möglichkeit des letzten Worts durch Volksabstimmung eröffnet, dem repräsentativdemokratischen Gesetzgeber aber den Versuch, sich gegen ein für fatal gehaltenes Volksabstimmungsergebnis durchzusetzen – und damit womöglich eigene Kommunikationsfehler im Verfahren des Volksgesetzgebers zu reparieren –, nicht von vornherein verwehrt.

IV. Fazit

Die grundsätzlichen Vorbehalte, die bis heute gern gegen direktdemokratisches Entscheiden mobilisiert werden, verallgemeinern häufig Bedenken, die nur in Bezug auf bestimmte Ausgestaltungen direkter Demokratie berechtigt sind. Oft steht, wo solche Vorbehalte geltend gemacht werden, dahinter auch nur die Erwartung, dass direktdemokratisches Entscheiden weniger als repräsentativdemokratisches die eigenen politischen Präferenzen bedienen würde. Und ganz überwiegend handelt es sich um mitgeschleppte ideologische Rückstände einer Demophobie,[420] die einst von jeder Demokratisierung Unheil erwartete. Direktdemokratische Institutionen sind kein Allheilmittel. In der richtigen Ausgestaltung begünstigen sie aber eine stärker an den Interessen der Bürger orientierte Politik, eine Steigerung des Niveaus politischer Kommunikation, eine Zunahme von Bürgersinn und Bürgerkompetenz und größeres Vertrauen in die Institutionen und Akteure der repräsentativdemokratischen Politik. Dieses Potential ungenutzt zu lassen, war in der Geschichte der Bundesrepublik Deutschland noch nie so riskant wie heute.

---

[420] Zu „Demophobie oder Furcht (φόβος) vor dem Volke, das, lange Zeit gedrückt, endlich die unerträgliche Last abwerfen könnte", als einer Quelle des Volkshasses der „Volksbedrücker oder Tyrannen" s. Krug 1838, S. 270. „Demophobie" als Bezeichnung für die auch in Demokratien noch verbreitete Angst vor dem *demos* (altgriech.: δῆμος / Volk), sofern er über die Wahl seiner Repräsentanten hinaus ohne Vermittlung durch diese agiert, findet sich bei Obst 1989, S. 295. In der Psychologie wird der Ausdruck „Demophobie" dagegen zur Bezeichnung einer Angst vor Menschenansammlungen verwendet, die die Qualität einer psychischen Störung hat und die Betroffenen Jahrmärkte, volle Fußballstadien u.ä. meiden lässt.

V. Anhang zur Terminologie

In Angelegenheiten der direkten Demokratie herrscht beträchtlicher terminologischer Wirrwarr.[421] Daher hier einige Klarstellungen zur Verwendung von Begriffen in dieser Schrift und zu vorkommenden abweichenden Bedeutungszuschreibungen und Verwendungen:

Direkte Demokratie

In der vorliegenden Arbeit werden als direktdemokratische Entscheidungen nur durch Volksabstimmung getroffene **Sachentscheidungen** bezeichnet. Entscheidungen oder Mitwirkungen daran als „direktdemokratisch" nur zu qualifizieren, soweit es um Sachentscheidungen – im Gegensatz zu Personalentscheidungen – geht, entspricht dem im deutschen Sprachraum wohl vorherrschenden, jedenfalls aber einem sehr verbreiteten Sprachgebrauch.[422] Im Gegensatz dazu findet man aber häufig auch unmittelbar volksbeschlossene Entscheidungen, die den Verbleib politischen Personals im Amt betreffen – Abberufungen und Parlamentsauflösungen – zu den direktdemokratischen gezählt.[423] Zuweilen werden darüber

---

[421] So schon Jürgens 1993, S. 42 ff. S. auch Stelzenmüller 1994, S. 31: „Auf diesem Gebiet herrscht im deutschen Sprachraum eine erstaunliche Begriffskonfusion." International sah und sieht es nicht besser aus.
[422] S. statt vieler Kost 2013, S. 10; Vospernik 2014, S. 114; Möckli 2018, S. 21 f., 26, 30; ders. 1994, S. 87 f.; Rehmet / Wagner / Weber 2020, S. 11 f.; Pállinger 2021, S. 502; Pautsch 2021, S. 146; Kruse 2021, S. 242 (relativierend ebd. S. 11: „unter gewissem Vorbehalt" dürften zur direkten Demokratie auch Personalentscheidungen der Bürger wie die Direktwahl der Bürgermeister oder der Landräte gezählt werden); w.N. u. Fn. 430. Aus dem englischen Sprachraum statt vieler Altman 2019, S. 6; Matsusaka 2020, S. 62.
[423] S. z.B. Neumann 2009, S. 235 ff. („Abwahlen" und Abstimmungen über Parlamentsauflösungen einschließend); Altman 2011, S. 7 (nur Wahlen ausschließend); Decker 2016, S. 29 (nicht Direktwahlen, wohl aber Abstimmungen über Parlamentsauflösungen und Abberufungen einbeziehend); ders. 2020, S. 56; Welp 2018, S. 451 (das personenbezogene *recall referendum*, mit dem über die Abberufung eines Amtsträgers entschieden wird, einschließend).

hinaus sogar Wahlen der direkten Demokratie zugeordnet.[424] Angesichts der teils engeren, teils extensiveren Begriffsverwendungen unterscheiden manche Autoren zwischen direkter Demokratie im weiten Sinne, die auch Personalentscheidungen wie die unmittelbare Volkswahl von Amtsträgern einschließt, und der oft auch als „**sachunmittelbare Demokratie**" bezeichneten direkten Demokratie im engen Sinne.[425]

Volksabstimmungen über Sachthemen ordne ich **unabhängig davon**, ob ihr Ergebnis *de jure* **verbindlich** ist, den direktdemokratischen Verfahren zu, beziehe also Abstimmungen wie das Brexit-Votum ein, bei denen es sich der Rechtsnatur nach um eine bloße **Volksbefragung** handelt. Etliche Autoren zählen dagegen unverbindliche Volksabstimmungen nicht zu den direktdemokratischen Instrumenten.[426] Dabei folgen sie, teilweise explizit, dem Sprachgebrauch von Mehr Demokratie e.V.,[427] einer Nichtregierungsorganisation, die sich „für direkte Demokratie" einsetzt[428] und deshalb verständlicherweise einen normativ geprägten Begriff der direkten Demokratie verwendet, unter den nur die von ihr befürworteten Varianten der Artikulation des Bürgerwillens durch Volksabstimmung – darunter aus guten Gründen nicht die unverbindliche – fallen. Für die analytischen Zwecke der vorliegenden Arbeit erscheint dagegen die Einbeziehung *de jure* unverbindlicher Abstimmungen sinnvoll, weil die faktisch politikbestimmende Bedeutung einer Volksabstimmung nicht notwendigerweise von ihrer rechtlichen Bindungswirkung abhängt, und weil eine Abstimmung

---

[424] S. z.B. Weber 1959, S. 776 (zu Wahlen als Plebisziten); Schiffers 1971, S. 9 (die „plebiszitäre Präsidentenwahl" zu den „Elementen direkter Demokratie" in der Weimarer Reichsverfassung zählend) u. passim; Gebhardt 2000, S. 14 („ ... im direktdemokratischen Prinzip der Personalentscheidungen"); Eberhard / Lachmayer 2009, S. 244, 250 (direkte Bürgermeisterwahl als Erscheinungsform direkter Demokratie); Schmidt 2019, S. 359 (die Direktwahl von Bürgermeistern und Landräten zu den Erscheinungsformen direkter Demokratie zählend). Als Beispiel für die verbreiteten diffusen und auch sonst definitionstechnisch besonders missratenen Begriffsbestimmungen s. etwa Slupik 1987, S. 288: „Plebiszitäre Demokratie oder auch direkte Demokratie heißt, daß der demokratische Souverän über die Wahlrechte hinaus stärker in die Staatswillensbildung einbezogen werden soll."
[425] Dreier / Wittreck 2010, S. 13 f. Der Terminus „sachunmittelbare Demokratie" findet sich u.a. im Namen des bekannten Dresdner Forschungsinstituts (Deutsches Institut für Sachunmittelbare Demokratie, DISUD) und wird nicht nur von Institutsangehörigen (s. statt vieler Neumann 2009, passim; Schmidt 2020b, S. 199), sondern auch sonst oft verwendet.
[426] S. z.B. Weber / Rehmet 2021, S. 412; Rehmet / Wagner / Weber 2020, S. 12; Rehmet 2015, S. 2.
[427] S. z.B. Mehr Demokratie e.V. 2022, S. 6.
[428] S. die Selbstbeschreibung unter <https://www.mehr-demokratie.de/ueber-uns/profil>, Abruf 13.5.2022; näher Beck / Weber 2021, passim.

wie die über den Brexit, die im allgemeinen und ganz überwiegend auch im rechts- und politikwissenschaftlichen Sprachgebrauch zu den direktdemokratischen gezählt wird und in der öffentlichen Diskussion über direkte Demokratie eine wichtige Rolle als Exempel spielt, nicht aus der Betrachtung ausgeklammert werden soll. Dementsprechend zähle ich zu den Erscheinungsformen direkter Demokratie auch bloße **Volksanregungen** oder **Volkspetitionen**, d.h. Initiativen aus der Bürgerschaft, die, wie z.B. die „Europäische Bürgerinitiative" nach Art. 11 Abs. 4 EUV oder das „Volksbegehren" nach Art. 41 Abs. 2 der österreichischen Bundesverfassung, nur eine Befassungspflicht bestimmter Organe – in den genannten Beispielsfällen eine Befassungspflicht der europäischen Kommission bzw. des Nationalrats (der Abgeordnetenkammer des österreichischen Parlaments) – auslösen, ohne dass es bei nicht anregungsgemäßer Behandlung der Sache zu einem Volksentscheid oder auch nur zu einer unverbindlichen Volksabstimmung käme.

Zuweilen werden „**von oben**" veranlasste Äußerungen des Volkswillens nicht zu den direktdemokratischen gerechnet; so zum Beispiel, gemäß dem Anliegen, dem Begriff der direkten Demokratie nur Befürwortungswürdiges zuzuordnen, bei Mehr Demokratie e.V.[429] Auch dieser Einschränkung wird, in Übereinstimmung mit dem vorherrschenden Sprachgebrauch,[430] hier nicht

---

[429] Mehr Demokratie e.V. 2022, S. 6: nur Verfahren, die „von den Bürgerinnen und Bürgern ‚von unten' oder automatisch aufgrund gesetzlicher Vorschriften ausgelöst" werden; ebenso Rehmet 2015, S. 2. Ausgeschlossen wird damit auch die durch parlamentarische Minderheiten auslösbare Volksabstimmung. Vgl. auch Heußner 2021, S. 59: direkte Demokratie sei nur gegeben, wenn „die Volksabstimmung ‚direkt' von den Bürgern, also ‚von unten' ausgeht"; Schiller / Mittendorf 2002, S. 11 („‚Direkte Demokratie' bezieht sich auf all diejenigen Beteiligungsformen, die durch einen Auslösungsakt ‚von unten' für Sachentscheidungen ein Entscheidungsverfahren mit Stimmrecht aller Bürgerinnen und Bürger eröffnen."). Die beiden letztgenannten Erläuterungen schließen, wörtlich genommen, über die zitierte Begriffsbestimmung bei Mehr Demokratie e.V. hinaus, auch die für bestimmte Fälle obligatorische Volksabstimmung aus dem Begriff des Direktdemokratischen aus. Analog möchte Decker 2016, S. 14, den Begriff der *Volksgesetzgebung* auf volksinitiierte Gesetzgebung eingeschränkt sehen.

[430] S.o. Text m. Fn. 422; explizit gegen den Ausschluss „von oben" initiierter Verfahren Pautsch 2021, S. 145. Speziell für Österreich, wo schon im Hinblick auf die Charakteristik der in der österreichischen Bundesverfassung vorgesehenen Formen der Volksbeteiligung an Sachentscheidungen ein entsprechend weiter Begriff des Direktdemokratischen üblich ist und die nur auf Beschluss des Nationalrats oder auf Verlangen der Mehrheit seiner Mitglieder anzuberaumenden Volksabstimmungen gemäß Art. 43 österrB-VG mit der gleichen Selbstverständlichkeit wie das inhaltlich unverbindliche und nicht auf eine Volksabstimmung führende Volksbegehren nach Art. 41 Abs. 2 österrB-VG zu den Instrumenten direkter Demokratie gezählt werden, s. statt vieler Poier 2015, S. 205 (direkte Demokratie

gefolgt. Die Verengung des Begriffs der direkten Demokratie auf deren sinnvolle Ausgestaltungen dient der Identifikation der sinnvollen Ausgestaltungen, der Aufmerksamkeit für die Unterscheidung zwischen sinnvollen und weniger sinnvollen Ausgestaltungen und der einfachen Verständigung darüber nicht.

Nicht zu den Erscheinungsformen direkter Demokratie rechne ich die verschiedenen Formen deliberativer und/oder beratender Beteiligung einer *Selektion* von Bürgern an öffentlichen Entscheidungs- oder Meinungsbildungsprozessen (Bürgerräte, Konferenz zur Zukunft Europas u.ä.).[431]

Plebiszit / plebiszitär

Zuweilen wird statt von direkter Demokratie oder direktdemokratischen Instrumenten im oben genannten, auf Sachentscheidungen bezogenen Sinn auch von plebiszitärer Demokratie, plebiszitären Instrumenten oder Plebisziten gesprochen.[432] Diesen Sprachgebrauch, dem ich nicht folge, trifft man, wohl wegen des abschätzigen Untertons, der in der Etymologie angelegt ist – *plebs* bezeichnete den nichtpatrizischen Teil der römischen Bürgerschaft und wird heute außerhalb neutraler geschichtswissenschaftlicher Verwendungen praktisch nur noch abwertend gebraucht –, vor allem in Deutschland häufig, aber nicht ausschließlich, bei Autoren an, die direktdemokratischen Entscheidungsverfahren ablehnend – oder zumindest reserviert, allenfalls restriktive Ausgestaltungen befürwortend – gegenüberstehen.

Was den ausschließlichen **Bezug der Worte „Plebiszit" und „plebiszitär" auf Sachentscheidungen** angeht, hat sich ein einheitlicher Sprachgebrauch allerdings nicht herausgebildet. Es kursiert auch ein weiter gefasster Begriff des Plebiszits, der unmittelbares Entscheiden durch das Volk unabhängig davon erfasst, ob es sich

---

„grundsätzlich verstanden als Mitwirkung des Volkes an Sachentscheidungen"); Rosenbacher / Stadlmair 2015, S. 228 (direkte Demokratie als „Beteiligung der BürgerInnen an Sachentscheidungen").
[431] Zu solchen Beteiligungsformen o. Text m. Fn. 23 ff.
[432] S. z.B. Stern 1984, S. 607 f. (mit der Feststellung auf S. 608, das Grundgesetz sei „prononciert antiplebiszitär"); Isensee 2001, passim; ders. 2005, passim; ders. 2010, S. 121 („Thema der plebiszitären Demokratie ist nicht die Entscheidung über das staatliche Führungspersonal, sondern über Sachfragen, also nicht die Wahl, sondern die Abstimmung"); Müller-Franken 2005, S. 19 u. passim; Decker 2016, S. 16 u. passim. Deckers Bedenken richten sich speziell gegen volksinitiierte direktdemokratische Gesetzgebung, s. ebd. S. 155 f.; nur sie fällt nach seiner Definition, ebd. S. 14, unter den Begriff der schon im Titel seines Buches nachdrücklich abgelehnten „Volksgesetzgebung". Zur ursprünglichen Bedeutung von *plebiscitum* als Bezeichnung für Beschlüsse, die die Versammlung der Plebejer traf, Möckli 2018, S. 33; ders. 1994, S. 49.

um Sach- oder um Personalentscheidungen handelt.[433] Oft wird der Ausdruck „plebiszitär" in der nicht nur Sachentscheidungen erfassenden Bedeutung speziell für ins Aufgepeitschte entartete Entscheidungen verwendet, so zum Beispiel bei Karl Newman. Newman qualifiziert nicht nur die Weimarer Reichspräsidentenwahl als „im Grunde" plebiszitär. Den Nationalsozialisten ist es ihm zufolge gelungen, auch die Parlamentswahlen ins Plebiszitäre umzuformen, das sich „selbst auf Wahlen in Ländern, Kommunen und sogar Gewerkschaften zu erstrecken begann".[434] Verbreiteter ist demgegenüber ein Begriff des Plebiszits, der nur eine spezielle Variante unmittelbarer Entscheidung durch das Volk erfasst, nämlich die Volksabstimmung auf Vorlage von oben, deren berechtigterweise schlechten Ruf Napoleon III. begründet hat.[435] Auch

[433] S. z.B. Kost 2005b, S. 8; Patzelt 2021, passim. Für „Plebiszitäre Personalentscheidungen", zu denen aber nicht Wahlen, sondern nur Abberufungs-, Parlamentsauflösungs- und Organabschaffungsentscheidungen gezählt werden, Weixner 2002, S. 179 ff. In einer sehr weiten Verwendung des Terminus „plebiszitär" wird zum Beispiel die Direktwahl des Reichspräsidenten unter der Weimarer Verfassung gern zu den „plebiszitären" Elementen der Weimarer Verfassung gezählt, s. z.B. Mommsen 2009, S. 118 u. passim; Schiffers 1971, S. 9 u. passim; für einen „im Grunde plebiszitären" Charakter der Reichspräsidentenwahl Bracher 1963, S. 23. Für solche Verwendungen in der Weimarer Zeit, u.a. bei Max Weber und Theodor Heuss, s. Weber 1919/1988 S. 127 („Plebiszitäre, parlamentarische oder föderalistische Reichsspitze?"), S. 129 („Gegner der plebiszitären Wahl"), S. 130 („von jenem plebiszitären Präsidenten"); Heuß 1928, S. 111 („die Schaffung des plebiszitären Reichspräsidenten und die Einführung der plebiszitären Gesetzgebung"). Für Parlamentswahlen in der „moderne[n] parteienstaatliche[n] Massendemokratie" als „Plebiszit über der Parteien Macht und Einfluß" Weber 1970, S. 187. Noch extensiver die Begriffsbestimmung bei Ernst Fraenkel, der als plebiszitär ein Regierungssystem begreift, das darauf ziele, den *empirischen* Volkswillen zur Geltung zu bringen (im Gegensatz zum Repräsentativsystem, das auf einen demgegenüber veredelten *hypothetischen* Volkswillen ausgerichtet sei), und der demgemäß alle Formen, Verfahren und Tendenzen politischer Entscheidungsbildung als plebiszitär identifiziert, die staatliche und innerparteiliche Entscheidungsprozesse (enger) an die jeweilige Basis binden, so dass z.B. auch Veränderungen in Fragen der Fraktionsdisziplin, der Mittelbarkeit oder Unmittelbarkeit von Wahlen und des exekutivischen Parlamentsauflösungsrechts als Verschiebungen zwischen den Polen des Repräsentativen und des Plebiszitären eingeordnet werden (Fraenkel 1991/1958, S. 153 ff., 164, 167, 181 ff.).
[434] Newman 1965, S. 160, 162; krit. zu dieser Verwendung Lübbe-Wolff 2018, S. 133. Zum Verwirrungspotential des extensiven Plebiszitbegriffs im Zusammenhang mit der nationalsozialistischen Machtergreifung s.o., Text m. Fn. 75.
[435] S. für diese Verwendung statt vieler Heußner 2021, S. 59; Chevenal 2020, S. 123; Blume / Müller / Voigt 2009, S. 439; Möckli 2018, S. 26; ders. 1994, S. 89; Linder 2019; Lissidini 2017, S. 126; Gebhardt 2000, S. 15; Altman 2011, S. 116; Gross 2016/2015a, S. 213 f. Zu weiteren, nach Veranlassern oder Entscheidungsinhalten differenzierenden Versionen dieser Variante

der Vorschlag, als Plebiszit nur die „nachträgliche Befragung des Volkes über eine Einzelfallentscheidung" zu bezeichnen, kommt vor.[436]

Referendum

Als Referendum bezeichne ich, wiederum in Übereinstimmung mit dem vorherrschenden oder jedenfalls einem sehr verbreiteten Sprachgebrauch, eine Volksabstimmung über eine von einem anderen Staatsorgan beschlossene sachgegenständliche Vorlage.[437] Um ein Referendum handelt es sich danach beispielsweise bei einer Volksabstimmung über ein parlamentarisch beschlossenes Gesetz oder über die staatlicherseits den Bürgern gestellte Frage nach dem Verbleib in der EU. Gemäß dem schweizerischen Sprachgebrauch kann dabei zweckmäßig unterschieden werden zwischen **obligatorischen** und **fakultativen** Referenden.[438] Fakultativ ist ein Referendum, das nur auf Beschluss, Antrag oder Initiative näher bestimmter Akteure – etwa eines Regierungsorgans, einer Parla-

---

s. Brockmann 2021, S. 34. Überblick zu den Verwendungen des Plebiszitbegriffs auch im Ausland bei Neumann 2009, S. 158 ff. Morel 2019, S. 18, schlägt vor, vom Begriff des Plebiszits in der wissenschaftlichen Literatur zur direkten Demokratie keinen Gebrauch mehr zu machen.

[436] Dreier / Wittreck 2010, S. 14.

[437] Möckli 2018, S. 27 („*Referendum* heißt, dass das Elektorat über einen von den Staatsorganen vorgegebenen Sachgegenstand entscheidet"; diese Formulierung geht, anders als die obige, und die nachfolgend zitierte, nicht davon aus, dass die Stimmbürgerschaft, wo sie als solche handelt, selbst ein Staatsorgan ist); ohne Hervorhebung des sachgegenständlichen – nicht eine Personalfrage betreffenden – Inhalts Kuoni 2015, S. 5 (beim Referendum werde der Stimmbürgerschaft „eine durch ein anderes Staatsorgan ausgearbeitete Vorlage zur Abstimmung unterbreitet"); ähnlich Roche 2012a, S. 47 für das Referendum *dans un sens strict* (während der Autor selbst den Terminus in einem weiteren, alle Verfahren der Setzung von Rechtsakten durch Volksabstimmung einschließenden Sinn verwendet, S. 48); Schmidt 2020a, S. 722 (beim Referendum „stimmt das Volk über eine fremde Vorlage ab, und zwar in der Regel über ein vom Parlament beschlossenes Gesetz"); Altman 2019, S. 7 (den reaktiven und kassatorischen Charakter des Referendums hervorhebend). Etwas enger – auf die heute verbreitetste Variante abstellend – Dreier / Wittreck 2010, S. 15 („Das Referendum […] bezeichnet die i.d.R. nachträgliche Volksabstimmung über vom Parlament beschlossene Vorlagen"); Voigt 2013, S. 55 („*Referendum*: Die Abstimmungsvorlage kommt aus dem Parlament, nicht aus dem Volk."); Möller 2019, S. 22 („nachträgliche Abstimmung durch das Volk über eine parlamentarische Vorlage"); Chen 2018, S. 21: Referendum als Entscheidung des Volkes über ein vom Parlament beschlossenes (einfaches oder Verfassungs-) Gesetz; ebenso Knemeyer / Jung 2001, S. 18.

[438] S. Art. 140, 141 schweizBV. Darüber hinaus zwischen „passiven" und „aktiven" bzw. „unkontrollierten" Referenden unterscheidet je nachdem, ob Regierung oder Parlamentsmehrheit als auslösende Instanz fungieren oder eine Parlamentsminderheit oder Minderheit der Stimmbürgerschaft: Milic / Rousselot / Vatter 2014, S. 38, m.w.N.

V. Anhang zur Terminologie

mentsmehrheit oder -minderheit und/oder einer bestimmten Anzahl von Bürgern – abzuhalten ist, obligatorisch dagegen eines, das über bestimmte Gegenstände, wie zum Beispiel Verfassungsänderungen, völkerrechtliche Verträge oder bestimmte Arten solcher Rechtsakte, von Rechts wegen abzuhalten ist, ohne dass es auf eine entsprechende Initiative, Antragstellung oder Beschlussfassung ankäme. Das volksinitiierte fakultative Referendum wird, weil die Bürger es ausschließlich nutzen können, um repräsentativdemokratisch Beschlossenem entgegenzutreten, auch als **Veto-Referendum** – oder die Initiative dazu als **Veto-Initiative** – bezeichnet.[439]

Zuweilen wird der Begriff des Referendums enger gefasst und nur die Entscheidung des Volkes über eine dem Volk vom Staatsoberhaupt oder von anderen autorisierten Staatsorganen vorgelegte Frage als Referendum bezeichnet, so dass volksinitiierte Abstimmungen wie das in der Schweiz so genannte fakultative Referendum nicht mit erfasst sind.[440]

Verbreitet ist, vor allem im englischen Sprachraum, aber nicht nur dort, auch ein extensiver Gebrauch des Terminus „Referendum" für jede Art der Volksabstimmung – ohne Beschränkung auf bereits anderweitig Beschlossenes oder von anderer Stelle Vorgelegtes.[441]

Volksinitiierte direktdemokratische Verfahren / Volksinitiative / Volksbegehren

Was den Begriff der **Volksinitiative** angeht, trifft man einerseits auf extensive, von der Wortbedeutung ausgehende Verwendungen, die damit jedes von den Stimmbürgern initiierte direktdemokratische Verfahren oder die betreffende Initiative erfassen. In der vorliegenden Arbeit ist von **volksinitiierten Verfahren** in einem entsprechend weiten Sinne die Rede. Andererseits ist auch ein

---

[439] S. statt vieler Schiller 2021, z.B. S. 216 („Veto-Initiative"), 221 („Veto-Referendum").
[440] So z.B. bei Jung 1994, S. 311; Hornig 2017, S. 16 (beim Referendum erfolge die Auslösung „von oben"); Schünemann 2017, S. 53, m.w.N.
[441] S. z.B. Brockmann 2021, S. 30 (ein Referendum liege vor, „wenn die stimmberechtigte Bevölkerung direkt bzw. unmittelbar über einen sachpolitischen Gegenstand ihres politischen Gemeinwesens abstimmt"; dort S. 31 ff. zahlr. w.N. zu Referendumstypologien, die von einem entsprechend weiten Begriff ausgehen); Morel 2018a, S. 27; Schiller 2016, S. 442; Weixner 2002, S. 87. Noch weiter – auch personenbezogene Abstimmungen in Amtsenthebungsverfahren (als *recall referendum* bzw. *impeachment referendum*) einbeziehend – z.B. Chevenal 2020, S. 122 f.; Welp 2018, S. 27 u. passim; bzw., das österreichische Präsidentenanklageverfahren nach Art. 60 österr. B-VG betreffend, Vospernik 2018a, S.127; w.N. zu unterschiedlichen Verwendungen des Referendumsbegriffs bei Jürgens 1993, S. 41 f.

enger, an der schweizerischen Gesetzesterminologie orientierter Sprachgebrauch anzutreffen, der Volksabstimmungen über parlamentsbeschlossene Gesetze (und gegebenenfalls anderes bereits anderweitig Beschlossene) und die dahin führenden Verfahrensschritte aus dem Begriff der Volksinitiative auch dann ausklammert, wenn sie volksinitiiert sind (weil in der Schweiz die volksinitiierte Entscheidung über ein parlamentsbeschlossenes Gesetz zu den Varianten des *Referendums* gehört und die Regelungen zur Volksinitiative nur Initiativen erfasst, die sich *nicht* auf eine bereits anderweitig beschlossene Regelung beziehen).[442] Um Missverständnisse zu vermeiden, spreche ich, wo es darauf ankommt, zwischen volksinitiierten direktdemokratischen Verfahren danach zu unterscheiden, ob die Initiative sich auf seitens (anderer) Staatsorgane Beschlossenes bezieht oder eine originär von den Initianten formulierte Vorlage zum Gegenstand hat, ersterenfalls von einem **volksinitiierten Referendum**, letzterenfalls von einer **originären Volksinitiative**.

Eine andere, noch engere Verwendung des Begriffs der Volksinitiative folgt dem Sprachgebrauch deutscher landesrechtlicher Regelungen, die Volksinitiativen ausschließlich als *an das Parlament* gerichtete Initiativen zulassen.[443]

---

[442] S. z.B. Matsusaka 2018, S. 109 („*I define the* referendum *to be a process by which citizens vote on a policy proposed by government officials, and the* initiative *to be a process by which citizens vote on a policy proposed by the citizens themselves.*"); Kuoni 2015, S. 3 („Unter den Begriff der *Initiative* fallen diejenigen Instrumente, mit welchen die Vorlagen aus der Mitte der Stimmbürgerschaft in das staatliche Normgebungs- oder Beschlussverfahren eingebracht werden können.").

[443] S. z.B. Dreier / Wittreck 2010, S. 15 (die Volksinitiative ziele „ausschließlich darauf ab, dass sich das Parlament mit einer Frage der politischen Willensbildung befasst"). In einer ganzen Reihe deutscher Länder ist als sog. Volksinitiative die Möglichkeit einer aus der Bürgerschaft an das Parlament gerichteten Entscheidungsvorlage vorgesehen, mit der das Parlament sich befassen muss, wenn bestimmte Voraussetzungen, insbesondere eine bestimmte Anzahl unterstützender Unterschriften von Stimmbürgern, erfüllt sind. Die Volksinitiative im Sinne dieses landesgesetzlichen Sprachgebrauchs steht in einigen Ländern als isoliertes Instrument bürgerschaftlich initiierter Parlamentsbefassung selbständig neben dem sog. Volksbegehren, das im Fall seines Zustandekommens ebenfalls – zunächst – dem Landesparlament zu unterbreiten ist, im Fall aber, dass ihm dort nicht innerhalb einer vorgegebenen Frist entsprochen wird, zu einem Volksentscheid führt; für ein solches Nebeneinander von Volksinitiative und Volksbegehren s. §§ 1 ff., 10 ff. berlAbstG; §§ 3 ff., 12 ff. ndsVAbstG; §§ 1 ff., 6 ff. nrwVIVBVEG; §§ 2 f., 4 ff. saarlVAbstG. In etlichen anderen Ländern ist die Volksinitiative mit dem Volksbegehren regulatorisch insofern verzahnt, als eine Volksinitiative, der das Parlament nicht entsprochen hat, Voraussetzung für ein – gegebenenfalls in einen Volksentscheid mündendes – Volksbegehren ist oder die Vertreter der Volksinitiative, wenn das Parlament dem Entscheidungsvorschlag der Initianten nicht innerhalb

Volksbegehren

Der Begriff des **Volksbegehrens** wird für aus dem Volk heraus gestellte Anträge verwendet, die entweder auf eine Entscheidung oder Sachbefassung durch ein anderes Staatsorgan (in der Regel das Parlament) zielen oder unmittelbar auf eine Volksabstimmung oder – wie in Deutschland in den Bundesländern – auf ein gestaffeltes Verfahren, bei dem zunächst das Parlament sich mit dem gegenständlichen Anliegen befasst und es zu einer Volksabstimmung erst kommt, wenn dem Begehren dort nicht entsprochen wird. Dabei wird zuweilen terminologisch unterschieden danach, ob der Antrag unmittelbar zu einem Volksentscheid führt (**direktes Volksbegehren**) oder zunächst zu einer parlamentarischen Entscheidung und nur, falls diese ablehnend ausfällt, zu einem Volksentscheid (**indirektes Volksbegehren**).[444] Diese Dichotomie berücksichtigt nicht, dass als Volksbegehren auch bürgerschaftliche Begehren bezeichnet werden, die an Organe des Gemeinwesens, in der Regel das Parlament, gerichtet sind, aber weder direkt noch indirekt auf einen Volksentscheid, sondern – bei Erfüllung der Zulässigkeitsvoraussetzungen – allein auf eine Befassung repräsentativer Organe hinführen, also nur den Charakter einer **Volkspetition** haben.[445]

---

einer vorgegebenen Frist folgt, ohne weiteres ein Volksbegehren, das letztlich in einen Volksentscheid münden kann, beantragen bzw. verlangen oder ein Volksbegehren zumindest unter im Verhältnis zu einem Verfahren ohne vorausgegangene Volksinitiative erleichterten Voraussetzungen in Gang setzen können, s. §§ 4 ff., §§ 13 ff., § 13 Abs. 1 bbgVAG; §§ 2 ff., §§ 6 ff., § 6 Abs. 1 hambVAbstG; §§ 7 ff., 11 ff., § 12 Abs. 2 mvVAbstG; §§ 60d ff., § 61 ff., § 60f Abs. 6 rpLWahlG; §§ 4 ff., 10 ff., § 10 Abs. 3 stVabstG; Art. 48 slhVerf i.V.m. §§ 5 ff., 11 ff. slhVAbstG (im Fall der schleswig-holsteinischen Regelung wird die Verzahnung nur aus der Verfassung, nicht aus der einfachgesetzlichen Regelung, ersichtlich). Auch hinsichtlich der Volksinitiative in den Ländern hat sich ein einheitlicher Sprachgebrauch nicht herausgebildet. In Sachsen und Thüringen etwa firmiert das in den landesrechtlichen Regeln zu direktdemokratischen Verfahren auf Landesebene meist „Volksinitiative" genannte Institut als „Volksantrag" bzw. – ein Terminus, der in den meisten Bundesländern für die kommunale Ebene reserviert ist – „Bürgerantrag" (§§ 3 ff. sächsVVVG; §§ 7 ff. thürBVVG; zu weiteren vorkommenden Bezeichnungen Michels 2019, S. 261). Dem nicht an den spezifischen Unterscheidungen einzelner deutscher Länder orientierten Gebrauch des Wortes „Volksbegehren" nach (dazu nachf. im Text) wären die „Volksinitiativen" nach deutschem Landesrecht als spezielle Formen des Volksbegehrens bzw., in den Fällen der Verzahnung mit dem Volksbegehren, als Teile eines gestuften Volksbegehrens einzuordnen.

[444] Jürgens 1993, S. 36 f.; Wiegand 2006, S. 28, jew. m.w.N.
[445] So zum Beispiel das Volksbegehren nach Art. 41 Abs. 2 österrB-VG und die Europäische Bürgerinitiative nach Art. 11 Abs. 4 EUV; zur Volksanregung oder Volkspetition s.o. bei den Erläuterungen zum Begriff der Direkten Demokratie.

Volksbefragung

Als Volksbefragung wird üblicherweise, und so auch hier, eine von einem anderen Staatsorgan veranlasste Vorlage an die Bürgerschaft zur unverbindlichen Abstimmung bezeichnet.[446] In gleicher Bedeutung findet man auch eine Reihe anderer Termini verwendet (**Volksenquete, konsultatives Referendum**).

Quoren

Es geht im Folgenden um die Bedeutung unterschiedlicher Quorumsbegriffe im Zusammenhang mit direktdemokratischen Verfahren. **Unterschriftenquorum** nennt man hier die Anforderung in Bezug auf die Anzahl der für eine Vorlage beizubringenden Unterschriften, von der abhängt, ob ein volksinitiiertes direktdemokratisches Entscheidungsverfahren in die nächste Verfahrensstufe gelangt, ob also etwa eine Volksabstimmung anberaumt oder, wo das potentiell dorthin führende Verfahren mehrstufig – mit Befassung des Parlaments als Zwischenstufe – ausgestaltet ist, die Zwischenstufe erreicht wird. Als **Beteiligungsquorum** bezeichnet man eine Voraussetzung der Gültigkeit des (zustimmenden) Ergebnisses von Volksabstimmungen, die sich auf den Anteil der Stimmberechtigten bezieht, die an der Abstimmung teilnehmen.[447] Von einem Beteiligungsquorum von 50 % z.B. wird gesprochen, wo die Gültigkeit eines Volksentscheids davon abhängt, dass sich mindestens die Hälfte der Stimmberechtigten an der Abstimmung beteiligt hat. **Zustimmungsquorum** nennt man eine Voraussetzung der Gültigkeit des (zustimmenden) Ergebnisses von Volksabstimmungen, die festlegt, dass die Anzahl der gültigen Ja-Stimmen einem bestimmten Anteil der Stimmberechtigten entsprechen muss.[448] Um ein Zustimmungsquorum von 25 % handelt es sich, wenn, wie zum Beispiel in § 36 Abs. 1 berlAbstG festgelegt, der Entwurf für ein (einfaches) Gesetz durch Volksentscheid angenommen ist, sofern neben der erforderlichen Mehrheit der Teilnehmer „mindestens ein Viertel der Stimmberechtigten zustimmt". Quoren der genannten Art können isoliert oder kombiniert und in statischen oder (seltenen) variablen Varianten – bei denen die quantitative Anforderung sich in Abhängigkeit von festgelegten Bedingungen ändert – auftreten.[449]

---

[446] S. statt vieler Möller 2019, S. 23 f.
[447] Für in der Sache gleichsinnige Erläuterungen s. statt vieler Aguiar-Conraria / Magalhães / Vanberg 2020, S. 216; Möller 2019, S. 28; Kuoni 2015, S. 6.
[448] S. die in Fn. 447 Genannten, jew. a.a.O.
[449] Näher Möller 2019, S. 29.

V. Anhang zur Terminologie

Wahlen und Abstimmungen

Das Grundgesetz unterscheidet in Art. 20 Abs. 2 Satz 2 GG zwischen **Wahlen** und **Abstimmungen** als Formen der Ausübung von Staatsgewalt unmittelbar durch das Volk (Art. 20 Abs. 2 GG: „Alle Staatsgewalt geht vom Volke aus. Sie wird vom Volke in Wahlen und Abstimmungen und durch besondere Organe der Gesetzgebung, der vollziehenden Gewalt und der Rechtsprechung ausgeübt."). Damit unterscheidet es nach herrschender Auffassung Wahlen als auf die Auswahl von Personen bezogene kollektive Entscheidungen von Abstimmungen als auf eine Sachfrage bezogenen, und verengt damit den umgangssprachlichen Begriff der Abstimmung auf Stimmabgaben, die sich nicht auf personelle Fragen beziehen.

Literatur

Achen, Christopher H. / Bartels, Larry M. [2016], Democracy for Realists. Why Elections Do Not Produce Responsive Government, Princeton / Oxford (Princeton University Press) 2016.

Adam, Rudolf G. [2019], Brexit. Eine Bilanz, Wiesbaden (Springer) 2019.

Aguiar-Conraria, Luís / Magalhães, Pedro C. / Vanberg, Christoph A. [2020], What are the best quorum rules? A laboratory investigation, in: Public Choice 185, 2020, S. 215–231.

Alt, James E. / Lassen, David Dreyer [2003], The political economy of institutions and corruption in American states, in: Journal of Theoretical Politics 5, 2003, S. 341–365.

Altman, David [2011], Direct Democracy Worldwide, New York (Cambridge University Press) 2011.

Altman, David [2019], Citizenship and Contemporary Direct Democracy, Cambridge u.a. (Cambridge University Press) 2019.

Alvaredo, Facundo / Chancel, Lucas / Piketty, Thomas / Saez, Emmanuel / Zucman, Gabriel [2018], Die weltweite Ungleichheit. Der World Inequality Report 2018, München (C.H. Beck) 2018.

Ammann, Odile [2020], Transparente Politikfinanzierung in der direkten Demokratie: Überflüssig oder überfällig? Zur Bedeutung von Art. 34 Abs. 2 BV in der Transparenzdebatte, in: Braun-Binder, Nadja / Feld, Lars P. / Huber, Peter M. / Poier, Klaus / Wittreck, Fabian (Hrsg.) [2020], Jahrbuch für direkte Demokratie 2019, Baden-Baden (Nomos) 2020, S. 88–113.

Amnesty International [2022], Wenn der Staat tötet. Todesstrafe in den USA. Stand 20. Mai 2022, <https://amnesty-todesstrafe.de/wp-content/uploads/325/reader_todesstrafe-in-den-usa.pdf>, Abruf 5.7.2022.

Anckar, Dag [2018], Why referendums? On appearances and absences, in: Morel, Laurence / Qvortrup, Matt (Hrsg.) [2018], The Routledge Handbook of Referendums and Direct Democracy, London / New York (Routledge) 2018, S. 107–122.

Apelt, Willibald [1964], Geschichte der Weimarer Verfassung, 2., unveränd. Aufl. München (C.H. Beck) 1964.

Asatryan, Zareh / Baskaran, Thushyanthan / Grigoriadis, Theocharis / Heinemann, Friedrich [2017], Direct Democracy and Local Public Finances under Cooperative Federalism, in: The Scandinavian Journal of Economics 119, 2017, S. 801–820.

Asatryan, Zareh / De Witte, Kristof [2014], Direct Democracy and Local Government Efficiency, ZEW Discussion Paper No. 14-017, Februar 2014, zugänglich über <https://papers.ssrn.com/sol3/papers.cfm?abstract_id=2407954>, Abruf 26.5.2022.

Austermann, Philipp [2021], Das neue Lobbyregistergesetz des Bundes, NVwZ 2021, S. 585–589.

Austermann, Philipp / Schwarz, Kyrill-Alexander [2022], Lobbyregistergesetz, München (C.H. Beck) 2022.

Autor, David H. / Dorn, David / Hanson, Gordon H. [2016], The China Shock: Learning from Labor-Market Adjustment to Large Changes in Trade, in: Annual Review of Economics 8, 2016, S. 205–240.

Bächtiger, André [2013], Deliberation in der direkten Demokratie, in: Auer, Andreas / Holzinger, Katharina (Hrsg.), Gegenseitige Blicke über die Grenze. Bürgerbeteiligung und Demokratie in Deutschland und der Schweiz, Zürich u.a. / Baden-Baden (Schulthess / Nomos) 2013, S. 55–62.

Baratz, Joan C. / Moskovitz, Jay H. [1978], Proposition 13: How and Why It Happened, in: The Phi Delta Kappan 60, 1978, S. 9–11, <https://www.jstor.org/stable/pdf/20299196.pdf?refreqid=excelsior%3A07b19ad84b08fa2775fc67537d0bd9e5&ab_segments=&origin=&acceptTC=1>, Abruf 4.8.2022.

Barclay, Alexander [2020], Reimagining Citizen Participation in the Digital Era: Considerations for a Swiss Canton, in: Brändli, Adrian / Vale, Giangiacomo (Hrsg.), Going Digital? Citizen Participation and the Future of Direct Democracy, Basel (Schwabe) 2020, S. 251–271.

Barrett, Gavin [2019], Einsatz und Durchführung von Referenden in Irland – Eine Analyse, in: Braun-Binder, Nadja / Feld, Lars P. / Huber, Peter M. / Poier, Klaus / Wittreck, Fabian (Hrsg.) [2019], Jahrbuch für direkte Demokratie 2018, Baden-Baden (Nomos) 2019, S. 174–228.

Barth, Jay / Burnett, Craig M. / Parry, Janine [2020], Direct Democracy, Educative Effects, and the (Mis)Measurement of Ballot Measure Awareness, in: Political Behavior 42, 2020, S. 1015–1034.

Baume, Sandrine / Boillet, Véronique / Martenet, Vincent (Hrsg.) [2021], Misinformation in Referenda, London / New York (Routledge) 2021.

Baynes, Chris [2017], Art. „Brexit: British people have changed their minds on leaving the EU, poll finds. The majority of people would back a referendum on the terms of the UK's departure from the EU, a Survation poll found", in: Independent v. 18. Juni 2017, <http://www.independent.co.uk/news/uk/politics/british-people-changed-minds-brexit-second-referendum-poll-finds-a7795591.html>, Abruf 14.8.2022.

Beck, Ralf-Uwe / Weber, Tim Willy [2021], Mehr Demokratie – Impulsgeber für die direkte Demokratie in Deutschland?, in: Heußner, Hermann K. / Pautsch, Arne / Wittreck, Fabian (Hrsg.), Direkte Demokratie. Festschrift für Otmar Jung, Stuttgart u.a. (Boorberg) 2021, S. 711–738.

Becker, Ernst Wolfgang (Hrsg.) [2007], Theodor Heuss. Erzieher zur Demokratie. Briefe 1945–1949, München (K. G. Saur) 2007.

Behnis, Matthias [2020], Die Rekommunalisierung der Berliner Wasserbetriebe, Berlin (Berliner Wissenschafts-Verlag) 2020.

Bellamy, Richard [2018], Majority Rule, Compromise and the Democratic Legitimacy of Referendums, in: Swiss Political Science Review 24, 2018, S. 312–319.

Benz, Matthias / Stutzer, Alois [2004], Are voters better informed when they have a larger say in politics? Evidence for the European Union and Switzerland, in: Public Choice 119, 2004, S. 31–59.

Benz, Matthias [2019], Art. „Der Politikbasar in Österreich ist eröffnet – Tauschgeschäfte kennt neuerdings auch die Schweiz", in: Neue Zürcher Zeitung v. 15.6.2019.

Bernhard, Laurent / Bühlmann, Marc [2014], Beeinflusst die direkte Demokratie das Wirksamkeitsgefühl von Bürgerinnen?, in: Münch, Ursula / Hornig, Eike-Christian / Kranenpohl, Uwe (Hrsg.), Direkte Demokratie. Analysen im internationalen Vergleich, Baden-Baden (Nomos), S. 83–106.

Berthold, Norbert / Gründler, Klaus [2018], Ungleichheit, soziale Mobilität und Umverteilung, Stuttgart (Kohlhammer) 2018.

Besley, Timothy / Coate, Stephen [2008], Issue Unbundling via Citizens' Initiatives, in: Quarterly Journal of Political Science 3, 2008, S. 379–397.

Besson, Michel / Boillet, Véronique [2021], The guarantee of political rights in view of misinformation. Is new regulation needed for Swiss referenda?, in: Baume, Sandrine / Boillet, Véronique / Martenet, Vincent (Hrsg.), Misinformation in Referenda, London / New York (Routledge) 2021, S. 235–256.

Biedenkopf, Kurt [2012], Der Weg zum Euro. Stationen einer verpassten Chance, Berlin (Hertie School of Governance) 2012.

Bieler, Andreas [2017], Fighting for public water: the first successful European Citizens' Initiative, "Water and Sanitation are a Human Right"', in: Interface: a journal for and about social movements 9, 2017, S. 300–326.

Blankart, Charles B. [2017], Öffentliche Finanzen in der Demokratie. Eine Einführung in die Finanzwissenschaft, 9. Aufl. München (Franz Vahlen Verlag) 2017.

Bleckmann, Albert [1978], Die Zulässigkeit des Volksentscheids nach dem Grundgesetz, in: JZ 1978, S. 217–223.

Blick, Andrew / Salter, Brian [2021], Divided Culture and Constitutional Tensions: Brexit and the Collision of Direct and Representative Democracy, in: Parliamentary Affairs 74, 2021, S. 617–638.

Blum, Roger [2016], Vorwort. Die direkte Demokratie braucht Anwälte, in: Gross, Andreas, Die unvollendete Direkte Demokratie. 1984–2015: Texte zur Schweiz und darüber hinaus, Thun / Gwatt (Werd & Weber) 2016, S. 13–17.

Blume, Lorenz / Müller, Jens / Voigt, Stefan [2009)], The Economic Effects of Direct Democracy – A First Global Assessment, in: Public Choice 140, 2009, S. 431–461.

Borchert, Jens [2000], Politische Klasse ohne demokratische Kontrolle? Die Pathologien der politischen Professionalisierung und die Zukunft der Demokratie, in: von Arnim, Hans Herbert (Hrsg.), Direkte Demokratie, Berlin (Duncker & Humblot) 2000, S. 113–135.

Bousbah, Karima / Bochsler, Daniel [2013], Quoren als strategische Falle der Demokratie, in: Auer, Andreas / Holzinger, Katharina (Hrsg.), Gegenseitige Blicke über die Grenze. Bürgerbeteiligung und Demokratie in Deutschland und der Schweiz, Zürich u.a. / Baden-Baden (Schulthess / Nomos 2013), S. 63–78.

Bracher, Karl Dietrich [1962], Stufen der Machtergreifung, Wiesbaden (Ullstein) 1962.

Bracher, Karl-Dietrich [1963], Die Entstehung der Weimarer Verfassung, Hannover (Schriftenreihe der Niedersächsischen Landeszentrale für Politische Bildung) 1963.

Bratschi, Peter Joachim [1969], Die Bedeutung der Verfassungsinitiative in der Sozialgesetzgebung in der Schweiz, Bern (Herbert Lang & Cie) 1969.

Braun, Daniela / Tausendpfund, Markus [2019], Politisches Wissen und Europawahlen, in: Westle, Bettina / Tausendpfund, Markus (Hrsg.), Politisches Wissen. Relevanz, Messung und Befunde, Wiesbaden (Springer) 2019, S. 207–236.

Braun-Binder, Nadja [2013], Direkte Demokratie im Finanzbereich in Deutschland, in: Auer, Andreas / Holzinger, Katharina (Hrsg.), Gegenseitige Blicke über die Grenze. Bürgerbeteiligung und Demokratie in Deutschland und der Schweiz, Schulthess / Nomos (Zürich u.a. / Baden-Baden) 2013, S. 3–13.

Braun-Binder, Nadja [2021], Direkte Demokratie und Digitalisierung in der Schweiz, in: Heußner, Hermann K. / Pautsch,

Arne / Wittreck, Fabian (Hrsg.), Direkte Demokratie. Festschrift für Otmar Jung, Stuttgart u.a. (Boorberg) 2021, S. 163–176.

Braun-Binder, Nadja / Heußner, Hermann K. / Schiller, Theo [2014], Offenlegungsbestimmungen, Spenden- und Ausgabenbegrenzungen in der direkten Demokratie, Berlin (Friedrich Ebert Stiftung) 2014, <https://library.fes.de/pdf-files/dialog/10793.pdf>, Abruf 8.7.2022.

Braun-Binder, Nadja / Feld, Lars P. / Huber, Peter M. / Poier, Klaus / Wittreck, Fabian (Hrsg.) [2019], Jahrbuch für direkte Demokratie 2018, Baden-Baden (Nomos) 2019.

Brennan, Jason [2017], Against Democracy, Princeton / Oxford (Princeton University Press) 2017.

Brenner, Michael [2005], Das Prinzip Parlamentarismus im demokratischen Staat, in: Isensee, Josef / Kirchhof, Paul (Hrsg.), Handbuch des Staatsrechts der Bundesrepublik Deutschland, Bd. III, Heidelberg (C.F. Müller) 2005, § 44, S. 478–519.

Brockmann, Nils Arne [2021], Wenn Parlamente vors Volk ziehen. Ratsreferenden in der kommunalen Demokratie, Bielefeld (transcript) 2021.

Brosius-Gersdorf, Frauke [2018], Das Sonderungsverbot für Ersatzschulen, in: NVwZ 2018, S. 761–769.

Bühlmann, Marc [2020], Verständnisse und Missverständnisse – die direkte Demokratie der Schweiz als Chance, in: Stiftung Mitarbeit (Hrsg.), Direkte Demokratie. Chancen – Risiken – Herausforderungen, Bonn (Verlag Stiftung Mitarbeit) 2020, S. 4–23.

BÜNDNIS 90 / Die GRÜNEN [2017], Zukunft wird aus Mut gemacht. Bundestagswahlprogramm 2017, <https://cms.gruene.de/uploads/documents/BUENDNIS_90_DIE_GRUENEN_Bundestagswahlprogramm_2017_barrierefrei.pdf>, Abruf 16.8.2021.

BÜNDNIS 90 / DIE GRÜNEN [2021], Deutschland. Alles ist drin. Bundestagswahlprogramm 2021, <https://cms.gruene.de/uploads/documents/Wahlprogramm_DIE_GRUENEN_Bundestagswahl_2021.pdf>, Abruf 16.8.2021.

Bugiel, Karsten [1991], Volkswille und repräsentative Entscheidung. Zulässigkeit und Zweckmäßigkeit von Volksabstimmungen nach dem Grundgesetz, Baden-Baden (Nomos) 1991.

Bundesamt für Sozialversicherungen BSV (Schweiz) [2021], Übersicht über die schweizerische soziale Sicherheit, INT/OI/2021, Stand 1.1.2021, <https://www.bsv.admin.ch/dam/bsv/de/dokumente/int/uebersichten/uebersicht-ueber-die-schweizerische-soziale-sicherheit-stand-1-1-2017.pdf.download.pdf/Uebersicht%20%C3%BCber%20die%20schweizerische%20soziale%20Sicherheit%20-%20Stand%201%201%202020.pdf>, Abruf 31.7.2022.

Busch, Christoph [2014], Bürgerbegehren und Bürgerentscheide als kommunalpolitische Strategie rechtsradikaler Akteure, in: Münch, Ursula / Hornig, Eike-Christian / Kranenpohl, Uwe (Hrsg.), Direkte Demokratie. Analysen im internationalen Vergleich, Baden-Baden (Nomos), S. 101–115.

Bußjäger, Peter / Sonntag, Niklas [2015], Zur Bundesverfassungskonformität des Veto-Referendums, in: Öhlinger, Theo / Poier, Klaus (Hrsg.), Direkte Demokratie und Parlamentarismus. Wie kommen wir zu den besten Entscheidungen?, Wien / Köln / Graz (Böhlau Verlag) 2015, S. 349–358.

Cagé, Julia [2020], The Price of Democracy. How Money Shapes Politics and What to Do About It, Cambridge, Mass. / London (Harvard University Press) 2020.

Cahill, Nick [2018], Art. „Century-Old Direct Democracy in California Now a ‚Pay-to-Play'-System", Courthouse News Service v. 15.10.2018, <https://www.courthousenews.com/century-old-direct-democracy-in-california-now-a-pay-to-play-system/>, Abruf 16.8.2022.

Caldwell, Peter C. [2022], The Weimar Constitution, in: Rossol, Nadine / Zieman, Benjamin (Hrsg.), The Oxford Handbook of the Weimar Republic, Oxford (Oxford University Press) 2022, S. 119–139.

Cameron, David [2013], EU Speech at Bloomberg, 23.1.2013, <https://www.gov.uk/government/speeches/eu-speech-at-bloomberg>, Abruf 16.8.2021.

Cancik, Pascale [2013], Konfrontation oder Kooperation: zur Verschränkung von direktdemokratischen und parlamentarischen Abstimmungsverfahren – ein Diskussionsbeitrag, in: Mörschel, Tobias / Efler, Michael (Hrsg.), Direkte Demokratie auf Bundesebene. Ausgestaltung direktdemokratischer Verfahren im deutschen Regierungssystem, Baden-Baden (Nomos) 2013, S. 53–74.

Caron, Christian [2021], Public Opinion and Death Penalty Policy Under Direct Democracy Institutions: A Longitudinal Analysis of the American States, in: American Politics Research 49, 2021, S. 91–105.

Carothers, Thomas / O'Donohue, Andrew [2019], Comparative Experiences and Insights, in: *Democracies Divided. The Global Challenge of Political Polarization*, Washington, D.C. (Brookings Institution Press), 2019, S. 257–286.

CDU, CSU und SPD [2018], Ein neuer Aufbruch für Europa. Eine neue Dynamik für Deutschland .Ein neuer Zusammenhalt für unser Land. Koalitionsvertrag zwischen CDU, CSU und SPD, 19. Legislaturperiode, 12.3.2018, <https://www.bundesregierung.de/resource/blob/974430/847984/5b8bc23590d4cb2892b

31c987ad672b7/2018-03-14-koalitionsvertrag-data.pdf?download=1>, Abruf 15.8.2022.
Chancel, Lucas / Piketty, Thomas / Saez, Emmanuel / Zucman, Gabriel [2021], World Inequality Report 2022, <https://wir2022.wid.world/www-site/uploads/2022/03/0098-21_WIL_RIM_RAPPORT_A4.pdf>, Abruf 27.7.2022.
Chen, Pin-Cheng [2018], Sachunmittelbare Demokratie und Finanzvorbehalt. Entwicklungsmöglichkeiten in Taiwan im Lichte der deutschen Erfahrungen, Baden-Baden (Nomos) 2018.
Cheneval, Francis / el-Wakil, Alice [2018a], Introduction to the Debate: Do Referendums Enhance or Threaten Democracy?, in: Swiss Political Science Review 24, 2018, S. 291–293.
Cheneval, Francis / el-Wakil, Alice [2018b], The Institutional Design of Referendums: Bottom-Up and Binding, in: Swiss Political Science Review 24, 2018, S. 294–304.
Cheneval, Francis [2020], An Essay Concerning Direct Voting by Citizens in the Aftermath of the Brexit Plebiscite, in: Brändli, Adrian / Vale, Giangiacomo (Hrsg.), Going Digital? Citizen Participation and the Future of Direct Democracy, Basel (Schwabe) 2020, S. 121–132.
Chollet, Antoine [2018], Referendums Are True Democratic Devices, in: Swiss Political Science Review 24, 2018, S. 342–347.
Christmann, Anna [2009], In welche politische Richtung wirkt die direkte Demokratie? Rechte Ängste und linke Hoffnungen in Deutschland im Vergleich zur direktdemokratischen Praxis in der Schweiz, Baden-Baden (Nomos) 2009.
Christmann, Anna [2010], Von links geliebt – von rechts gefürchtet. Wer profitiert wirklich von direkter Demokratie?, in: Neumann, Peter / Renger, Denise (Hrsg.), Sachunmittelbare Demokratie im interdisziplinären und internationalen Kontext 2008/2009. Deutschland, Österreich, Schweiz, Baden-Baden (Nomos) 2010, S. 256–282.
Christmann, Anna [2012]: Direct Democracy and the Rule of Law – Assessing a Tense Relationship, in: Marxer, Wilfried (Hrsg.), Direct Democracy and Minorities, Wiesbaden (Springer) 2012, S. 47–63.
Ciftci, Ridvan / Fisahn, Andreas [2019], Art. Rechtsprechung (und direkte Demokratie) (Grundsatzartikel), in: Kost, Andreas / Solar, Marcel (Hrsg.), Lexikon direkte Demokratie in Deutschland, Wiesbaden (Springer VS) 2019, S. 182–191.
Cohen, Adam [2020], Supreme Inequality. The Supreme Court's Fifty-Year Battle for a More Unjust America, New York (Penguin Press) 2020.
Congressional Research Service [2021], Cocaine: Crack and Pow-

der Sentencing Disparities, November 9, 2021, <https://sgp.fas.org/crs/misc/IF11965.pdf>, Abruf 15.8.2022.

Cronin, Thomas [1989], Direct Democracy: The Politics of Initiative, Referendum, and Recall, Cambridge, Mass. / London (Harvard University Press) 1989.

CSU [2016], Die Ordnung. Grundsatzprogramm der Christlich-Sozialen Union, München 2016, <https://de.readkong.com/page/die-ordnung-grundsatzprogramm-der-christlich-sozialen-union-7669686>, Abruf 15.8.2022.

CSU [2021], Bundestagswahl 26. September 2021, Das CSU-Programm. Gut für Bayern. Gut für Deutschland, <https://www.csu.de/common/download/CSU-Programm_Gut_fuer_Bayern_Gut_fuer_Deutschland_final.pdf>, Abruf 15.8.2022.

Danaci, Deniz [2012], The Minaret Ban in Switzerland: An Exception to the Rule, in: Marxer, Wilfried (Hrsg.), Direct Democracy and Minorities, Wiesbaden (Springer) 2012, S. 155–164.

Davis, F. James [1991], Who is Black? One Nation's Definition, University Park, Pennsylvania (The Pennsylvania State University Press) 1991.

Decker, Frank [2016], Der Irrweg der Volksgesetzgebung. Eine Streitschrift, Bonn (Verlag J.H.W. Dietz) 2016.

Decker, Frank [2020], Wer ist das Volk? Anmerkungen zum Verhältnis von Populismus und direkter Demokratie, in: Stiftung Mitarbeit (Hrsg.), Direkte Demokratie. Chancen – Risiken – Herausforderungen, Bonn (Verlag Stiftung Mitarbeit) 2020, S. 50–64.

Decker, Frank [2021], Volksgesetzgebung im parlamentarisch-repräsentativen System: ein verfassungspolitischer Irrweg, in: Heußner, Hermann K. / Pautsch, Arne / Wittreck, Fabian (Hrsg.), Direkte Demokratie. Festschrift für Otmar Jung, Stuttgart u.a. (Boorberg) 2021, S. 13–43.

della Porta, Donatella [2020], How Social Movements Can Save Democracy, Cambridge (Polity Press) 2020.

Delley, Jean-Daniel [1978], L'initiative populaire en Suisse. Mythe et réalité de la démocratie directe, Lausanne (Éditions L'Age d'Homme) 1978.

Delmont, Matthew F. [2016], Why Busing Failed. Race, Media, and the National Resistance to School Desegregation, Oakland, California (University of California Press) 2016.

Demsetz, Harold [1969], Information and Efficiency: Another Viewpoint, in: The Journal of Law & Economics 12, 1969, S. 1–22.

Depenheuer, Otto [1996], Bürgerverantwortung im demokratischen Verfassungsstaat, in: VVdStRL 55, 1996, Berlin / New York (de Gruyter), S. 90–127.

Dienel, Hans-Liudger [2020], Gemeinsam stark? Zur Kopplung von direkter, partizipativer und parlamentarischer Demokratie, in: Stiftung Mitarbeit (Hrsg.), Direkte Demokratie. Chancen – Risiken – Herausforderungen, Bonn (Verlag Stiftung Mitarbeit) 2020, S. 108–120.
Donovan, Todd / Smith, Daniel A. [2021], Direct Democracy and Political Speech in the United States, in: Heußner, Hermann K. / Pautsch, Arne / Wittreck, Fabian (Hrsg.), Direkte Demokratie. Festschrift für Otmar Jung, Stuttgart u.a. (Boorberg) 2021, S. 519–528.
Dorn, David / Fischer, Justina A. V. / Kirchgässner, Gebhard / Sousa-Poza, Alfonso [2008], Direct democracy and life satisfaction revisited: new evidence for Switzerland, in: Journal of Happiness Studies 9, 2008, S. 227–255.
Dreier, Horst [2013], Das Volk als Gesetzgeber, in: Davy, Ulrike / Lenzen, Manuela (Hrsg.), Demokratie morgen. Überlegungen aus Politik und Wissenschaft, Bielefeld (transcript) 2013, S. 35–49.
Dreier, Horst [2015], Kommentierung Art. 20 GG, in: ders. (Hrsg.), Grundgesetz-Kommentar, Bd. 2, Auflage Tübingen (Mohr Siebeck) 2015.
Dreier, Horst [2018], Kommentierung Art. 146 GG, in: ders. (Hrsg.), Grundgesetz-Kommentar, Bd. 3, Auflage Tübingen (Mohr Siebeck) 2018.
Dreier, Horst / Wittreck, Fabian [2010], Repräsentative und direkte Demokratie im Grundgesetz, in: Feld, Lars P. / Huber, Peter M. / Jung, Otmar / Welzel, Christian / Wittreck, Fabian (Hrsg.), Jahrbuch für direkte Demokratie 2010, S. 11–39.
Driza Maurer, Ardita [2020], European Legal Standards on E-voting, in: Brändli, Adrian / Vale, Giangiacomo (Hrsg.), Going Digital? Citizen Participation and the Future of Direct Democracy, Basel (Schwabe) 2020, S. 233–244.
Eberhard, Harald [2015], Auf dem Weg zu mehr direkter Demokratie?, in: Öhlinger, Theo / Poier, Klaus (Hrsg.), Direkte Demokratie und Parlamentarismus. Wie kommen wir zu den besten Entscheidungen?, Wien / Köln / Graz (Böhlau Verlag) 2015, S. 325–337.
Eberhard, Harald [2019], Direkte Demokratie: Status quo und verfassungsrechtlicher Rahmen für Reformen, in: Benn-Ibler, Gerhard / Lewisch, Peter (Hrsg.), Direkte Demokratie. Chancen und Risiken, Wien (Manz'sche Verlags- und Universitätsbuchhandlung) 2019, S. 55–70.
Eberhard, Harald / Lachmayer, Konrad [2010], Ignoranz oder Irrelevanz? – Direkte Demokratie auf österreichisch, in: Feld, Lars P. / Huber, Peter M. / Jung, Otmar / Welzel, Christian /

Wittreck, Fabian (Hrsg.), Jahrbuch für direkte Demokratie 2009, Baden-Baden (Nomos) 2010, S. 241–258.

Ebsen, Ingwer [1985], Abstimmungen des Bundesvolkes als Verfassungsproblem, in: AöR 110, 1985, S. 2–29.

Eckerd, Patrick [2019], Art. „California governor vetoes bill making it a crime to pay political signature-gatherers based on number of signatures", JURIST Legal News Commentary v. 8.10.2019, <https://www.jurist.org/news/2019/10/california-governor-vetoes-bill-making-it-a-crime-to-pay-political-signature-gatherers-based-on-number-of-signatures/>, Abruf 16.8.2022.

Ehrenzeller, Kaspar [2020], Koordination von Verfassungsrecht im Widerspruch. Legislative Gestaltungskompetenzen bei angenommenen Volksinitiativen, Zürich / St. Gallen (Dike Verlag) 2020.

Eichenberger, Reiner [2019], Direkte Demokratie ist besser. Ökonomische Einsichten und Schweizer Erfahrungen, in: Benn-Ibler, Gerhard / Lewisch, Peter (Hrsg.), Direkte Demokratie. Chancen und Risiken, Wien (Manz'sche Verlags-und Universitätsbuchhandlung) 2019, S. 31–53.

Eichenberger, Reiner [2021], Citius, altius, fortius: Direkte Demokratie aus ökonomischer Sicht, in: Heußner, Hermann K. / Pautsch, Arne / Wittreck, Fabian (Hrsg.), Direkte Demokratie. Festschrift für Otmar Jung, Stuttgart u.a. (Boorberg) 2021, S. 593–618.

Eisenring, Christoph [2019], Art. „In Deutschland arbeiten Menschen zwei Mal so häufig zu niedrigen Löhnen wie in der Schweiz. Dafür gibt es vier Gründe", in: NZZ (online) v. 17.7.2019, <https://www.nzz.ch/wirtschaft/niedrigloehne-in-deutschland-doppelt-so-haeufig-wie-in-der-schweiz-ld.1493144>, Abruf 11.4.2022.

Elsässer, Lea / Hense, Svenja / Schäfer, Armin [2017], „Dem Deutschen Volke"? Die ungleiche Responsivität des Bundestages, in: ZPol 27, 2017, S. 161–180.

Erikson, Robert S. / Luttbeg, Norman R. / Holloway, William V. [1975], Knowing One's District: How Legislators Predict Referendum Voting, in: American Journal of Political Science 19, 1975, S. 231–246.

Estel, Denise [2006], Bundesstaatsprinzip und direkte Demokratie im Grundgesetz, Baden-Baden (Nomos) 2006.

Eule, Julian N. [1990], Judicial Review of Direct Democracy, in: The Yale Law Journal 1990, S. 1503–1590.

European Parliament, Directorate-General for Internal Policies [2015], Party financing and referendum campaigns in EU Member States. Study for the AFCO Committee, 2015, <https://www.europarl.europa.eu/RegData/etudes/STUD/2015/519217/IPOL_STU(2015)519217_EN.pdf>, Abruf 24.1.2022.

Fatin-Rouge Stefanini, Marthe (2018), Referendums, minorities and individual freedoms, in: Morel, Laurence / Qvortrup, Matt (Hrsg.), The Routledge Handbook of Referendums and Direct Democracy, London / New York (Routledge) 2018, S. 371–387.
FDP [2012], Verantwortung für die Freiheit. Karlsruher Freiheitsthesen der FDP für eine offene Bürgergesellschaft (Grundsatzprogramm), Beschluss des 63. Ordentlichen Bundesparteitages der FDP, Karlsruhe, 22.4.2012, S. 73, zugänglich über <https://www.fdp.de/seite/unsere-werte>, Abruf 9.12.2021.
FDP [2017], Denken wir neu. Das Programm der Freien Demokraten zur Bundestagswahl 2017, zugänglich über <https://www.fdp.de/seite/bundestagswahlprogramm-2017>, Abruf 9.12.2021.
Feld, Lars P. [2008], Das Finanzreferendum als Institution einer rationalen Finanzpolitik, Zürich (Liberales Institut) Oktober 2008, <http://www.concurrencefiscale.ch/papers/LI-Studie-Feld-Finanzreferendum.pdf>, Abruf 16.8.2022.
Feld, Lars P. / Kirchgässner, Gebhard [1999], Public Debt and Budgetary Procedures: Top Down or Bottom Up? Some Evidence from Swiss Municipalities, in: Poterba, James M. / von Hagen, Juergen (Hrsg.), Fiscal Institutions and Fiscal Performance, Chicago (Chicago University Press) 1999, S. 151–179.
Feld, Lars P. / Kirchgässner, Gebhard [2000], Direct Democracy, political culture, and the outcome of economic policy: a report on the Swiss experience, in: European Journal of Political Economy 16, 2000, S. 287–306.
Feld, Lars P. / Fischer, Justina A.V. / Kirchgässner, Gebhard [2010], The Effect of Direct Democracy on Income Redistribution: Evidence for Switzerland, in: Economic Inquiry 48, 2010, S. 817–840.
Feld, Lars P. / Hessami, Zohal / Reil, Lisa [2011], Direkte Demokratie in der Bundesrepublik Deutschland? – Ergebnisse einer Umfrage zur Einführung direkter Volksrechte auf Bundesebene, in: Feld, Lars P. / Huber, Peter M. / Jung, Otmar / Welzel, Christian / Wittreck, Fabian (Hrsg.), Jahrbuch für direkte Demokratie 2010, Baden-Baden (Nomos) 2011, S. 107–134.
Feld, Lars P. / Kirchgässner, Gebhard [2001], The political economy of direct legislation: Direct democracy and local decision-making, in Economic Policy 16, 2001, S. 329–363.
Feld, Lars P. / Kirchgässner, Gebhard / Savioz, Marcel R. [1999], Die direkte Demokratie. Modern, erfolgreich, entwicklungs- und exportfähig, Basel u.a. / München (Helbing & Lichtenhahn / Franz Vahlen Verlag) 1999.
Flam, Helena / Schönemann, Sebastian [2014], Emotionen, Masse(n) und Referendumsdemokratie, in: Scholten, Heike / Kamps, Klaus (Hrsg.), Abstimmungskampagnen. Politikvermittlung

in der Referendumsdemokratie, Wiesbaden (Springer) 2014, S. 207–223.

Fraenkel, Ernst [1991/1958], Die repräsentative und die plebiszitäre Komponente im demokratischen Verfassungsstaat, in: ders., Deutschland und die westlichen Demokratien, hrsg. v. Alexander v. Brünneck, Frankfurt a.M. (Suhrkamp) 1991, S. 153–203 (Erstveröffentlichung 1958).

Frenkel, Michael / Ngo, Tyet [2021], Das RCEP-Abkommen und dessen Bedeutung für die EU, Wirtschaftsdienst 2021, S. 432–438.

Freitag, Markus / Vatter, Adrian / Müller, Christoph [2003], Bremse oder Gaspedal? Eine empirische Untersuchung zur Wirkung der direkten Demokratie auf den Steuerstaat, in: Politische Vierteljahresschrift 44, 2003, S. 348–369.

Frey, Bruno S. [2014], Art. „Wie vertragen sich direkte Demokratie und Wirtschaft", in: NZZ v. 19.3.2014.

Frey, Bruno S. [2016a], Art. „Wenn Abstimmungen knapp ausgehen", in: NZZ v. 6.1.2016.

Frey, Bruno S. [2016b], Art. „Der direkten Demokratie gehört die Zukunft", in: NZZ am Sonntag v. 16.10.2016.

Frey, Bruno S. / Stutzer, Alois [2013], Direct Democracy: Designing a Living Constitution, in: Voigt, Stefan (Hrsg.), Design of Constitutions, Cheltenham, UK / Northampton, MA (Edward Elgar) 2013, S. 485–526.

Frey, Bruno S. / Stutzer, Alois / Neckerman, Susanne [2011], Direct Democracy and the Constitution, in: Marciano, Alain (Hrsg.), Constitutional Mythologies. New Perspectives on Controlling the State, New York u.a. (Springer) 2011, S. 107–119.

Fuchs, Doris / Graf, Antonia [2015], Interessenvertretung in der globalisierten Welt, in: Speth, Rudolf / Zimmer, Annette (Hrsg.), Lobby Work: Interessenvertretung als Politikgestaltung (Bürgergesellschaft und Demokratie), Wiesbaden (Springer VS) 2015, S. 97–120.

Fürlinger, Ernst [2020], Schwierige Ankunft. Ein historischer Abriss des Moscheebaus in Österreich (es handelt sich um einen in der Zeitschrift „Kunst und Kirche" erschienenen Artikel; hier zitiert nach der im Internet veröffentlichten Fassung:) <https://www.researchgate.net/publication/346561209_Schwierige_Ankunft_Ein_historischer_Abriss_des_Moscheebaus_in_Osterreich>, Abruf 8.6.2022.

Funk, Patricia / Gathmann, Christina [2011], Does Direct Democracy Reduce the Size of Government? New Evidence from Historical Data, 1890–2000, in: The Economic Journal 2011, S. 1252–1280.

Gärtner, Reinhold / Hayek, Lore [2022], Das politische System Österreichs. Zwischen Konsens und Konflikt, Wien (new academic press) 2022.

Gamper, Anna [2003], Demokratie und bundesstaatliches Homogenitätsprinzip, in: ÖJZ 2003, S. 441–448.

Gebhardt, Jürgen [2000], Das Plebiszit in der Repräsentativen Demokratie, in: von Arnim, Hans Herbert (Hrsg.), Direkte Demokratie, Berlin (Duncker & Humblot) 2000, S. 13–26.

Geißel, Brigitte / Krämling, Anna [2017], Direct Democracy and Economic Inequality in the World, Democratic Anxieties Paper 9/2017, <https://www.democratic-anxieties.eu/project/brigitte-geissel-direct-democracy-and-economic-inequality-in-the-world/>, Abruf 16.8.2022.

Geißel, Brigitte / Krämling, Anna / Paulus, Lars [2019], It Depends... Different Direct Democratic Instruments and Equality in Europe from 1990 to 2015, in: Politics and Governance 7, 2019, S. 365–379.

Geißel, Brigitte / Krämling, Anna / Paulus, Lars [2020], Direkte Demokratie und Volksabstimmungen in Europa – Herausforderungen und Chancen mit Blick auf Minderheiten, in: Stiftung Mitarbeit (Hrsg.), Direkte Demokratie. Chancen – Risiken – Herausforderungen, Bonn (Verlag Stiftung Mitarbeit) 2020, S. 172–187.

Gendzel, Glen [2013], The People versus the Octopus: California Progressives and the Origins of Direct Democracy, in: Siècles (Cahiers du Centre d'histoire «Espaces et Cultures») 37, 2013, online, S. 1–16, zugänglich über <https://journals.openedition.org/siecles/1109?lang=en>, Abruf 16.8.2022.

Geppert, Dominik / Wirsching, Andreas [2022], Krise der Repräsentation? Eine Gegenwartsbestimmung des Parlamentarismus aus historischer Perspektive, in: Biefang, Andreas / Geppert, Dominik / Recke, Marie-Luise, Wirsching, Andreas (Hrsg.), Parlamentarismus in Deutschland von 1815 bis zur Gegenwart. Historische Perspektiven auf die repräsentative Demokratie, Düsseldorf (Droste) 2022, S. 417–430.

Gerber, Elisabeth R. / Lupia, Arthur [1995], Campaign Competition and Policy Responsiveness in Direct Legislation Elections, in: Political Behavior 17, 1995, S. 287–306.

Giacometti, Z. [Zaccaria] / Fleiner, F. [Fritz] [1949], Schweizerisches Bundesstaatsrecht, Zürich (Polygraphischer Verlag) 1949.

Goodhart, David [2017], The Road to Somewhere. The New Tribes Shaping British Politics, o.O. (Penguin) 2017.

Gordon, Michael [2020], Referendums in the UK Constitution: Authority, Sovereignty and Democracy after Brexit, in: EuConst 16, 2020, S. 213–248.

Graaff, Rudolf [2013], Wasser gehört in kommunale Hand, in: Städte- und Gemeinderat 2013, S. 36–38.

Grabka, Markus M. / Göbler, Konstantin [2020], Der Niedriglohnsektor in Deutschland. Falle oder Sprungbrett für Beschäftigte?, Gütersloh (Bertelsmann Stiftung) 2020, zugänglich über <https://www.bertelsmann-stiftung.de/de/publikationen/publikation/did/der-niedriglohnsektor-in-deutschland-all>, Abruf 16.8.2022.

Graf Kielmansegg, Peter [2012], Thesen zur „direkten Demokratie", in: Baus, Ralf Thomas / Montag, Tobias (Hrsg.), Perspektiven und Grenzen „Direkter Demokratie", Sankt Augustin / Berlin (Konrad Adenauer Stiftung) 2012, S. 9–12, <https://www.kas.de/c/document_library/get_file?uuid=53950b07-fff1-d3fb-260d-d307374c4f1f&groupId=252038>, Abruf 16.8.2022.

Green, Todd H. [2010], The Resistance to Minarets in Europe, in: J. Church State 52, 2010, S. 619–643.

Grey, Chris [2021], Brexit Unfolded. How no one got what they wanted (and why they were never going to), London (Biteback Publishing) 2021.

Gross, Andreas [2002], Das Design der Direkten Demokratie und ihre Qualitäten. Erfahrungen und Reformideen im Vergleich zwischen Kalifornien, Schweiz und den deutschen Bundesländern, in: Schiller, Theo / Mittendorf, Volker (Hrsg.), Direkte Demokratie. Forschung und Perspektiven, Wiesbaden (Westdeutscher Verlag) 2002, S. 331–339.

Gross, Andreas [2016/1985], Ständerat war 1891 gegen "reaktionäre Einschränkung" des Initiativrechts, in: Gross, Andreas, Die unvollendete Direkte Demokratie. 1984–2015: Texte zur Schweiz und darüber hinaus, Thun / Gwatt (Werd & Weber) 2016, S. 42–45.

Gross, Andreas [2016/1987], Die Gesetzesinitiative als logische Krönung der schweizerischen Demokratie? (Erstveröffentlichung 1987), in: ders., Die unvollendete Direkte Demokratie. 1984–2015: Texte zur Schweiz und darüber hinaus, Thun / Gwatt (Werd & Weber) 2016, S. 81–86.

Gross, Andreas [2016/1994a], Wer ist denn hier der Souverän? (Erstveröffentlichung 1994), in: ders., Die unvollendete Direkte Demokratie. 1984–2015: Texte zur Schweiz und darüber hinaus, Thun / Gwatt (Werd & Weber) 2016, S. 23–30.

Gross, Andreas [2016/1994b], Verfeinern statt schmälern: Viele indirekte Demokratien verlangen direktdemokratische Erweiterungen (Erstveröffentlichung 1994), in: ders., Die unvollendete Direkte Demokratie. 1984–2015: Texte zur Schweiz und darüber hinaus, Thun / Gwatt (Werd & Weber) 2016, S. 56–59.

Gross, Andreas [2016/2004], Unausgeschöpfte Potenziale, künftige Möglichkeiten und Grenzen (Erstveröffentlichung 2004), in: ders., Die unvollendete Direkte Demokratie. 1984–2015: Texte zur Schweiz und darüber hinaus, Thun / Gwatt (Werd & Weber) 2016, S. 234–242.

Gross, Andreas [2016/2007], Der Gebrauch der Volksrechte verändert sich – Das Unterschriftensammeln ist schwieriger geworden (Erstveröffentlichung: 2007), in: ders., Die unvollendete Direkte Demokratie. 1984–2015: Texte zur Schweiz und darüber hinaus, Thun / Gwatt (Werd & Weber) 2016, S. 173–178.

Gross, Andreas [2016/2011a], Der Landbote als Eisbrecher der Demokratischen Bewegung im Zürich der 1860er Jahre (Erstveröffentlichung 2011), in: ders., Die unvollendete Direkte Demokratie. 1984–2015: Texte zur Schweiz und darüber hinaus, Thun / Gwatt (Werd & Weber) 2016, S. 30–42.

Gross, Andreas [2016/2011b], Direkte Demokratie in der Schweiz und ihr Reformbedarf (Erstveröffentlichung 2011), in: ders., Die unvollendete Direkte Demokratie. 1984–2015: Texte zur Schweiz und darüber hinaus, Thun / Gwatt (Werd & Weber) 2016, S. 249–252.

Gross, Andreas [2016/2015a], Das Plebiszit als Notbremse eines verzweifelten Regierungschefs (Erstveröffentlichung 2015), in: ders., Die unvollendete Direkte Demokratie. 1984–2015: Texte zur Schweiz und darüber hinaus, Thun / Gwatt (Werd & Weber) 2016, S. 213–216.

Gross, Andreas [2016/2015b], Die Volksinitiative und die Menschenrechte versöhnen (Erstveröffentlichung 2015), in: ders., Die unvollendete Direkte Demokratie. 1984–2015: Texte zur Schweiz und darüber hinaus, Thun / Gwatt (Werd & Weber) 2016, S. 256–258.

Gross, Andreas [2016/2015c], Wie durch Quoren nichtrepräsentative Resultate entstehen (Erstveröffentlichung: 2015), in: ders., Die unvollendete Direkte Demokratie. 1984–2015: Texte zur Schweiz und darüber hinaus, Thun / Gwatt (Werd & Weber) 2016, S. 258–261.

Groß, Thomas [2017], Hat das Hamburgische Verfassungsgericht die Diktatur des Volkes verhindert?, in: JZ 2017, S. 349–355.

Grzeszick, Bernd [2021a], Die Volksbefragung – Plebiszit von oben oder Belebung der Demokratie?, in: Heußner, Hermann K. / Pautsch, Arne / Wittreck, Fabian (Hrsg.), Direkte Demokratie. Festschrift für Otmar Jung, Stuttgart u.a. (Boorberg) 2021, S. 127–142.

Grzeszick, Bernd [2021b], Kommentierung Art. 20 GG, in: Maunz, Theodor / Dürig, Günter / Herzog, Roman / Scholz, Rupert u.a., Grundgesetz, Kommentar (Loseblatt), München (C. H. Beck), Stand November 2021.

Guéguen, Daniel [2019], Reshaping European Lobbying: How to Be One Step Ahead, in: Dialer, Doris / Richter, Margarethe (Hrsg.), Lobbying in the European Union. Strategies, Dynamics and Trends, Cham (Springer) 2019, S. 93–103.

Gusy, Christoph [2018], 100 Jahre Weimarer Verfassung. Eine gute Verfassung in schlechter Zeit, Tübingen (Mohr Siebeck) 2018.

Häcki, Rafael [2012], Das Volk hat immer Recht? Grundrechtsverletzende Volksinitiativen als Herausforderung für eine auf Ausgleich bedachte Demokratie, in: Kollektivität – Öffentliches Recht zwischen Gruppeninteressen und Gemeinwohl, 52. Assistententagung Öffentliches Recht, Baden-Baden (Nomos) 2012, S. 249–271.

Hartmann, Bernd J. [2005], Volksgesetzgebung und Grundrechte, Berlin (Duncker und Humblot) 2005.

Haug, Volker M. [2021], Spannungsverhältnis zwischen repräsentativer und direkter Demokratie – auf welcher Seite steht die Verfassungsgerichtsbarkeit?, in: Heußner, Hermann K. / Pautsch, Arne / Wittreck, Fabian (Hrsg.), Direkte Demokratie. Festschrift für Otmar Jung, Stuttgart u.a. (Boorberg) 2021, S. 231–244.

Hegel, Georg Wilhelm Friedrich [1970/1821], Grundlinien der Philosophie des Rechts, Bd. 7 der von Eva Moldenhauer und Karl Markus Michel herausgegebenen Werkausgabe, Frankfurt a.M. (Suhrkamp) 1970 (die in der Nikolaischen Buchhandlung, Berlin, schon 1820 erschienene Erstausgabe ist auf 1821 datiert).

Heidelberger, Anja [2018], Die Abstimmungsbeteiligung in der Schweiz. Psychologische und soziale Einflüsse auf die Abstimmungsneigung, Baden-Baden (Nomos) 2018.

Hermann, Michael [2012], Das politische Profil des Geldes. Wahl- und Abstimmungswerbung in der Schweiz, Zürich (Forschungsstelle sotomo am Geographischen Institut UZH) 2012, zugänglich über <https://www.ejpd.admin.ch/ejpd/de/home/aktuell/news/2012/2012-02-21.html>, Abruf 15.8.2022.

Hermann, Michael [2014], Elite und Basis im Spannungsfeld, in: Scholten, Heike / Kamps, Klaus (Hrsg.), Abstimmungskampagnen. Politikvermittlung in der Referendumsdemokratie, Wiesbaden (Springer) 2014, S. 123–137.

Heuß, Theodor [1928], Demokratie und Parlamentarismus, ihre Geschichte, ihre Gegner und ihre Zukunft, in: Erkelenz, Anton (Hrsg.), Zehn Jahre deutsche Republik. Ein Handbuch für republikanische Politik, Berlin (Sieben Stäbe) 1928, S. 98–117.

Heußner, Hermann K. [2014], Volksgesetzgebung in den US-Gliedstaaten, in: Münch, Ursula / Hornig, Eike-Christian / Kranenpohl, Uwe (Hrsg.), Direkte Demokratie. Analysen im internationalen Vergleich, Baden-Baden (Nomos) 2014, S. 211–226.

Heußner, Hermann K. [2017], Die gravierenden Rechtsstaatsmängel der schweizerischen Direktdemokratie, NVwZ-Extra 17, 2017, S. 1–6.
Heußner, Hermann K. [2019], Volksgesetzgebung in den US-Gliedstaaten 2012 bis 2018 – Ein kurzer Überblick, in: Braun-Binder, Nadja / Feld, Lars P. / Huber, Peter M. / Poier, Klaus / Wittreck, Fabian (Hrsg.), Jahrbuch für direkte Demokratie 2018, Baden-Baden (Nomos) 2019, S. 229–245.
Heußner, Hermann K. [2021], Die Demokratie muss halbdirekt sein, in: ders. / Pautsch, Arne / Wittreck, Fabian (Hrsg.), Direkte Demokratie. Festschrift für Otmar Jung, Stuttgart (Boorberg) 2021, S. 45–95.
Heußner, Hermann K. / Pautsch, Arne [2020], Der geplante „Volkseinwand" in Sachsen – Verfassungswidriges fakultatives Referendum?, in: Neue Justiz 2020, S. 89–93.
Heußner, Hermann K. / Pautsch, Arne / Wittreck, Fabian (Hrsg.) [2021], Direkte Demokratie. Festschrift für Otmar Jung, Stuttgart (Boorberg) 2021.
Heyne, Lea [2017], Direkte Demokratie auf Kommunal- und Länderebene in Deutschland: Die Beispiele Berlin und Hamburg, in: Merkel, Wolfgang / Ritzi, Claudia (Hrsg.), Die Legitimität direkter Demokratie. Wie demokratisch sind Volksabstimmungen?, Wiesbaden (Springer VS) 2017, S. 177–192.
Hobolt, Sara B. / Tilley, James / Leeper, Thomas J. [2022], Policy Preferences and Policy Legitimacy After Referendums: Evidence from the Brexit Negotiations, in: Political Behavior 44, 2022, S. 839–858.
Hoegner, Wilhelm (unter dem Namen Harald Ritter) [o.J.], Gedanken zu einer neuen deutschen Verfassung, Typoskript, undatiert,[1] Institut für Zeitgeschichte (München), ED 120/19 Hoe.
Hömig, Herbert [2005], Brüning. Politiker ohne Auftrag. Zwischen Weimarer und Bonner Republik, Paderborn / München / Wien / Zürich (Ferdinand Schöningh) 2005.

---

[1] Jung 1994, S. 28, nimmt an, die Schrift stamme „wohl aus dem Jahre 1939"; s. auch die gleichfalls weder belegte noch begründete Angabe bei Zimmer 1987, S. 123, Hoegner habe die Schrift 1939 im Schweizer Exil auf Anregung Brünings – des ehemaligen Reichskanzlers – verfasst. Kritzer 1979, S. 151 m. Fn. 604, beruft sich auf mündliche Mitteilungen Hoegners für die Aussage, es handele sich bei dem Text um Erläuterungen zu einem Entwurf einer neuen Reichsverfassung, den Hoegner „1939/40 [...] für den ehemaligen Reichskanzler" gefertigt habe. Herbert Hömigs umfangreiche Brüning-Biografie (Hömig 2005) vermerkt zu diesem Vorgang und zugrundeliegender Kommunikation zwischen Brüning und Hoegner nichts. Jedenfalls stammt Hoegners Schrift ausweislich einschlägiger Formulierungen im Präsens (z.B. S. 5, 29 f.) aus der Zeit des nationalsozialistischen Regimes.

Holland-Cunz, Barbara [2021], Weder minimalistische Repräsentation noch eine Versammlung von Freundinnen. Direkte Demokratie in der feministischen Wissenschaft, in: Heußner, Hermann K. / Pautsch, Arne / Wittreck, Fabian (Hrsg.), Direkte Demokratie. Festschrift für Otmar Jung, Stuttgart u.a. (Boorberg) 2021, S. 645–659.

Hornig, Eike Christian [2011], Die Parteiendominanz direkter Demokratie in Westeuropa, Baden-Baden (Nomos) 2011.

Hornig, Eike Christian [2017], Mythos direkte Demokratie. Praxis und Potentiale in Zeiten des Populismus, Opladen / Berlin / Toronto (Verlag Barbara Budrich) 2017.

Hornig, Eike Christian [2021], Direkte Demokratie in Italien – zwischen Reform und Beharrung, in: Heußner, Hermann K. / Pautsch, Arne / Wittreck, Fabian (Hrsg.), Direkte Demokratie. Festschrift für Otmar Jung, Stuttgart u.a. (Boorberg) 2021, S. 471–497.

Hornig, Eike Christian / Steinke, Clara [2017], Direkte Demokratie in Italien, in: Merkel, Wolfgang / Ritzi, Claudia (Hrsg.), Die Legitimität direkter Demokratie. Wie demokratisch sind Volksabstimmungen?, Wiesbaden (Springer VS) 2017, S. 73–99.

House of Lords, Select Committee on the Constitution [2010], 12th Report of Session 2009–10, Referendums in the United Kingdom, 2010, <https://publications.parliament.uk/pa/ld200910/ldselect/ldconst/99/99.pdf>, Abruf 16.8.2022.

Hümbelin, Peter [1953], Eidgenössische Volksabstimmungen im Lichte der Statistik (Diss. Basel 1948), Bern (A. Francke AG) 1953.

Imboden, Max [2011/1964], Helvetisches Malaise, Nachdruck der 2. Aufl. 1964, in: Georg Kreis, Das „Helvetische Malaise". Max Imbodens historischer Zuruf und seine überzeitliche Bedeutung, Zürich (Verlag Neue Zürcher Zeitung) 2011, S. 85–155.

Irmscher, Philipp [2022], Lobbyregistergesetz – weit anwendbares Neuland auch für Anwälte, in: NJW 2022, S. 273–278.

Isensee, Josef [2001], Volksgesetzgebung – Vitalisierung oder Störung der parlamentarischen Demokratie? Zu den Grenzen der Weitung des plebiszitären Potentials in der Thüringer Verfassung, in: DVBl. 2001, S. 1161–1170.

Isensee, Josef [2005], Plebiszit unter Finanzvorbehalt, in: Grupp, Klaus / Hufeld, Ulrich (Hrsg.), Recht – Kultur – Finanzen. Festschrift für Reinhard Mußgnug zum 70.Geburtstag, Heidelberg (C.F. Müller) 2005, S. 101–127.

Isensee, Josef [2010], Demokratie ohne Volksabstimmung: das Grundgesetz, in: Christian Hillgruber / Christian Waldhoff (Hrsg.), 60 Jahre Bonner Grundgesetz – eine geglückte Verfassung?, Göttingen (V&R unipress) 2010, S. 117–137.

Jabloner, Clemens [2015], Schrankenloses Plebiszit?, in: Öhlinger, Theo / Poier, Klaus (Hrsg.), Direkte Demokratie und Parlamentarismus. Wie kommen wir zu den besten Entscheidungen?, Wien / Köln / Graz (Böhlau Verlag) 2015, S. 303–310.

Jacquemoud, Camilla [2020], La libre formation de la volonté des signataires d'un référendum. La protection et les remèdes contre l'influence inadmissible par des personnes privées, SJZ 116, 2020, S. 223–236.

Jarass, Hans D. [2022], Kommentierung Art. 7 GG, in: Jarass, Hans D. / Kment, Martin (Hrsg.), Grundgesetz für die Bundesrepublik Deutschland. Kommentar, 17. Aufl. München (C.H. Beck) 2022.

Jasper, Gotthard [1986], Die gescheiterte Zähmung. Wege zur Machtergreifung Hitlers 1930–1934, Frankfurt a.M. (Suhrkamp) 1986.

Jürgens, Gunther [1993], Direkte Demokratie in den Bundesländern. Gemeinsamkeiten – Unterschiede – Erfahrungen. Vorbildfunktion für den Bund?, Stuttgart u.a. (Richard Boorberg Verlag) 1993.

Jung, Edgar J. [1930], Die Herrschaft der Minderwertigen, 2. Aufl. Berlin (Verlag Deutsche Rundschau) 1930.

Jung, Otmar [1989], Direkte Demokratie in der Weimarer Republik: Die Fälle „Aufwertung", „Fürstenenteignung", „Panzerkreuzerverbot" und „Youngplan", Frankfurt a.M. / New York (Campus) 1989.

Jung, Otmar [1994], Grundgesetz und Volksentscheid. Gründe und Reichweite der Entscheidungen des Parlamentarischen Rats gegen Formen direkter Demokratie, Opladen (Westdeutscher Verlag) 1994.

Jung, Otmar [1995], Plebiszit und Diktatur: die Volksabstimmungen der Nationalsozialisten. Die Fälle „Austritt aus dem Völkerbund" (1933), „Staatsoberhaupt" (1934) und „Anschluß Österreichs" (1938), Tübingen (J.C.B. Mohr (Paul Siebeck)) 1995.

Jung, Otmar [2002a], Direkte Demokratie – Forschungsstand und Perspektiven, in: Schiller, Theo / Mittendorf, Volker (Hrsg.), Direkte Demokratie. Forschung und Perspektiven, Wiesbaden (Westdeutscher Verlag) 2002, S. 22–63.

Jung, Otmar [2002b], Unverdient höchster Segen. Das BVerfG folgt der (wenig überzeugenden) Rechtsprechung der Landesverfassungsgerichte zum Finanztabu bei der Volksgesetzgebung, in: NVwZ 2002, S. 41–43.

Jung, Otmar / Knemeyer, Franz-Ludwig [2001], Im Blickpunkt: Direkte Demokratie, München (Olzog) 2001.

Jung, Sabine (2001), Die Logik direkter Demokratie, Wiesbaden (Westdeutscher Verlag) 2001.

Jungbauer, Stefan [2012], Parlamentarisierung der deutschen Sicherheits- und Verteidigungspolitik? Die Rolle des Bundestages bei Auslandseinsätzen deutscher Streitkräfte, Berlin (LIT Verlag) 2012.

Kaeding, Michael / Haußner, Stefan [2016], Gut bekannt und unerreicht? Soziodemografisches Profil der Nichtwähler_innen (Hrsg. Friedrich Ebert Stiftung) 2016, S. 4 ff.

Kaiser, Roman [2017], Horror populi: Verfassungsidentität contra Volksentscheid. Anmerkung zu HmbgVerfG, Urt. v. 13. Oktober 2016, HVerfG 2/16, in: DÖV 2017, S. 716–722.

Kaiser, Roman [2020], Die Überprüfung von Volksbegehren am Maßstab des Bundesrechts, in: NVwZ 2020, S. 207–209.

Kamps, Klaus [2014], Volksinitiativen und Referenden in Kalifornien, in: Scholten, Heike / Kamps, Klaus (Hrsg.), Abstimmungskampagnen. Politikvermittlung in der Referendumsdemokratie, Wiesbaden (Springer) 2014, S. 453–472.

Kaufmann, Bruno [2012], Transnational Citizens' Initiative – How Modern Direct Democracy can make the European Union a Better Place for Minorities, in: Marxer, Wilfried (Hrsg.), Direct Democracy and Minorities, Wiesbaden (Springer) 2012, S. 275–287.

Kaufmann, Bruno [2014], Moderne Demokratie im 21. Jahrhundert. Direkt-demokratische Verfahren im repräsentativen System, in: Scholten, Heike / Kamps, Klaus (Hrsg.), Abstimmungskampagnen. Politikvermittlung in der Referendumsdemokratie, Wiesbaden (Springer) 2014, S. 19–26.

Kaufmann, Bruno [2020], Modern Direct Democracy – Global Challenges, Italian Opportunities, in: Brändli, Adrian / Vale, Giangiacomo (Hrsg.), Going Digital? Citizen Participation and the Future of Direct Democracy, Basel (Schwabe) 2020, S. 251–271.

Kautsky, Karl [1883], Der Parlamentarismus, die Volksgesetzgebung und die Socialdemokratie, Stuttgart (J.H.W. Dietz) 1883.

Kaya, Serdar [2017], State Policies toward Islam in Twenty Countries in Western Europe: The Accommodation of Islam Index, in: Muslim World Journal of Human Rights 14, 2017, S. 55–81.

Keena, Alex / Latner, Michael / McGann, Anthony J. / Smith, Charles Anthony [2021], Gerrymandering the States. Partisanship, Race, and the Transformation of American Federalism, Cambridge u.a. (Cambridge University Press) 2021.

Kertels, Jessica / Brink, Stefan [2003], Quod licet jovi – Volksgesetzgebung und Budgetrecht, in: NVwZ 2003, S. 435–438.

Kirchgässner, Gebhard [2014], Finanzpolitische Konsequenzen direkter Demokratie, in: Münch, Ursula / Hornig, Eike-Christian / Kranenpohl, Uwe (Hrsg.), Direkte Demokratie. Analysen im internationalen Vergleich, Baden-Baden (Nomos) 2014, S. 149–162.

Kirchgässner, Gebhard / Pommerehne, Werner W. [1996], Die Entwicklung der öffentlichen Finanzen in föderativen Systemen. Die Beispiele der Bundesrepublik und der Schweiz, in: Grimm, Dieter (Hrsg.), Staatsaufgaben, Frankfurt a.M. (Suhrkamp) 1996, S. 149–176.

Kirchgässner, Gebhard / Pommerehne, Werner W. [1997], Public spending in federal states: A comparative econometric study, in: Capros, Pantélis / Meulders, Danièle (Hrsg.), Budgetary Policy Modelling. Public Expenditures, London (Routledge) 1997, S. 179–213.

Klarman, Michael J. [2020], Foreword: The Degradation of American Democracy – and the Court, in: Harvard Law Review 134, 2020, S. 1–264.

Klatt, Matthias [2011], Die Zulässigkeit des finanzwirksamen Plebiszits, in: Der Staat 50, 2011, S. 3–44.

Kögl, Irene [2014], Direkte Demokratie in Bolivien, in: Münch, Ursula / Hornig, Eike-Christian / Kranenpohl, Uwe (Hrsg.), Direkte Demokratie. Analysen im internationalen Vergleich, Baden-Baden (Nomos), S. 245–258.

Komáromi, László [2014], Volksabstimmungen in der ungarischen Politik, in: Münch, Ursula / Hornig, Eike-Christian / Kranenpohl, Uwe (Hrsg.), Direkte Demokratie. Analysen im internationalen Vergleich, Baden-Baden (Nomos), S. 227–243.

Kost, Andreas (Hrsg.) [2005a], Direkte Demokratie in den deutschen Ländern. Eine Einführung, Wiesbaden (VS Verlag für Sozialwissenschaften / GWV Fachverlage GmbH) 2005.

Kost, Andreas [2005b], Direkte Demokratie in der Bundesrepublik Deutschland – eine Einführung, in: ders. (Hrsg.), Direkte Demokratie in den deutschen Ländern. Eine Einführung, Wiesbaden (VS Verlag für Sozialwissenschaften / GWV Fachverlage GmbH) 2005, S. 7–13.

Kost, Andreas [2013], Direkte Demokratie, 2. Aufl. Wiesbaden (Springer VS) 2013.

Kost, Andreas [2021], Die Entwicklung der direkten Demokratie in Nordrhein-Westfalen, in: Heußner, Hermann K. / Pautsch, Arne / Wittreck, Fabian (Hrsg.), Direkte Demokratie. Festschrift für Otmar Jung, Stuttgart u.a. (Boorberg) 2021, S. 331–348.

Kost, Andreas / Solar, Marcel [2019a], Art. Einleitungsquorum, in: dies. (Hrsg.), Lexikon direkte Demokratie in Deutschland, Wiesbaden (Springer VS) 2019, S. 71–73.

Kost, Andreas / Solar, Marcel [2019b], Art. Soziale Selektion, in: dies. (Hrsg.), Lexikon direkte Demokratie in Deutschland, Wiesbaden (Springer VS) 2019, S. 216–220.

Koukal, Anna Maria / Eichenberger, Reiner [2017], Explaining a Paradox of Democracy: The Role of Institutions in Female Enfranchisement. Working Paper No. 2017-13, Center for Research in Economics, Management and the Arts (CREMA), Zürich 2017, <https://www.econstor.eu/bitstream/10419/214606/1/2017-13.pdf>, Abruf 17.8.2022.

Krafczyk, Jürgen [2005], Der parlamentarische Finanzvorbehalt bei der Volksgesetzgebung. Perspektiven für eine nähere Bestimmung der Zulässigkeit direktdemokratischer Entscheidungen mit Auswirkungen auf den Haushalt de lege lata und de lege ferenda, Berlin (Duncker & Humblot) 2005.

Kranenpohl, Uwe [2021], „Rettet die Bienen!" – Das Volksbegehren ‚Artenvielfalt und Naturschönheit' in Bayern, in: Heußner, Hermann K. / Pautsch, Arne / Wittreck, Fabian (Hrsg.), Direkte Demokratie. Festschrift für Otmar Jung, Stuttgart u.a. (Boorberg) 2021, S. 305–329.

Krause, Peter [2005], Verfassungsrechtliche Möglichkeiten unmittelbarer Demokratie, in: Isensee, Josef / Kirchhof, Paul (Hrsg.), Handbuch des Staatsrechts der Bundesrepublik Deutschland, Bd. III, Heidelberg (C.F. Müller) 2005, § 35, S. 55–84.

Kreis, Georg [2020], The Development, Degeneration and Defence of Direct Democracy in Switzerland, in: Brändli, Adrian / Vale, Giangiacomo (Hrsg.), Going Digital? Citizen Participation and the Future of Direct Democracy, Basel (Schwabe) 2020, S. 51–69.

Kriesi, Hanspeter [2009], Sind Abstimmungen käuflich?, in: Vatter, Adrian / Varone, Frédéric / Sager, Fritz (Hrsg.), Demokratie als Leidenschaft. Festschrift für Wolf Linder zum 65. Geburtstag, Bern / Stuttgart / Wien (Haupt Verlag), 2009, S. 83–106.

Kriesi, Hanspeter / Bernhard, Laurent [2014], Die Referendumsdemokratie, in: Scholten, Heike / Kamps, Klaus (Hrsg.), Abstimmungskampagnen. Politikvermittlung in der Referendumsdemokratie, Wiesbaden (Springer) 2014, S. 3–18.

Krings, Günter [2012], Die Grenzen der „direkten Demokratie" aus parlamentarischer Sicht, in: Baus, Ralf Thomas / Montag, Tobias (Hrsg.), Perspektiven und Grenzen „Direkter Demokratie", Sankt Augustin / Berlin (Konrad Adenauer Stiftung) 2012, S. 13–24, <https://www.kas.de/c/document_library/get_file?uuid=53950b07-fff1-d3fb-260d-d307374c4f1f&groupId=252038>, Abruf 16.8.2022.

Kritzer, Peter [1979], Wilhelm Hoegner. Politische Biographie eines bayerischen Sozialdemokraten, München (Süddeutscher Verlag) 1979.

Krüger, Herbert [1966], Allgemeine Staatslehre, 2. Aufl. Stuttgart u.a. (Kohlhammer) 1966.
Krug, Wilhelm Traugott [1838], Art. „Demophilie und Demomisie", in: Allgemeines Handwörterbuch der philosophischen Wissenschaften nebst ihrer Literatur und Geschichte, 5. Band, 2. Aufl. Leipzig (F. A. Brockhaus) 1838, S. 269 f.
Kruse, Jörn [2021], Bürger an die Macht. Wie unsere Demokratie besser funktioniert, Stuttgart (Kohlhammer) 2021.
Kühling, Jürgen [2013], Mitwirkung der Länder bei Volksbegehren und Volksentscheiden auf Landesebene, in: Mörschel, Tobias / Efler, Michael (Hrsg.), Direkte Demokratie auf Bundesebene. Ausgestaltung direktdemokratischer Verfahren im deutschen Regierungssystem, Baden-Baden (Nomos) 2013, S. 99–104.
Kuoni, Beat [2015], Rechtliche Problemfelder direkter Demokratie in Deutschland und in der Schweiz, Zürich (Schulthess) 2015.
Kużelewska, Elżbieta [2018], Direct Democracy in Slovakia, in: Marczewska-Rytko, Maria (Hrsg.), Handbook of Direct Democracy in Central and Eastern Europe after 1989, Opladen / Berlin / Toronto (Barbara Budrich Publishers) 2018, S. 270–284.
Lachmayer, Konrad [2010], Repräsentative Demokratie als verfassungsgerichtliche Systementscheidung, in: Gamper, Anna (Hrsg.), Entwicklungen des Wahlrechts am europäischen Fallbeispiel, Wien (Springer) 2010, S. 71–91.
Landemore, Hélène [2018], Referendums Are Never Merely Referendums: On the Need to Make Popular Vote Processes More Deliberative, in: Swiss Political Science Review 24, 2018, S. 320–327.
Landemore, Hélène [2020], Open democracy. Reinventing Popular Rule for the Twenty-First Century, Princeton / Oxford (Princeton University Press) 2020.
Landfried, Christine [2017], Bürgerräte als Potential für die Handlungs- und Lernfähigkeit von Demokratien, Verfassungsblog v. 17.12.2021, <https://verfassungsblog.de/burgerrate-als-potential-fur-die-handlungs-und-lernfahigkeit-von-demokratien/>, Abruf 19.12.2021.
Landfried, Christine [2022], Statt schönreden. Politikerinnen und Politiker haben die Bedeutung des Austausches mit den Bürgern unterschätzt, die Demokratie ist in der Krise. Helfen können neue Gesprächsformate, in: FAZ v. 4.8.2022.
Langer, Lorenz [2010], Panacea or Pathetic Fallacy? The Swiss Ban on Minarets, in: Vanderbilt Journal of Transnational Law 43, 2010, S. 863–951.
Langer, Lorenz [2011], Menetekel oder Musterlösung? Das amerikanische Ausländerrecht und die Umsetzung der schweize-

rischen Ausschaffungsinitiative, in: SZIER / RSDIE 21, 2011, S. 195–228.

Lanz, Simon / Nai, Alessandro [2018], How elections shape campaigning effects in direct democracy, in: Morel, Laurence / Qvortrup, Matt (Hrsg.), The Routledge Handbook of Referendums and Direct Democracy, London / New York (Routledge) 2018, S. 348–367.

László, Róbert [2016], Dismantling direct democracy: Referenda in Hungary, Friedrich Ebert Stiftung, August 2016, <http://library.fes.de/pdf-files/bueros/budapest/12733.pdf>, Abruf 17.8.2022.

Lauth, Hans-Joachim / Kneuer, Marianne / Pickel, Gert (Hrsg.) [2016], Handbuch Vergleichende Politikwissenschaft, Wiesbaden (Springer VS) 2016.

Lauth, Hans-Joachim / Lemm, Lukas [2021], Direkte Demokratie und die Qualität der Demokratie, in: Heußner, Hermann K. / Pautsch, Arne / Wittreck, Fabian (Hrsg.), Direkte Demokratie. Festschrift für Otmar Jung, Stuttgart u.a. (Boorberg) 2021, S. 563–592.

Le Bon, Gustave [2021/1895], Psychologie der Massen, 16. Aufl. Stuttgart (Alfred Kröner) 2021 (in Frankreich zuerst 1895 erschienen).

Leemann, Lucas / Stadelmann-Steffen, Isabelle [2022], Satisfaction With Democracy: When Government by the People Brings Electoral Losers and Winners Together, in: Comparative Political Studies 55, 2022, S. 93–121, <https://journals.sagepub.com/doi/pdf/10.1177/00104140211024302>, Abruf 17.8.2022.

Leemann, Lucas / Wasserfallen, Fabio [2016], The Democratic effect of Direct Democracy, in: American Political Science Review, 110, 2016, S. 750–762.

Leif, Thomas / Speth, Rudolf [2006], Zehn zusammenfassende Thesen zur Anatomie des Lobbyismus in Deutschland und sechs praktische Lösungsvorschläge zu seiner Demokratisierung, in: dies. (Hrsg.), Die fünfte Gewalt. Lobbyismus in Deutschland, Wiesbaden (VS Verlag für Sozialwissenschaften) 2006, S. 351–354.

Leininger, Arndt / Rudolph, Lukas / Zittlau, Steffen [2018], How to increase turnout in low-salience elections: Quasi-experimental evidence on the effect of concurrent second-order elections on political participation, in: Political Science Research and Methods 6, 2018, S. 509–526.

Lembcke, Oliver / Peuker, Enrico / Seifarth, Dennis [2007], Finanzwirksame Volksbegehren im Verfassungsstaat – Das Beispiel der Initiative „Für eine bessere Familienpolitik in Thüringen", ThürVBl. 2007, S. 129–136.

Lemmer, Jens [2014], Indexierung der Einkommensbesteuerung im internationalen Vergleich. Welche Regelungen eignen sich für einen dauerhaften Abbau der kalten Progression?, in: Wirtschaftsdienst 94, 2014, S. 872–878, zitiert nach der online-Version, <https://www.wirtschaftsdienst.eu/inhalt/jahr/2014/heft/12/beitrag/indexierung-der-einkommensbesteuerung-im-internationalen-vergleich.html>, Abruf 17.8.2022.

Lepsius, M. Rainer [1993], Parteiensystem und Sozialstruktur. Zum Problem der Demokratisierung der deutschen Gesellschaft, in: ders., Demokratie in Deutschland, Göttingen (Vandenhoek & Ruprecht) 1993, S. 25–50.

Lepsius, Oliver [2019], Dynamik, Legitimität, Differenz, Interpretation: Das Grundgesetz wird 70, in: RuP 55, 2019, S. 118–126.

Lewisch, Peter [2019], Direkte Demokratie – Risiken und Chancen, in: Benn-Ibler, Gerhard / Lewisch, Peter (Hrsg.), Direkte Demokratie. Chancen und Risiken, Wien (Manz'sche Verlags-und Universitätsbuchhandlung) 2019, S. 5–12.

Ley, Isabelle / Franzius, Claudio / Stein, Tine [2020], Das Volk – ein „Problem" der Demokratie?, Verfassungsblog vom 24.2.2020, <https://verfassungsblog.de/das-volk-ein-problem-der-demokratie/>, Abruf 19.12.2021.

Leyland, Peter [2021], The Constitution of the United Kingdom. A Contextual Analysis, Oxford (Hart) 2021.

Lijphart, Arend [1997], Unequal Participation: Democracy's Unresolved Dilemma, in: The American Political Science Review 91, 1997, S. 1–14.

Lijphart, Arend [2012], Patterns of Democracy. Government Forms and Performance in Thirty-Six Countries, 2. Aufl. New Haven / London (Yale University Press) 2012.

Liebscher, Doris [2021], Rasse im Recht – Recht gegen Rassismus. Genealogie einer ambivalenten rechtlichen Kategorie, Berlin (Suhrkamp) 2021.

Lindner, Josef Franz [2019], Die Zulassung von Volksbegehren im Bayerischen Staatsrecht, in: BayVBl. 2019, S. 721–728.

Linder, Wolf [2019], Art. „Direkte Demokratie von oben", Gastkommentar, in: Neue Zürcher Zeitung v. 28.2.2019.

Linder, Wolf / Mueller, Sean [2017], Schweizerische Demokratie. Institutionen – Prozesse – Perspektiven, 4. Aufl. Bern / Stuttgart (Haupt) 2017.

Lissidini, Alicia [2014], Paradojas de la participación en América Latina. ¿Puede la democracia directa institucionalizar la protesta?, in: dies. / Welp, Yanina / Zovatto, Daniel (Hrsg.), Democracias en movimiento. Mecanismos de democracia directa y participativa en América Latina, Mexico (Universidad Nacional Autónoma de México u.a.) 2014, S. 71–105, <https://www.

idea.int/sites/default/files/publications/democracias-en-movi miento.pdf>, Abruf 17.7.2021.

Lissidini, Alicia [2017], Direkte Demokratie in Lateinamerika, in: Merkel, Wolfgang / Ritzi, Claudia (Hrsg.), Die Legitimität direkter Demokratie. Wie demokratisch sind Volksabstimmungen? Wiesbaden (Springer VS) 2017, S. 121–153.

Lübbe, Hermann [1987/1985], Wiederentdeckung der Eliten, in: ders., Fortschrittsreaktionen. Über konservative und destruktive Modernität, Graz / Wien / Köln (Styria) 1987, S. 176–197 (Erstveröffentlichung 1985).

Lübbe, Hermann [2014/2007], Ungleichheitsfolgen egalitärer Rechte, in: ders., Zivilisationsdynamik. Ernüchterter Fortschritt politisch und kulturell, Basel (Schwabe) 2014, S. 153–201 (Erstveröffentlichung 2007).

Lübbe-Wolff, Gertrude [1981], Rechtsfolgen und Realfolgen. Welche Rolle können Folgenerwägungen in der juristischen Regel- und Begriffsbildung spielen?, Freiburg / München (Karl Alber) 1981.

Lübbe-Wolff, Gertrude [2001], Europäisches und nationales Verfassungsrecht, in: Veröffentlichungen der Vereinigung der Deutschen Staatsrechtslehrer, Band 60, Berlin / New York (de Gruyter) 2001, S. 246–289.

Lübbe-Wolff, Gertrude [2004], Globalisierung und Demokratie. Überlegungen am Beispiel der Wasserwirtschaft, in: RuP 2004, S. 130–143

Lübbe-Wolff, Gertrude [2007], Homogenes Volk – Über Homogenitätspostulate und Integration, in: ZAR 2007, S. 121–127.

Lübbe-Wolff, Gertrude [2009a], Die Aktualität der Hegelschen Rechtsphilosophie, in: Birgit Sandkaulen / Volker Gerhardt (Hrsg.), Gestalten des Bewusstseins, Genealogisches Denken im Kontext Hegels, Hegel-Studien, Beiheft 52, Hamburg (Felix Meiner Verlag) 2009, S. 328–349 (online bei Leibniz Publik).

Lübbe-Wolff, Gertrude [2009b], Die Internationalisierung der Politik und der Machtverlust der Parlamente, in: Brunkhorst, Hauke (Hrsg.), Demokratie in der Weltgesellschaft, Baden-Baden (Nomos) 2009, S. 127–142.

Lübbe-Wolff, Gertrude [2011], Who Has the Last Word? National and Transnational Courts – Conflict and Cooperation, in: Yearbook of European Law 30 (2011), S. 86–99.

Lübbe-Wolff, Gertrude [2016], Democracy, separation of powers and international treaty-making. The example of TTIP, in: Current Legal Problems 2016, S. 175–198.

Lübbe-Wolff, Gertrude [2017], Die Zukunft der Europäischen Verfassung, in: Ulrike Davy / Gertrude Lübbe-Wolff (Hrsg.), Verfassung: Geschichte, Gegenwart, Zukunft. Autorenkollo-

quium mit Dieter Grimm, Baden-Baden (Nomos) 2017, S. 129–152.
Lübbe-Wolff, Gertrude [2018], Das Demokratiekonzept der Weimarer Verfassung, in: Horst Dreier / Christian Waldhoff (Hrsg.), Das Wagnis der Demokratie. Eine Anatomie der Weimarer Reichsverfassung, München (C.H. Beck) 2018, S. 111–149.
Lübbe-Wolff, Gertrude [2019a], Modernisation in Continuity. Ernst-Wolfgang Böckenförde's most famous ideas and the Depolarization Paradox in Representative Democracy, Verfassungsblog v. 8.5.2019, <https://verfassungsblog.de/modernisation-in-continuity-ernst-wolfgang-boeckenfoerdes-most-famous-ideas-and-the-polarization-paradox-in-representative-democracy/>, Abruf 17.8.2022.
Lübbe-Wolff, Gertrude [2019b], Neues zur direkten Demokratie (Bespr. v. Merkel, Wolfgang / Ritzi, Claudia (Hrsg.), Die Legitimität direkter Demokratie. Wie demokratisch sind Volksabstimmungen? Wiesbaden (Springer VS) 2017, 252 S.), in: Gesellschaft • Wirtschaft • Politik (GWP) 68, Heft 2/2019, S. 230–235.
Lübbe-Wolff, Gertrude [2022a], Das europäische Frankensteinproblem, in: FAZ v. 13.1.2022.
Lübbe-Wolff, Gertrude [2022b], Beratungskulturen. Wie Verfassungsgerichte arbeiten, und wovon es abhängt, ob sie integrieren oder polarisieren, Berlin (Konrad-Adenauer-Stiftung) 2022.
Macron, Emmanuel [2017], Discours du Président de la République, Initiative pour l'Europe: Une Europe souveraine, unie, démocratique, 26.9.2017, <https://ue.delegfrance.org/discours-de-la-sorbonne>, Abruf 8.1.2022.
Mängel, Annett [2010], Hamburger Bildungskampf, in: Blätter für deutsche und internationale Politik 7/2010 (online), <https://www.blaetter.de/ausgabe/2010/juli/hamburger-bildungskampf>, Abruf 7.8.2022.
Mair, Peter [2013], Ruling the Void. The Hollowing of Western Democracy, London / New York (Verso) 2013.
Maj, Dorota [2018a], Direct Democracy in Latvia, in: Marczewska-Rytko, Maria (Hrsg.), Handbook of Direct Democracy in Central and Eastern Europe after 1989, Opladen / Berlin / Toronto (Barbara Budrich Publishers) 2018, S. 131–145.
Maj, Dorota [2018b], Direct Democracy in Lithuania, in: Marczewska-Rytko, Maria (Hrsg.), Handbook of Direct Democracy in Central and Eastern Europe after 1989, Opladen / Berlin / Toronto (Barbara Budrich Publishers) 2018, S. 146–163.
Majer, Diemut [2000], Die Angst der Regierenden vor dem Volk, in: von Arnim, Hans Herbert (Hrsg.), Direkte Demokratie, Berlin (Duncker & Humblot) 2000, S. 27–50.
Mann, Thomas [2010], Rechtsschutz bei Bürger- und Volksbe-

gehren in Deutschland, in: Neumann, Peter / Renger, Denise (Hrsg.), Sachunmittelbare Demokratie im interdisziplinären und internationalen Kontext 2008/2009. Deutschland, Österreich, Schweiz, Baden-Baden (Nomos) 2010, S. 79–95.

Manow, Philip [2020], (Ent)Demokratisierung der Demokratie, Berlin (Suhrkamp) 2020.

Marcinkowski, Frank / Donk, André [2012], Winning without Victory? The Media Coverage Affairs in Swiss Direct Democracy Campaigns, in: Marxer, Wilfried (Hrsg.), Direct Democracy and Minorities, Wiesbaden (Springer) 2012, S. 194–211.

Marczewska-Rytko, Maria [2018], Direct Democracy in Croatia, in: dies. (Hrsg.), Handbook of Direct Democracy in Central and Eastern Europe after 1989, Opladen / Berlin / Toronto (Barbara Budrich Publishers) 2018, S. 69–84.

Marczewska-Rytko, Maria (Hrsg.) [2018], Handbook of Direct Democracy in Central and Eastern Europe after 1989, Opladen / Berlin / Toronto (Barbara Budrich Publishers) 2018.

Martenet, Vincent [2021], Judicial Remedies in Switzerland, in: Baume, Sandrine / Boillet, Véronique / Martenet, Vincent (Hrsg.), Misinformation in Referenda, London / New York (Routledge) 2021, S. 132–149.

Marxer, Wilfried [2012], Minorities and Direct Democracy in Liechtenstein, in: ders. (Hrsg.), Direct Democracy and Minorities, Wiesbaden (Springer) 2012, S. 165–180.

Marxer, Wilfried [2014], Direkte Demokratie in Liechtenstein. Selektiv erhobene Stimme des Volkes, in: Münch, Ursula / Hornig, Eike-Christian / Kranenpohl, Uwe (Hrsg.), Direkte Demokratie. Analysen im internationalen Vergleich, Baden-Baden (Nomos) 2014, S. 195–209.

Marxer, Wilfried [2021], Zur Nachahmung empfohlen? Direkte Demokratie in der Schweiz und in Liechtenstein, in: Heußner, Hermann K. / Pautsch, Arne / Wittreck, Fabian (Hrsg.), Direkte Demokratie. Festschrift für Otmar Jung, Stuttgart u.a. (Boorberg) 2021, S. 443–470.

Masing, Johannes [2021], Verfassung im internationalen Mehrebenensystem, in: Herdegen, Matthias / Masing, Johannes / Poscher, Ralf / Gärditz, Klaus Ferdinand (Hrsg.), Handbuch des Verfassungsrechts. Darstellung in transnationaler Perspektive, München (C.H. Beck) 2021, S. 61–147.

Matsusaka, John G. [1995], Fiscal Effects of the Voter Initiative: Evidence from the Last 30 Years, in: Journal of Political Economy 103, 1995, S. 587–623.

Matsusaka, John G. [2000], Fiscal Effects of the Voter Initiative in the First Half of the Twentieth Century, in: Journal of Law and Economics 43, 2000, S. 619–650.

Matsusaka, John G. [2018], Public policy and the initiative and referendum: a survey with some new evidence, in: Public Choice 174, 2018, S. 107–143.
Matsusaka, John G. [2020], Let the People Rule. How Direct Democracy can Meet the Populist Challenge, Princeton / Oxford (Princeton University Press) 2020.
Mattei, Ugo [2013], Protecting the Commons: Water, Culture, and Nature: The Commons Movement in the Italian Struggle against Neoliberal Governance, in: South Atlantic Quarterly 112, 2013, S. 366–376.
Mayer, Christoph [2017], Direkte Demokratie in der Schweiz, in: Merkel, Wolfgang / Ritzi, Claudia (Hrsg.), Die Legitimität direkter Demokratie. Wie demokratisch sind Volksabstimmungen?, Wiesbaden (Springer VS) 2017, S. 51–72.
Mayer, Franz [2013], Direkte Demokratie und die Europäische Union, in: Mörschel, Tobias / Efler, Michael (Hrsg.), Direkte Demokratie auf Bundesebene. Ausgestaltung direktdemokratischer Verfahren im deutschen Regierungssystem, Baden-Baden (Nomos) 2013, S. 147–160.
McKay, Spencer [2018], Designing Popular Vote Processes for Democratic Systems: Counter-Proposals, Recurring Referendums, and Iterated Popular Votes, in: Swiss Political Science Review 24, 2018, S. 328–334.
Meerkamp, Frank [2011], Die Quorenfrage im Volksgesetzgebungsverfahren. Bedeutung und Entwicklung, Wiesbaden (VS Verlag für Sozialwissenschaften) 2011.
Mehr Demokratie e.V. [2017], Direkte Demokratie für alle. Wer beteiligt sich? Wem nützt sie?, Berlin (Themenflyer des Vereins) 2017, <https://www.mehr-demokratie.de/fileadmin/pdf/2017-08-28_Themenflyer_Exklusion.pdf>, Abruf 8.8.2022.
Mehr Demokratie e.V. [2020], Bürgerbegehrensbericht 2020, <https://www.mehr-demokratie.de/fileadmin/pdf/2020-09-28_Bu__rgerbegehrensbericht_Web.pdf>, Abruf 17.8.2022.
Mehr Demokratie e.V. [2021], Volksentscheidsranking 2021, <https://www.mehr-demokratie.de/fileadmin/pdf/2021/2021-06-22_VE-Ranking-2021_Web.pdf>, Abruf 17.8.2022.
Mehr Demokratie e.V. [2022], Volksbegehrensbericht 2021, Onlineversion 2.0 v. 22.3.2022, <https://www.mehr-demokratie.de/fileadmin/pdf/2022/2022-03-25_VBB_2021_web.pdf>, Abruf 17.8.2022.
Menzel, Jörg [2002], Landesverfassungsrecht. Verfassungshoheit und Homogenität im grundgesetzlichen Bundesstaat, Stuttgart / München / Hannover / Berlin / Weimar / Dresden (Richard Boorberg Verlag) 2002, S. 398.
Merkel, Wolfgang [2011], Entmachten Volksentscheide das Volk?

Anmerkungen zu einem demokratischen Paradoxon, in: WZB-Mitteilungen 131, 2011, S. 10–13.
Merkel, Wolfgang [2014], Direkte Demokratie. Referenden aus demokratietheoretischer und sozialdemokratischer Sicht (Hrsg. Friedrich Ebert Stiftung), März 2014, <http://library.fes.de/pdf-files/id/ipa/10581.pdf>, Abruf 17.8.2021.
Merkel, Wolfgang / Petring, Alexander [2011], Partizipation und Inklusion, Berlin (Friedrich Ebert Stiftung) 2011, <http://www.demokratie-deutschland-2011.de/common/pdf/Partizipation_und_Inklusion.pdf>, Abruf 6.6.2022.
Merkel, Wolfgang / Ritzi, Claudia [2017a], Theorie und Vergleich, in: dies. (Hrsg.), Die Legitimität direkter Demokratie. Wie demokratisch sind Volksabstimmungen?, Wiesbaden (Springer VS) 2017, S. 9–48.
Merkel, Wolfgang / Ritzi, Claudia [2017b], Direkte Demokratie *oder* Repräsentation? Zum Reformbedarf liberal-repräsentativer Demokratie im 21. Jahrhundert, in: dies. (Hrsg.), Die Legitimität direkter Demokratie. Wie demokratisch sind Volksabstimmungen?, Wiesbaden (Springer VS) 2017, S. 227–250.
Merli, Franz [2015], Themenbeschränkungen der direkten Demokratie, in: Öhlinger, Theo / Poier, Klaus (Hrsg.), Direkte Demokratie und Parlamentarismus. Wie kommen wir zu den besten Entscheidungen?, Wien / Köln / Graz (Böhlau Verlag) 2015, S. 311–323.
Merli, Franz [2020], Illiberal Direct Democracy, in: ICL Journal 2020, S. 199–210.
Meyer, Hans [2012], Volksabstimmungen im Bund: Verfassungslage nach Zeitgeist?, in: JZ 2012, S. 538–546.
Michels, Dennis [2019], Art. Volksinitiative (Grundsatzartikel), in: Lexikon direkte Demokratie in Deutschland, Wiesbaden (Springer VS) 2019, S. 261–272.
Milic, Thomas / Rousselot, Bianca / Vatter, Adrian [2014], Handbuch Abstimmungsforschung, Zürich (Verlag Neue Zürcher Zeitung) 2014.
Mill, John Stuart [1972/1861], Representative Government, in: ders., Utilitarianism, On Liberty, *and* Considerations on Representative Government, London (J.M. Dent & Sons Ltd) 1972 (Erstveröffentlichung der zitierten Schrift 1861).
Möckli, Silvano [1994], Direkte Demokratie. Ein Vergleich der Einrichtungen und Verfahren in der Schweiz und Kalifornien, unter Berücksichtigung von Frankreich, Italien, Dänemark, Irland, Österreich, Liechtenstein und Australien, Bern / Stuttgart / Wien (Verlag Paul Haupt) 1994.
Möckli, Silvano [1998], Direktdemokratische Einrichtungen und Verfahren in den Mitgliedstaaten des Europarates, ZParl 29, 1998, S. 90–107.

Möckli, Silvano [2012], Den schweizerischen Sozialstaat verstehen, Zürich / Chur (Rüegger Verlag) 2012.
Möckli, Silvano [2018], So funktioniert direkte Demokratie, München (UKV Verlag) 2018.
Möller, Jonathan [2019], Die Einführung von Volksgesetzgebung in das Grundgesetz mit Blick auf Quoren und Finanzierung, München (utzverlag) 2019.
Möllers, Christoph [2021], Demokratie, in: Herdegen, Matthias / Masing, Johannes / Poscher, Ralf / Gärditz, Klaus Ferdinand (Hrsg.), Handbuch des Verfassungsrechts. Darstellung in transnationaler Perspektive, München (C.H. Beck) 2021, S. 317–382.
Möstl, Markus [2013], Elemente direkter Demokratie als Entwicklungsperspektive, in: VVDStRL 72, 2013, S. 355–416.
Mommsen, Hans [2009], Ist die Weimarer Republik an Fehlkonstruktionen der Reichsverfassung gescheitert? Chancen und Scheitern der ersten deutschen Republik, in: Michael Schultheiß / Julia Roßberg (Hrsg.), Weimar und die Republik. Geburtsstunde eines demokratischen Deutschlands, Weimar (Weimarer Verlagsgesellschaft) 2009, S. 105–123.
Morel, Laurence [2018a], Types of referendums, provisions and practice at the national level worldwide, in: dies. / Qvortrup, Matt (Hrsg.), The Routledge Handbook of Referendums and Direct Democracy, London / New York (Routledge) 2018, S. 27–59.
Morel, Laurence [2018b], The democratic criticism of referendums: the majority and true will of the people, in: dies. / Qvortrup, Matt (Hrsg.), The Routledge Handbook of Referendums and Direct Democracy, London / New York (Routledge) 2018, S. 149–168.
Morel, Laurence [2018c], Appendix 1. Types of nationwide referendums provided for in the 195 countries of the world (2016), in: dies. / Qvortrup, Matt (Hrsg.), The Routledge Handbook of Referendums and Direct Democracy, London / New York (Routledge) 2018, S. 511–515.
Morel, Laurence [2018d], Appendix 2. Practice of nationwide referendums in the 195 countries of the world (1940–2016), in: dies. / Qvortrup, Matt (Hrsg.), The Routledge Handbook of Referendums and Direct Democracy, London / New York (Routledge) 2018, S. 519–526.
Morel, Laurence [2019], La question du référendum, Paris (Presses de Sciences Po) 2019.
Morel, Laurence / Qvortrup, Matt (Hrsg.) [2018], The Routledge Handbook of Referendums and Direct Democracy, London / New York (Routledge) 2018.

Müller, Jan-Werner [2016], Was ist Populismus? Ein Essay, Berlin (Frankfurt a.M.) 2016.

Müller-Franken, Sebastian [2005], Plebiszitäre Demokratie und Haushaltswirtschaft. Zu den verfassungsrechtlichen Grenzen finanzwirksamer Volksgesetzgebung, in: Der Staat 2005, S. 19–42.

Müller-Franken, Sebastian [2012], Referendum versus Volksgesetzgebung, in: Baus, Ralf Thomas / Montag, Tobias (Hrsg.), Perspektiven und Grenzen „Direkter Demokratie", Sankt Augustin / Berlin (Konrad Adenauer Stiftung) 2012, S. 51–70, <https://www.kas.de/c/document_library/get_file?uuid=53950b07-fff1-d3fb-260d-d307374c4f1f&groupId=252038>, Abruf 16.8.2022.

National Conference of Legislatures [2012], Laws Governing Petition Circulators (last updated 2012), <https://www.ncsl.org/research/elections-and-campaigns/laws-governing-petition-circulators.aspx>, Abruf 17.8.2022.

Nawiasky, Hans [1950], Die Grundgedanken des Grundgesetzes für die Bundesrepublik Deutschland. Systematische Darstellung und kritische Würdigung, Stuttgart / Köln (W. Kohlhammer Verlag) 1950.

Nef, Hans [1953], Die Fortbildung der schweizerischen Demokratie, in: Demokratie und Rechtsstaat. Festgabe zum 60. Geburtstag von Zaccaria Giacometti, Zürich (Polygraphischer Verlag) 1953, S. 203–228.

Neidhart, Leonhard [1970], Plebiszit und puralitäre Demokratie. Eine Analyse der Funktion des schweizerischen Gesetzesreferendums, Bern (Francke) 1970.

Neidhart, Leonhard [2014], Wenn das Volk „direkt" herrscht. Auswirkungen und Voraussetzungen direktdemokratischer Politikgestaltung, in: Uwe Justus Wenzel (Hrsg.), Volksherrschaft – Wunsch und Wirklichkeit, Zürich (Verlag Neue Zürcher Zeitung) 2014, S. 58–61.

Neuhaus, Christina [2021], Art. „Alles oder nichts", in: NZZ v. 30.6.2021.

Neumann, Peter [2009], Sachunmittelbare Demokratie im Bundes- und Landesverfassungsrecht unter besonderer Berücksichtigung der neuen Länder, Baden-Baden (Nomos) 2009.

Neumann, Volker [2020], Volkswille, Tübingen (Mohr Siebeck) 2020.

Newman, Karl R. [1965], Zerstörung und Selbstzerstörung der Demokratie. Europa 1918–1933, Köln / Berlin (Kiepenheuer & Witsch) 1965.

Niedermeier, Alexander / Ridder, Wolfram [2017], Das Brexit-Referendum. Hintergründe, Streitthemen, Perspektiven, Wiesbaden (Springer) 2017.

Nikolai, Rita / Helbig, Marcel [2019], Der (alte) Streit um die Grundschulzeit: Von Kontinuitäten und Brüchen der Kaiserzeit bis heute, in: Zeitschrift für Grundschulforschung 12, 2019, S. 289–303.

Noyes, Henry S. [2018], Existing regulations and recommended best practices, in: Morel, Laurence / Qvortrup, Matt (Hrsg.), The Routledge Handbook of Referendums and Direct Democracy, London / New York (Routledge) 2018, S. 271–285.

Nuspliger, Nikolaus [2017], Art. „Der niederländische Murks mit dem EU-Ukraine-Vertrag", in: NZZ v. 30.5.2017.

Nußberger, Angelika [2022], Les deux Europes et leurs traditions constitutionnelles : une histoire de malentendus évitables ou de différences insurmontables? (Vortragsserie), Teil 3, 14.2. 2022, Videoaufnahme unter <https://www.youtube.com/watch?v=yrMUpzHCtbo>, Abruf 3.6.2022.

Nußberger, Angelika / Van de Graaf, Catherine [i.E.], Pluralisation of Family Forms in the Jurisprudence of the European Court of Human Rights, in: Dethloff, Nina / Kaesling, Katharina (Hrsg.), Between Sexuality, Gender and Reproduction, Cambridge (Intersentia), im Erscheinen.

o. Verf. [1989], Art. „Referendum latest chapter in 26-year desegregation saga", UPI Archives, 25.5.1989, <https://www.upi.com/Archives/1989/05/25/Referendum-latest-chapter-in-26-year-desegregation-saga/3561612072000/>, Abruf 17.8.2022.

o. Verf. [2019], Art. „AHV-Steuervorlage provoziert Debatte: Einheit der Materie – ein ‚Kompromissverbot'?", <https://unser-recht.ch/2019/03/31/ahv-steuervorlage-provoziert-debatte-einheit-der-materie-ein-kompromissverbot/>, Abruf 25.5.2022.

O'Rourke, Kevin [2018], A Short History of Brexit, o.O. (Penguin) 2018.

Obst, Claus-Henning [1986], Chancen direkter Demokratie in der Bundesrepublik Deutschland, Köln (presseverlag ralf theurer) 1986.

Öhlinger, Theo [2000], Bundesverfassungsrechtliche Grenzen der Volksgesetzgebung. Zur Verfassungsmäßigkeit des Art. 33 Abs. 6 der Vorarlberger Landesverfassung, in: Montfort. Vierteljahresschrift für Geschichte und Gegenwart Vorarlbergs 52, 2000, S. 402–414.

Öhlinger, Theo [2015], Möglichkeiten und Grenzen der direkten Demokratie, in: ders. / Poier, Klaus (Hrsg.), Direkte Demokratie und Parlamentarismus. Wie kommen wir zu den besten Entscheidungen?, Wien / Köln / Graz (Böhlau Verlag) 2015, S. 289–302.

Offe, Claus [1992], Wider scheinradikale Gesten. Die Verfassungspolitik auf der Suche nach dem Volkswillen, in: Hofmann, Gunter / Perger, Werner A. (Hrsg.), Die Kontroverse. Weizsä-

ckers Parteienkritik in der Diskussion, Frankfurt a.M. (Eichborn) 1992, S. 126–142.
Ogorek, Regina, Direkte Demokratie – Heilsbringer oder Büchse der Pandora?, in: Zeitschrift für Rechtspolitik 2019, S. 61.
Otto, Thomas [2017], Art. „Assoziierungsabkommen mit der Ukraine / Alles spricht für eine große Mehrheit", Deutschlandfunk v. 30.5.2017 (Text), <https://www.deutschlandfunk.de/assoziierungsabkommen-mit-der-ukraine-alles-spricht-fuer-100.html>, Abruf 17.8.2022.
Pállinger, Zoltán Tibor (im Interview mit Mehr Demokratie e.V.) [2014], "Direct Democracy in Hungary: A sad topic", <https://www.democracy-international.org/direct-democracy-hungary-sad-topic>, Abruf 17.8.2022.
Pállinger, Zoltán Tibor [2021], Entwicklungslinien und Perspektiven der direkten Demokratie in Mittel- und Osteuropa, in: Heußner, Hermann K. / Pautsch, Arne / Wittreck, Fabian (Hrsg.), Direkte Demokratie. Festschrift für Otmar Jung, Stuttgart u.a. (Boorberg) 2021, S. 499–518.
Papadopoulos, Yannis [1998], Démocratie directe, Paris (Economica) 1998.
Parade, Ralf / Heinzel, Friederike [2020], Sozialräumliche Segregation und Bildungsungleichheiten in der Grundschule – eine Bestandsaufnahme, in: Zeitschrift für Grundschulforschung 13, 2020, S. 193–207.
Parlamentarischer Rat [1948/49a], Stenographische Berichte über die Plenarsitzungen, Bonn 1948/49.
Parlamentarischer Rat [1948/49b], Verhandlungen des Hauptausschusses, Bonn 1948/49.
Patzelt, Werner [2013], Herausforderungen der direkten Demokratie in Deutschland, in: Auer, Andreas / Holzinger, Katharina (Hrsg.), Gegenseitige Blicke über die Grenze. Bürgerbeteiligung und Demokratie in Deutschland und der Schweiz, Schulthess / Nomos (Zürich u.a. / Baden-Baden) 2013, S. 127–147.
Patzelt, Werner [2021], Weshalb wird der Wert plebiszitärer Instrumente verkannt, und wie beugt man dem vor?, in: Heußner, Hermann K. / Pautsch, Arne / Wittreck, Fabian (Hrsg.), Direkte Demokratie. Festschrift für Otmar Jung, Stuttgart u.a. (Boorberg) 2021, S. 97–126.
Pautsch, Arne [2019], Verfassungsändernde Volksgesetzgebung und ihre Bindung an die „identitätsstiftenden und -sichernden Grundentscheidungen der Verfassung" – Neues zum Rangverhältnis von repräsentativer und direkter Demokratie nach der Entscheidung des Hamburgischen Verfassungsgerichts vom 13. Oktober 2016?, in: Braun-Binder, Nadja / Feld, Lars P. / Huber,

Peter M. / Poier, Klaus / Wittreck, Fabian (Hrsg.), Jahrbuch für direkte Demokratie 2018, Baden-Baden (Nomos) 2019, S. 13–41.

Pautsch, Arne [2021], Das „Plebiszit von oben" als Störfall der (direkten) Demokratie? – Warum Volksbefragungen verfassungsrechtlich und verfassungspolitisch bedenklich sind, in: Heußner, Hermann K. / Pautsch, Arne / Wittreck, Fabian (Hrsg.), Direkte Demokratie. Festschrift für Otmar Jung, Stuttgart u.a. (Boorberg) 2021, S. 143–160.

Peicheva, Dobrinka [2018], Direct Democracy in Bulgaria, in: Marczewska-Rytko, Maria (Hrsg.), Handbook of Direct Democracy in Central and Eastern Europe after 1989, Opladen / Berlin / Toronto (Barbara Budrich Publishers) 2018, S. 57–68.

Pernthaler, Peter [2000], Demokratische Identität oder bundesstaatliche Homogenität der Demokratiesysteme in Bund und Ländern, in: JBl. 2000, S. 808–811.

Pestalozza, Christian [1981], Gesetzgebung im Rechtsstaat, in: NJW 1981, S. 2081–2087.

Pickel, Susanne [2014], Politische Kultur in Wahl- und Referendumsdemokratien, in: Scholten, Heike / Kamps, Klaus (Hrsg.), Abstimmungskampagnen. Politikvermittlung in der Referendumsdemokratie, Wiesbaden (Springer) 2014, S. 27–52.

Poier, Klaus [2015], Gegensatz, Ergänzung, Korrektiv: Welche Funktionen der direkten Demokratie sollen gestärkt werden?, in: Öhlinger, Theo / Poier, Klaus (Hrsg.), Direkte Demokratie und Parlamentarismus. Wie kommen wir zu den besten Entscheidungen?, Wien / Köln / Graz (Böhlau Verlag) 2015, S. 201–226.

Pomaránski, Marcin [2018], Direct Democracy in Hungary, in: Marczewska-Rytko, Maria (Hrsg.), Handbook of Direct Democracy in Central and Eastern Europe after 1989, Opladen / Berlin / Toronto (Barbara Budrich Publishers) 2018, S. 108–121.

Popp, Christoph [2021], Nachhaltigkeit und direkte Demokratie. Volksentscheid und Bürgerentscheid als Instrumente der Nachhaltigkeit? Eine empirische Analyse, Tübingen (Mohr Siebeck) 2021.

Radcliff, Benjamin / Shufeldt, Gregory [2016], Direct Democracy and Subjective Well-Being: The Initiative and Life Satisfaction in the American States, in: Social Indicators Research 128, S. 1405–1423.

Raventós Vorst, Ciska [2014], Democracia directa en Costa Rica: El referendo sobre el TLC, in: Lissidini, Alicia / Welp, Yanina / Zovatto, Daniel (Hrsg.), Democracias en movimiento. Mecanismos de democracia directa y participativa en América Latina,

Mexico (Universidad Nacional Autónoma de México u.a.) 2014, S. 167–194, <https://www.idea.int/sites/default/files/pub lications/democracias-en-movimiento.pdf>, Abruf 17.7.2021.

Rehmet, Frank [2015], Direkte Demokratie in Luxemburg. Eine Übersicht, 3.7.2015, <https://www.mehr-demokratie.de/filead min/pdf/direkte_demokratie_in_luxemburg.pdf>, Abruf 17.8.2022.

Rehmet, Frank / Wagner, Neelke / Weber, Tim Willy [2020], Volksabstimmungen in Europa. Regelungen und Praxis im internationalen Vergleich, Opladen / Berlin / Toronto (Verlag Barbara Budrich) 2020.

Rehmet, Frank / Wölfel, Achim [2021], Volksabstimmungen in Irland. Eine Übersicht (Hrsg. Mehr Demokratie e.V.), 2., aktualisierte Version, 15.1.2021, <https://www.mehr-demokratie. de/fileadmin/pdf/2021/2021-01-14_LP_Irland_Rehmet_Wo__ lfel_update02.pdf>, Abruf 9.7.2022.

Reidinger, Fabian / Wezel, Hannes [2018], Deliberation statt Abstimmung? Wie Bürgerbeteiligung und das Zufallsprinzip direkte Demokratie bereichern können, in: Braun-Binder, Nadja / Feld, Lars P. / Huber, Peter M. / Poier, Klaus / Wittreck, Fabian (Hrsg.), Jahrbuch für direkte Demokratie 2017, Baden-Baden (Nomos) 2018, S. 86–107.

Reinhard, Wolfgang [1999], Geschichte der Staatsgewalt, München (C.H. Beck) 1999.

Renger, Denise [2013], Die Mitwirkung der Bundesländer bei Verfahren der sachunmittelbaren Demokratie auf Bundesebene, in: Mörschel, Tobias / Efler, Michael (Hrsg.), Direkte Demokratie auf Bundesebene. Ausgestaltung direktdemokratischer Verfahren im deutschen Regierungssystem, Baden-Baden (Nomos) 2013, S. 83–97.

Ridderbusch, Jens [2019], Deutschland auf dem Weg zum zweigliedrigen Schulsystem. Transfer- und Lernprozesse in der Bildungspolitik, Wiesbaden (Springer VS) 2019.

Ritter, Johannes [2020], Die Angst ist verflogen. Wie die Schweiz auf die immer neuen Provokationen der SVP reagiert, in: FAZ v. 20.9.2020.

Ritzi, Claudia [2020], Gut gemacht oder gut gemeint? Qualitätsstandards in der direkten Demokratie, in: Stiftung Mitarbeit (Hrsg.), Direkte Demokratie. Chancen – Risiken – Herausforderungen, Bonn (Verlag Stiftung Mitarbeit) 2020, S. 24–49.

Robin, Corey [2019], The Enigma of Clarence Thomas, New York (Henry Holt & Company) 2019.

Rocco, Philip [2020], Direct Democracy and the Fate of Medicaid Expansion, Jama Health Forum, Blogbeitrag v. 21.8.2020, <https://jamanetwork.com/journals/jama-health-forum/fullar ticle/2769873>, Abruf 17.8.2022

Roche, Jean-Baptiste [2012a], Le contrôle juridictionnel du référendum en France. Première Partie, in: Revue Juridique de l'Ouest 2012, S. 47–99.

Rohe, Karl [1992], Wahlen und Wählertraditionen in Deutschland. Kulturelle Grundlagen deutscher Parteien und Parteiensysteme im 19. und 20. Jahrhundert, Frankfurt a.M. (Suhrkamp) 1992.

Roche, Jean-Baptiste [2012b], Le contrôle juridictionnel du référendum en France. Seconde Partie – Le contrôle a priori du référendum, in: Revue Juridique de l'Ouest 2012, S. 182–227.

Rose, Richard [2020], How Referendums Differ from Each Other, in: ders. (Hrsg.), How Referendums Challenge European Democracy. Brexit and Beyond, Cham (Palgrave Macmmillan) 2021, S. 19–36.

Rosenbacher, Sieglinde / Stadlmair, Jeremias [2015], Direkte Demokratie – Regierungstechnik oder Instrument der BürgerInnen?, in: Öhlinger, Theo / Poier, Klaus (Hrsg.), Direkte Demokratie und Parlamentarismus. Wie kommen wir zu den besten Entscheidungen?, Wien / Köln / Graz (Böhlau Verlag) 2015, S. 227–251.

Rossi, Matthias [2021], Direkte Demokratie im Detail: Legistische Herausforderungen für Volksinitiativen, in: Heußner, Hermann K. / Pautsch, Arne / Wittreck, Fabian (Hrsg.), Direkte Demokratie. Festschrift für Otmar Jung, Stuttgart u.a. (Boorberg) 2021, S. 177–198.

Roth, Dieter [2008], Empirische Wahlforschung. Ursprung, Theorien, Instrumente und Methoden, 2. Aufl. (VS Verlag für Sozialwissenschaften) 2008.

Roth, Roland [2020], Exit Plebiszit? Direkte Demokratie auf Bundesebene: Mutmaßungen über eine Leerstelle, in: Stiftung Mitarbeit (Hrsg.), Direkte Demokratie. Chancen – Risiken – Herausforderungen, Bonn (Verlag Stiftung Mitarbeit) 2020, S. 65–93.

Rottleuthner, Hubert [1987], Volksgeist, gesundes Volksempfinden und Demoskopie, in: KritV 1987, S. 20–38.

Rux, Johannes [2008], Direkte Demokratie in Deutschland. Rechtsgrundlagen und Rechtswirklichkeit der unmittelbaren Demokratie in der Bundesrepublik Deutschland und in den Ländern, Baden-Baden (Nomos), 2008.

Sadurski, Wojciech [2019], Poland's Constitutional Breakdown, Oxford (Oxford University Press) 2019.

Sager, Fritz / Bühlmann, Marc [2009], Checks and balances in Swiss direct democracy, in: Setälä, Maija / Schiller, Theo (Hrsg.), Referendums and Representative Democracy. Responsiveness, Accountability and Deliberation, Abingdon / New York (Routledge) 2009, S. 186–206.

Salvatore, Ingrid [2020], Direct Democracy in a Populist Era, in: Brändli, Adrian / Vale, Giangiacomo (Hrsg.), Going Digital? Citizen Participation and the Future of Direct Democracy, Basel (Schwabe) 2020, S. 133–153.

Salw-Hanslmaier, Stefanie / Möller, Franz-Josef [2020], Direkte und repräsentative Demokratie. Binden Entscheidungen der direkten Demokratie mehr als die des Repräsentativvorgangs?, in: ZRP 2020, S. 77–80.

Sarat, Austin (mit Malague, John, und Wishloff, Sarah) [2019], The Death Penalty on the Ballot. American Democracy and the Fate of Capital Punishment, Cambridge (Cambridge University Press) 2019.

Sarcinelli, Ulrich [2011], Bürgerbeteiligung im Rahmen der Kommunal- und Verwaltungsreform (KVR) – Ergebnisse der wissenschaftlichen Begleitforschung, in: Beck, Kurt / Ziekow, Jan (Hrsg.), Mehr Bürgerbeteiligung wagen. Wege zur Vitalisierung der Demokratie, Wiesbaden (VS Verlag) 2011, S. 149–167.

Sartori, Giovanni [2006/1997], Demokratietheorie, 3. Aufl. (unveränderter Nachdruck der Sonderausgabe 1997) Darmstadt (Wissenschaftliche Buchgesellschaft) 2006.

Schaefer, Armin / Schoen, Harald [2013], Mehr Demokratie, aber nur für wenige? Der Zielkonflikt zwischen mehr Beteiligung und politischer Gleichheit, in: Leviathan 41, 2013, S. 94–120.

Schäfer, Armin / Zürn, Michael [2021], Die demokratische Regression. Die politischen Ursachen des autoritären Populismus, Berlin (Suhrkamp) 2021.

Scheffczyk, Fabian [2015], „Karenzzeit" für Bundesminister und Parlamentarische Staatssekretäre, in: ZRP 2015, S. 133–135.

Schiffers, Reinhard [2000], Schlechte Weimarer Erfahrungen?, in: von Arnim, Hans Herbert (Hrsg.), Direkte Demokratie, Berlin (Duncker & Humblot) 2000, S. 51–65.

Schiffers, Reinhard [1971], Elemente direkter Demokratie im Weimarer Regierungssystem, Düsseldorf (Droste) 1971.

Schiller, Theo [2002], Direkte Demokratie. Eine Einführung, Frankfurt a.M. (Campus) 2002.

Schiller, Theo [2012], The Emergence of Direct Democracy – a Typological Approach, in: Marxer, Wilfried (Hrsg.), Direct Democracy and Minorities, Wiesbaden (Springer) 2012, S. 33–46.

Schiller, Theo [2013], Direkte Demokratie im Finanzbereich in der Schweiz, in: Auer, Andreas / Holzinger, Katharina (Hrsg.), Gegenseitige Blicke über die Grenze. Bürgerbeteiligung und Demokratie in Deutschland und der Schweiz, Schulthess / Nomos (Zürich u.a. / Baden-Baden) 2013, S. 16–22.

Schiller, Theo [2016], Direkte Demokratie in der Vergleichenden Politikwissenschaft, in: Lauth, Hans-Joachim / Kneuer, Marianne / Pickel, Gert (Hrsg.), Handbuch Vergleichende Politikwissenschaft, Wiesbaden (Springer VS) 2016, S. 441–452.

Schiller, Theo [2021], Parteien und Direkte Demokratie, in: Heußner, Hermann K. / Pautsch, Arne / Wittreck, Fabian (Hrsg.), Direkte Demokratie. Festschrift für Otmar Jung, Stuttgart u.a. (Boorberg) 2021, S. 201–230.

Schiller, Theo / Mittendorf, Volker [2002], Neue Entwicklungen in der direkten Demokratie, in: dies. (Hrsg.), Direkte Demokratie. Forschung und Perspektiven, Wiesbaden (Westdeutscher Verlag) 2002, S. 7–21.

Schneider, Hans [1955], Volksabstimmungen in der rechtsstaatlichen Demokratie, in: Bachof, Otto / Drath, Martin / Gönnewein, Otto / Walz, Ernst (Hrsg.), Forschungen und Berichte aus dem öffentlichen Recht. Gedächtnisschrift für Walter Jellinek, München (Günter Olzog Verlag) 1955, S. 155–174.

Schneider, Maria-Luise [2003], Zur Rationalität von Volksabstimmungen. Der Gentechnikkonflikt im direktdemokratischen Verfahren, Wiesbaden (Westdeutscher Verlag) 2003.

Schlozman, Daniel / Yohai, Ian [2008], How Initiatives Don't Always Make Citizens: Ballot Initiatives in the American States, 1978–2004, in: Political Behavior 30, 2008, S. 469–489.

Schmahl, Stefanie [2021], Direkte Demokratie und internationale Beziehungen: Volksabstimmungen im Kontext des Europa- und Völkerrechts, in: Heußner, Hermann K. / Pautsch, Arne / Wittreck, Fabian (Hrsg.), Direkte Demokratie. Festschrift für Otmar Jung, Stuttgart u.a. (Boorberg) 2021, S. 245–266.

Schmidt, Christopher [2020a], Der sächsische Volkseinwand, in: NVwZ 2020, S. 771–773.

Schmidt, Christopher [2020b], Gleichwertigkeit (sach)unmittelbarer Demokratie, in: ZRP 2020, S. 199–200.

Schmidt, Christopher [2021], Die Entwicklung von Bürgerbegehren und Bürgerentscheid in den Jahren 2018 und 2019, in: KommunalJurist 2021, S. 121–125.

Schmidt, Manfred G. [2019], Demokratietheorien. Eine Einführung, Wiesbaden (Springer VS) 2019.

Schmitt, Carl [1933], Staat, Bewegung, Volk. Die Dreigliederung der politischen Einheit, Hamburg (Hanseatische Verlagsanstalt) 1933.

Schneider, Hans [1955], Volksabstimmungen in der rechtsstaatlichen Demokratie, in: Bachof, Otto / Drath, Martin / Gönnewein, Otto / Walz, Ernst (Hrsg.), Forschungen und Berichte aus dem öffentlichen Recht. Gedächtnisschrift für Walter Jellinek, München (Günter Olzog Verlag) 1955, S. 155–174.

Schön, Wolfgang [i.E.], Steuergewalt und Demokratieprinzip in der Europäischen Union, in: Hey, Johanna / Schön, Wolfgang (Hrsg.), Europäisches Steuerverfassungsrecht, Wiesbaden (Verlag Springer), erscheint vorauss. 2023.

Schommer, Guido [2014], Die schweizerischen Parteien als Akteure in der Referendumsdemokratie, in: Scholten, Heike / Kamps, Klaus (Hrsg.), Abstimmungskampagnen. Politikvermittlung in der Referendumsdemokratie, Wiesbaden (Springer VS) 2014, S. 155–164.

Schünemann, Wolf F. [2017], In Vielfalt verneint. Referenden in und über Europa von Maastricht bis Brexit, Wiesbaden (Springer VS) 2017.

Schuler-Harms, Margarete [2013], Elemente direkter Demokratie als Entwicklungsperspektive, in: VVDStRL 72, 2013, S. 417–470.

Schumpeter, Joseph [2011/1947], Capitalism, Socialism and Democracy, Mansfield Centre (Martino Publishing) 2011, Nachdruck der 2. Aufl. New York / London (Harper & Brothers Publishers) 1947.

Schweizerische Eidgenossenschaft, Bundesamt der Justiz [2021], Verordnung über die Transparenz bei der Politikfinanzierung. Erläuternder Bericht zur Eröffnung des Vernehmlassungsverfahrens, 17. Dezember 2021, zugänglich über <https://www.admin.ch/gov/de/start/dokumentation/medienmitteilungen.msg-id-86450.html>, Abruf 8.7.2022.

Schwieger, Christopher [2005], Volksgesetzgebung in Deutschland. Der wissenschaftliche Umgang mit plebiszitärer Gesetzgebung auf Reichs- und Bundesebene in Weimarer Republik, Drittem Reich und Bundesrepublik Deutschland (1919–2002), Berlin (Duncker & Humblot) 2005.

Sciarini, Pascal [2018], Voting behavior in direct democratic votes, in: Morel, Laurence / Qvortrup, Matt (Hrsg.), The Routledge Handbook of Referendums and Direct Democracy, London / New York (Routledge) 2018, S. 289–306.

Seckelmann, Margit [2021], Erkenntnisse aus der Evaluation von haushaltsspezifischen Partizipationsverfahren in Deutschland, in: Heußner, Hermann K. / Pautsch, Arne / Wittreck, Fabian (Hrsg.), Direkte Demokratie. Festschrift für Otmar Jung, Stuttgart u.a. (Boorberg) 2021, S. 697–709.

Seferovic, Goran [2018], Volksinitiative zwischen Recht und Politik. Die staatsrechtliche Praxis in der Schweiz, den USA und Deutschland, Bern (Stämpfli) 2018.

Seferovic, Goran [2021], Die Lehren des Rechtsvergleichs der Volksinitiative in der Schweiz, den USA und Deutschland am Beispiel gerichtlicher Kontrolle und parlamentarischer Alternativentwürfe, in: Heußner, Hermann K. / Pautsch, Arne / Wittreck,

Fabian (Hrsg.), Direkte Demokratie. Festschrift für Otmar Jung, Stuttgart u.a. (Boorberg) 2021, S. 531–559.

Selmer, Peter / Hummel, Lars [2009], Zulässige Volksentscheide über alle haushaltsexternen Angelegenheiten?, in: NordÖR 2009, S. 137–143.

Serdült, Uwe [2013], Partizipation als Norm und Artefakt in der schweizerischen Abstimmungsdemokratie – Entmystifizierung der durchschnittlichen Stimmbeteiligung anhand von Stimmregisterdaten aus der Stadt St. Gallen, in: Good, Andrea / Platipodis, Bettina (Hrsg.), Direkte Demokratie: Herausforderungen zwischen Politik und Recht. Festschrift für Andreas Auer zum 65. Geburtstag, Bern (Stämpfli Verlag AG) 2013, S. 41–50.

Serdült, Uwe / Kuoni, Beat [2010], Finanzielle und mediale Rahmenbedingungen von Volksabstimmungen in der Schweiz und Deutschland, in: Neumann, Peter / Renger, Denise (Hrsg.), Sachunmittelbare Demokratie im interdisziplinären und internationalen Kontext 2008/2009. Deutschland, Österreich, Schweiz, Baden-Baden (Nomos) 2010, S. 235–255.

Serdült, Uwe / Welp, Janina [2012], Direct Democracy Upside Down, in: Taiwan Journal of Democracy 8, 2012, S. 69–92.

Setälä, Maija / Schiller, Theo [2012], Comparative findings, in: dies. (Hrsg.), Citizens' Initiatives in Europe: Procedures and Consequences of Agenda-Setting by Citizens, Basingstoke (Palgrave Macmillan) 2012, S. 243–259.

Seybold, Jan [2021], Bürgerbegehren und Bürgerentscheid im Kontext der Historie mit einem umfassenden Bundesländervergleich, in: Heußner, Hermann K. / Pautsch, Arne / Wittreck, Fabian (Hrsg.), Direkte Demokratie. Festschrift für Otmar Jung, Stuttgart u.a. (Boorberg) 2021, S. 349–386.

Sigg, Oswald [1978], Die eidgenössischen Volksinitiativen 1892–1939 (Diss Zürich 1977), Bern (Francke Verlag) 1978.

Sigg, Oswald [2014], Der schweizerische Stimmbürger im Bundesratszimmer, in: Scholten, Heike / Kamps, Klaus (Hrsg.), Abstimmungskampagnen. Politikvermittlung in der Referendumsdemokratie, Wiesbaden (Springer VS) 2014, S. 139–144.

Sinner, Stefan [2020], in: Matt, Holger / Renzikowski, Joachim (Hrsg.), Strafgesetzbuch. Kommentar, 2. Aufl. München (Franz Vahlen Verlag) 2020, Kommentierung zu § 188e StGB.

Slupik, Vera [1987], Plebiszitäre Demokratie und Minderheitenschutz in der Bundesrepublik Deutschland, in: KritV, Neue Folge 2, 1987, S. 287–298.

Solar, Marcel [2016], Regieren im Schatten der Volksrechte. Direkte Demokratie in Berlin und Hamburg, Wiesbaden (Springer VS) 2016.

Sommer, Andreas Urs [2021], Modernisierung, Individualisierung und die Zukunft der direkten Demokratie, in: Braun-Binder, Nadja / Feld, Lars P. / Huber, Peter M. / Poier, Klaus / Wittreck, Fabian (Hrsg.), Jahrbuch für direkte Demokratie 2020, Baden-Baden (Nomos) 2021, S. 13–36.

Sommer, Andreas Urs [2022], Eine Demokratie für das 21. Jahrhundert. Warum die Volksvertretung überholt ist und die Zukunft der direkten Demokratie gehört, Freiburg (Herder) 2022.

SPD [2007], Hamburger Programm. Grundsatzprogramm der Sozialdemokratischen Partei Deutschlands. Beschlossen auf dem Hamburger Bundesparteitag der SPD am 28.10.2007, Berlin 2007, <https://www.spd.de/fileadmin/Dokumente/Beschluesse/Grundsatzprogramme/hamburger_programm.pdf>, Abruf 17.8.2022.

SPD [2017], Zeit für mehr Gerechtigkeit. Unser Regierungsprogramm für Deutschland, 2017, <https://www.spd.de/fileadmin/Dokumente/Regierungsprogramm/SPD_Regierungsprogramm_BTW_2017_A5_RZ_WEB.pdf>, Abruf 17.8.2022.

SPD [2021], Aus Respekt vor Deiner Zukunft. Das Zukunftsprogramm der SPD, 2021, <https://www.spd.de/fileadmin/Dokumente/Beschluesse/Programm/SPD-Zukunftsprogramm.pdf>, S. 25, Abruf 17.8.2021.

SPD, BÜNDNIS 90/DIE GRÜNEN und FDP [2021], Mehr Fortschritt wagen. Bündnis für Freiheit, Gerechtigkeit und Nachhaltigkeit. Koalitionsvertrag 2021–2025 zwischen SPD, BÜNDNIS 90/DIE GRÜNEN und FDP, 24.11.2021, <https://www.spd.de/fileadmin/Dokumente/Koalitionsvertrag/Koalitionsvertrag_2021-2025.pdf>, Abruf 17.8.2022.

Plehwe, Dieter [2015], Europäisierung von Interessenvertretung, in: Speth, Rudolf / Zimmer, Annette (Hrsg.), Lobby Work: Interessenvertretung als Politikgestaltung (Bürgergesellschaft und Demokratie), Wiesbaden (Springer VS) 2015, S. 121–142.

Stadelmann-Steffen, Isabelle / Vatter, Adrian [2011], Does Satisfaction with Democracy Really Increase Happiness? Direct Democracy and Individual Satisfaction in Switzerland, in: Political Behavior 34, S. 535–559.

Steiner, Udo [2000], Schweizer Verhältnisse in Bayern? – Zu Bürger- und Volksbegehren im Freistaat, Regensburg (S. Roderer Verlag) 2000.

Steinfort, Lavinia [2014], Thessaloniki, Greece: Struggling against water privatisation in times of crisis, tni (Transnational Institute) v. 3.6.2014, <https://www.tni.org/en/article/thessaloniki-greece-struggling-against-water-privatisation-in-times-of-crisis>, Abruf 17.8.2022.

Stelzenmüller, Constanze [1994], Direkte Demokratie in den Vereinigten Staaten von Amerika, Baden-Baden (Nomos) 1994.

Stern, Klaus [1984], Das Staatsrecht der Bundesrepublik Deutschland, Bd. 1, 2. Aufl. München (C.H. Beck) 1984.

Stöffler, Dietrich [1999], Kann über ein Volksbegehren zur Änderung der Landesverfassung der Weg zum finanzwirksamen Volksbegehren eröffnet werden?, in: ThürVBl. 1999, S. 33–39.
Stokes, Susan C. / Dunning, Thad / Nazareno, Marcelo / Brusco, Valeria [2013], Brokers, Voters, and Clientelism. The Puzzle of Distributive Politics, New York (Cambridge University Press) 2013.
Streeck, Wolfgang [2013], Gekaufte Zeit. Die vertagte Krise des demokratischen Kapitalismus, Berlin (Suhrkamp) 2013.
Sturni, Angelo [2020], Le riforme in materia democrazia diretta e partecipata nel nuovo Statuto di Roma Capitale, in: Brändli, Adrian / Vale, Giangiacomo (Hrsg.), Going Digital? Citizen Participation and the Future of Direct Democracy, Basel (Schwabe) 2020, S. 223–231.
Suliak, Hasso [2022], Wenn der Sieger im Wahlkreis leer ausgeht, in: LTO v. 4.7.2022, <https://www.lto.de/recht/hintergruende/h/verkleinerung-bundestag-wahlrecht-eckpunkte-ampel-ersatzstimme-ueberhang-mandat/>, Abruf 8.7.2022.
Svensson, Palle [2018], Views on referendums. Is there a pattern? In: Morel, Laurence / Qvortrup, Matt (Hrsg.) [2018], The Routledge Handbook of Referendums and Direct Democracy, London / New York (Routledge) 2018, S. 91–106.
Tallion, Patrick [2018], The democratic potential of referendums: intrinsic and extrinsic limitations, in: Morel, Laurence / Qvortrup, Matt (Hrsg.), The Routledge Handbook of Referendums and Direct Democracy, London / New York (Routledge) 2018, S. 169–191.
Talpin, Julien [2018], Do referendums make better citizens? The effects of direct democracy on political interest, civic competence and participation, in: Morel, Laurence / Qvortrup, Matt (Hrsg.), The Routledge Handbook of Referendums and Direct Democracy, London / New York (Routledge) 2018, S. 405–418.
Teti, Feodora / Hildenbrand, Hannah-Maria [2021], RCEP, die größte Freihandelszone der Welt: Was beinhaltet der Mega-Deal, und mit welchen Auswirkungen ist zu rechnen?, in: ifo Schnelldienst 2/2021 v. 10.2.2021, S. 39–44.
Thiele, Alexander [2019], *The UK Constitution and Brexit – Five Brief External Observations, Verfassungsblog v.14.9.2019*, <https://verfassungsblog.de/the-uk-constitution-and-brexit-five-brief-external-observations/>, Abruf 17.8.2022.
Thoma, Richard [1930], Das Reich als Demokratie, in: Anschütz, Gerhard / Thoma, Richard (Hrsg.), Handbuch des Deutschen Staatsrechts, erster Band, Tübingen (J.C.B. Mohr / Paul Siebeck) 1930, § 16, S. 186–200.
Thürer, Daniel [2014], Mehr als nur Mehrheitsentscheid. Über die Stärken und über notwendige Reformen der – direkten – De-

mokratie, in: Uwe Justus Wenzel (Hrsg.), Volksherrschaft – Wunsch und Wirklichkeit, Zürich (Verlag Neue Zürcher Zeitung) 2014, S. 54–57.

Tierney, Stephen [2012], Constitutional Referendums. The Theory and Practice of Republican Deliberation, Oxford (Oxford University Press) 2012.

Tierney, Stephen [2018], Democratic credentials and deficits of referendums. A case study of the Scottish independence vote, in: Morel, Laurence / Qvortrup, Matt (Hrsg.), The Routledge Handbook of Referendums and Direct Democracy, London / New York (Routledge) 2018, S. 192–209.

Tillack, Hans-Martin [2015], Die Lobby-Republik. Wer in Deutschland die Strippen zieht, München (Carl Hanser) 2015.

Töller, Annette Elisabeth / Pannowitsch, Sylvia / Kuscheck, Céline / Mennrich, Christian [2011], Direkte Demokratie und Schulpolitik. Lehren aus einer politikfeldanalytischen Betrachtung des Scheiterns der Hamburger Schulreform, in: Zeitschrift für Parlamentsfragen 42, 2011, S. 503–523.

Töller, Annette Elisabeth / Vollmer, Annette [2013], Wem nützt direkte Demokratie? Policy-Effekte direkter Demokratie und Folgerungen für die Forschung in Deutschland, in: Zeitschrift für Vergleichende Politische Wissenschaft 7, 2013, S. 299–320.

Topaloff, Liubomir [2017], The Rise of Referendums: Elite Strategy or Populist Weapon? Journal of Democracy 28, 2017, S. 127–140.

Towfigh, Emanuel V. et al. [2016], Do direct-democratic procedures lead to higher acceptance than political representation? Experimental survey evidence from Germany, in: Public Choice 167, 2016, S. 47–65.

Tribe, Laurence / Matz, Joshua [2014], Uncertain Justice. The Roberts Court and the Constitution, New York (Henry Holt and Company) 2014.

Tschentscher, Axel [2021], Reform der eidgenössischen direkten Demokratie, in: Heußner, Hermann K. / Pautsch, Arne / Wittreck, Fabian (Hrsg.), Direkte Demokratie. Festschrift für Otmar Jung, Stuttgart u.a. (Boorberg) 2021, S. 425–442.

Tschentscher, Axel / Marbach, Julian [2020], Direkte Demokratie in der Schweiz – Landesbericht 2020, in: Braun-Binder, Nadja / Feld, Lars P. / Huber, Peter M. / Poier, Klaus / Wittreck, Fabian (Hrsg.), Jahrbuch für direkte Demokratie 2019, Baden-Baden (Nomos) 2020, S. 131–160.

Tyler, Amanda L. [2021], Direct democracy, misinformation, and judicial review in the United States, in: Baume, Sandrine / Boillet, Véronique / Martenet, Vincent (Hrsg.), Misinformation in Referenda, London / New York (Routledge) 2021, S. 114–131.

van den Berge, Jerry / Boelens, Rutgerd / Vos, Jeroen [2020], How the European Citizens' Initiative 'Water and Sanitation is a Human Right!' Changed EU Discourse on Water Services Provision, in: Utrecht Law Review 16, 2020, S. 48–59.

van der Heiden, Nico, et al. [2013], Regierungskommunikation in der direkten Demokratie, in: Auer, Andreas / Holzinger, Katharina (Hrsg.), Gegenseitige Blicke über die Grenze. Bürgerbeteiligung und Demokratie in Deutschland und der Schweiz, Schulthess / Nomos (Zürich u.a. / Baden-Baden) 2013, S. 81–103.

Vatter, Adrian [2020], Das politische System der Schweiz, 4. Aufl. Baden-Baden (Nomos) 2020.

Vatter, Adrian / Danaci, Deniz [2014], Empirische Befunde zu minderheitenrelevanten Volksentscheiden in der Schweiz, in: Münch, Ursula / Hornig, Eike-Christian / Kranenpohl, Uwe (Hrsg.), Direkte Demokratie. Analysen im internationalen Vergleich, Baden-Baden (Nomos) 2014, S.163–178.

Venator, Hans [1922], Volksentscheid und Volksbegehren im Reich und in den Ländern, in: AöR 43, 1922, S. 40–102.

Venice Commission [2006], Guidelines on the holding of referendums. Adopted by the Council for Democratic Elections at its 18th meeting (Venice, 12 October 2006), CDL-AD(2006)027rev, <https://www.venice.coe.int/webforms/documents/default.aspx?pdffile=CDL-AD(2006)027rev-e>, Abruf 18.8.2022.

Venice Commission [2007], Code of good practice on referendums, adopted by the Council for Democratic Elections at its 19th meeting (Venice, 16 December 2006), CDL-AG(2007)008rev-cor, <https://www.venice.coe.int/webforms/documents/default.aspx?pdffile=CDL-AD(2007)008rev-cor-e>, Abruf 18.8.2022.

Verwiebe, Roland / Fritsch, Nina-Sophie [2018], Die Entwicklung des Niedriglohnsektors zwischen 1996 und 2015 – Österreich, Deutschland und die Schweiz im Vergleich, A&Wblog v. 15.2.2018, <https://awblog.at/entwicklung-niedriglohnsektor/>, Abruf 18.8.2022.

Vetter, Angelika / Velimsky, Jan A. [2021], Bürgerentscheide, Kommunalwahlen und soziale Selektivität, in: Heußner, Hermann K. / Pautsch, Arne / Wittreck, Fabian (Hrsg.), Direkte Demokratie. Festschrift für Otmar Jung, Stuttgart u.a. (Boorberg) 2021, S. 619–644.

Voigt, Rüdiger [2013], Alternativlose Politik? Zukunft des Staates – Zukunft der Demokratie, Stuttgart (Franz Steiner Verlag) 2013.

Voigt, Stefan [2019], Direkte Demokratie: Ausprägungen, Wirkungen, Gründe – ein Überblick zum Stand der Forschung, in: Benn-Ibler, Gerhard / Lewisch, Peter (Hrsg.), Direkte Demokratie. Chancen und Risiken, Wien (Manz'sche Verlags- und Universitätsbuchhandlung) 2019, S. 13–29.

von Arnim, Hans Herbert [1977], Gemeinwohl und Gruppeninteressen. Die Durchsetzungsschwäche allgemeiner Interessen in der pluralistischen Demokratie, Frankfurt a.M. (Alfred Metzner Verlag) 1977.

von Arnim, Hans Herbert [2021], XXL-Parlamente: Gut für Abgeordnete und Parteien – schlecht für die Demokratie, in: Heußner, Hermann K. / Pautsch, Arne / Wittreck, Fabian (Hrsg.), Direkte Demokratie. Festschrift für Otmar Jung, Stuttgart u.a. (Boorberg) 2021, S. 289–301.

von Doemming, Klaus-Berto / Füsslein, Rudolf Werner / Matz, Werner [1951] Entstehungsgeschichte der Artikel des Grundgesetzes, in: Jahrbuch des öffentlichen Rechts der Gegenwart, Neue Folge Bd. 1, 1951.

Vorländer, Hans [2020], Demokratie. Geschichte, Formen, Theorien, 4. Aufl. München (C.H. Beck) 2020.

Vospernik, Stefan [2014], Modelle der direkten Demokratie. Volksabstimmungen im Spannungsfeld von Mehrheits- und Konsensdemokratie – Ein Vergleich von 15 Mitgliedsstaaten der Europäischen Union, Baden-Baden (Nomos) 2014.

Vospernik, Stefan [2018a], Referendums and consensus democracy. Empirical findings from 21 EU countries, in: Morel, Laurence / Qvortrup, Matt (Hrsg.), The Routledge Handbook of Referendums and Direct Democracy, London / New York (Routledge) 2018, S. 123–146.

Vospernik, Stefan [2018b], Effects of referendums on party cohesion and cleavages. Empirical findings from 21 EU Countries, in: Morel, Laurence / Qvortrup, Matt (Hrsg.), The Routledge Handbook of Referendums and Direct Democracy, London / New York (Routledge) 2018, S. 433–447.

Wagenknecht, Sahra [2021], Die Selbstgerechten. Mein Gegenprogramm – für Gemeinsinn und Zusammenhalt, Frankfurt a.M. / New York (Campus) 2021.

Wagschal, Uwe [2021], Repräsentative, direkte oder partizipative Demokratie? Die Einstellungen baden-württembergischer Kommunalpolitiker, in: Heußner, Hermann K. / Pautsch, Arne / Wittreck, Fabian (Hrsg.), Direkte Demokratie. Festschrift für Otmar Jung, Stuttgart u.a. (Boorberg) 2021, S. 663–696.

Wagschal, Uwe / Obinger, Herbert [2000], Der Einfluss der Direktdemokratie auf die Sozialpolitik, in: PVS 41, 2000, S. 466–497.

Waldhoff, Christian [2012], Der Finanzvorbehalt, in: Baus, Ralf Thomas / Montag, Tobias (Hrsg.), Perspektiven und Grenzen „Direkter Demokratie", Sankt Augustin / Berlin (Konrad Ade-

nauer Stiftung) 2012, S. 71–78, <https://www.kas.de/c/document_library/get_file?uuid=53950b07-fff1-d3fb-260d-d307374c4f1f&groupId=252038>, Abruf 16.8.2022.
Waters, M. Dane [2018], The strength of popular will. Legal impact, implementation and duration, in: Morel, Laurence / Qvortrup, Matt (Hrsg.), The Routledge Handbook of Referendums and Direct Democracy, London / New York (Routledge) 2018, S. 260–270.
Weber, Max [1919/1988], Deutschlands künftige Staatsform, Frankfurt (Nachdruck der Ausgabe Frankfurter Societäts-Druckerei 1919), in: Wolfgang J. Mommsen / Wolfgang Schwentker (Hrsg.), Max Weber zur Neuordnung Deutschlands. Schriften und Reden 1918–1920 (Max Weber Gesamtausgabe, Abteilung I, Bd. 16), Tübingen (Mohr Siebeck) 1988, S. 91–146.
Weber, Werner [1959], in: Wegener, Wilhelm (Hrsg.), Mittelbare und unmittelbare Demokratie, in: Festschrift für Karl Gottfried Hugelmann, Bd. 2, Aalen (Scientia) 1959, S. 765–786.
Weber, Werner [1970], Spannungen und Kräfte im westdeutschen Verfassungssystem, 3. Aufl. Berlin (Duncker & Humblot) 1970.
Weber, Willy / Rehmet, Frank [2021], Volksinitiativen und fakultative Referenden in Europa – Ein Überblick, in: Heußner, Hermann K. / Pautsch, Arne / Wittreck, Fabian (Hrsg.), Direkte Demokratie. Festschrift für Otmar Jung, Stuttgart u.a. (Boorberg) 2021, S. 411–424.
Weck-Hannemann, Hannelore / Pommerehne, Werner W. [1989], Einkommensteuerhinterziehung in der Schweiz: Eine empirische Analyse, in: Schweizerische Zeitschrift für Volkswirtschaft und Statistik / Revue suisse d'économie politique et de statistique 125, 1989, S. 515–556.
Weigl, Michael / Klink, Jule [2022], Parteien. Unverzichtbar – überholt? Eine problemorientierte Einführung für das Studium, Paderborn (Brill Fink) 2022.
Weixner, Bärbel Martina [2002], Direkte Demokratie in den Bundesländern. Verfassungsrechtlicher und empirischer Befund aus politikwissenschaftlicher Sicht, Opladen (Leske + Budrich) 2002.
Welp, Yanina [2018], Recall referendum around the world. Origins, institutional designs and current debates, in: Morel, Laurence / Qvortrup, Matt (Hrsg.), The Routledge Handbook of Referendums and Direct Democracy, London / New York (Routledge) 2018, S. 451–463.
Welp, Janina / Braun-Binder, Nadja [2018], Initiativen und Referenden in Lateinamerika, in: Braun-Binder, Nadja / Feld, Lars P. / Huber, Peter M. / Poier, Klaus / Wittreck, Fabian (Hrsg.), Jahrbuch für direkte Demokratie 2017, Baden-Baden (Nomos) 2018, S. 60–85.

Werder, Hans [1978], Die Bedeutung der Volksinitiative in der Nachkriegszeit, Bern (A. Francke AG) 1978.
Westle, Bettina / Tausendpfund, Markus [2019], Politisches Wissen: Relevanz, Messung und Befunde, in: dies. (Hrsg.), Politisches Wissen. Relevanz, Messung und Befunde, Wiesbaden (Springer VS) 2019.
Wetendorff Nørgaard, Rikke / Nedergaard, Peter / Blom-Hansen, Jens [2019], Lobbyism in the EU Comitology System, in: Dialer, Doris / Richter, Margarethe (Hrsg.), Lobbying in the European Union. Strategies, Dynamics and Trends, Cham (Springer) 2019, S. 149–164.
Whitman, James Q. [2003], Harsh Justice. Criminal Punishment and the Widening Divide between America and Europe, Oxford / New York (Oxford University Press) 2003.
Wiegand, Hanns-Jürgen [2006], Direktdemokratische Elemente in der deutschen Verfassungsgeschichte, Berlin (Berliner Wissenschafts-Verlag) 2006.
Willi, Ulrich [2006], Die Bundesverfassungskonformität der Vorarlberger „Volksgesetzgebung", Wien (Braumüller) 2006.
Willis, Eliza J. / Seiz, Janet A. [2012], The CAFTA Conflict and Costa Rica's Democracy: Assessing the 2007 Referendum, in: Latin American Politics and Society 54, 2012, S. 123–156, zugänglich über <https://www.jstor.org/stable/23321721?seq=1>, Abruf 18.8.2022.
Winkler, Jürgen R. [1995], Sozialstruktur, politische Traditionen und Liberalismus. Eine empirische Längsschnittstudie zur Wahlentwicklung in Deutschland 1871–1933, Opladen (Westdeutscher Verlag) 1995.
Winkler, Heinrich August [2019], Demokratie jetzt, in: FAZ v. 11.11.2019.
Wirsching, Andreas [2003], Weimar , in: Gusy, Christoph (Hrsg.), Weimars lange Schatten. „Weimar" als Argument nach 1945, Baden-Baden (Nomos) 2003, S. 335–353.
Wittreck, Fabian [2005], Direkte Demokratie und Verfassungsgerichtsbarkeit. Eine kritische Übersicht zur deutschen Verfassungsrechtsprechung in Fragen der unmittelbaren Demokratie von 2000 bis 2002, in: JöR N.F. 53, 2005, S. 111–185.
Wittreck, Fabian [2020], Ausgewählte Entscheidungen zur direkten Demokratie 2020, in: Braun-Binder, Nadja / Feld, Lars P. / Huber, Peter M. / Poier, Klaus / Wittreck, Fabian (Hrsg.), Jahrbuch für direkte Demokratie 2019, Baden-Baden (Nomos) 2020, S. 175–271.
Wrase, Michael / Helbig, Marcel [2016], Das missachtete Verfassungsgebot – Wie das Sonderungsverbot nach Art. 7 IV 3 GG unterlaufen wird, in: NVwZ 2016, S. 1591–1597.

Zawatka-Gerlach, Ulrich [2017], Volkes Stimme – fremd finanziert, in: Der Tagesspiegel v. 6.9.2017, <http://www.tagesspiegel.de/berlin/sponsoren-bei-volksentscheiden-volkes-stimme-fremd-finanziert/20286998.html>, Abruf 18.8.2022.

Zimmer, Annette [1987], Demokratiegründung und Verfassungsgebung in Bayern, Frankfurt a.M. u.a. (Peter Lang) 1987.

Zimmermann, Ralph [2009], Zur Minarettverbotsinitiative in der Schweiz, in: ZaöRV 69, 2009, S. 829–864.

Zovatto, Daniel [2014], Las instituciones de la democracia directa, in: Lissidini, Alicia / Welp, Yanina / Zovatto, Daniel (Hrsg.), Democracias en movimiento. Mecanismos de democracia directa y participativa en América Latina, Mexico (Universidad Autónoma de México u.a.), S. 13–70, <https://www.idea.int/sites/default/files/publications/democracias-en-movimiento.pdf>, Abruf 17.7.2022.

Zumbrunn, Alina [2020], Briefwahl in der Schweiz: Zur Sicherheit doch an die Urne?, in: Discuss it (Blog), 22.11.2020, <https://www.discussit.ch/briefwahl-in-der-schweiz-zur-sicherheit/>, Abruf 5.4.2022.

Abkürzungen

ABl.	Amtsblatt
AfD	Alternative für Deutschland (Parteiname)
AEUV	Vertrag über die Arbeitsweise der Europäischen Union
AöR	Archiv des öffentlichen Rechts (Fachzeitschrift)
bayLWG	Gesetz über Landtagswahl, Volksbegehren, Volksentscheid und Volksbefragung (Bayern)
BayVBl	Bayerische Verwaltungsblätter
BayVerfGH	Bayerischer Verfassungsgerichtshof
bbgVAG	(brandenburgisches) Gesetz über das Verfahren bei Volksinitiative, Volksbegehren und Volksentscheid (Volksabstimmungsgesetz)
BGE	Bundesgerichtsentscheid/e (Entscheidungen des Schweizerischen Bundesgerichts)
BMinG	Gesetz über die Rechtsverhältnisse der Mitglieder der Bundesregierung (Bundesministergesetz)
B-VG	Bundes-Verfassungsgesetz (Österreich)
berlAbstG	(Berliner) Gesetz über Volksinitiative, Volksbegehren und Volksentscheid (Abstimmungsgesetz – AbstG)
bremVerf	Landesverfassung der Freien Hansestadt Bremen
BVerfGE	Sammlung der Entscheidungen des Bundesverfassungsgerichts. BVerfGE 141, 1 (20) z.B. verweist auf S. 20 der in Band 141 ab S. 1 abgedruckten Entscheidung.
bwVAbstG	Gesetz über Volksabstimmung, Volksbegehren und Volksantrag (Volksabstimmungsgesetz – VAbstG) (Baden-Württemberg)
BWVerfGH	Verfassungsgerichtshof Baden-Württemberg
CDU	Christlich Demokratische Union Deutschlands (Parteiname)
CSU	Christlich-Soziale Union in Bayern e.V. (Parteiname)
DÖV	Die Öffentliche Verwaltung (Fachzeitschrift)
DVBl.	Deutsches Verwaltungsblatt

EMRK	Europäische Menschenrechtskonvention
EUV	Vertrag über die Europäische Union
EuConst	European Constitutional Law Review
FAZ	Frankfurter Allgemeine Zeitung
GG	Grundgesetz
hambVAbstG	Hamburgisches Gesetz über Volksinitiative, Volksbegehren und Volksentscheid (Volksabstimmungsgesetz – VAbstG)
hambVAbstVO	[Hamburgische] Verordnung zur Durchführung des Volksabstimmungsgesetzes (Volksabstimmungsverordnung – VAbstVO)
hambVerf	Verfassung der Freien und Hansestadt Hamburg
h.L.	herrschende Lehre (Ausdruck für die in der rechtswissenschaftlichen Literatur vorherrschende Ansicht zu einer Rechtsfrage)
HambVerfG	Hamburgisches Verfassungsgericht
ICL Journal	Vienna Journal on International Constitutional Law
J. Church State	Journal of Church and State
JBl.	Juristische Blätter (österreichische Fachzeitschrift)
JöR N.F.	Jahrbuch des öffentlichen Rechts, Neue Folge
JuS	Juristische Schulung
JZ	JuristenZeitung
KritV	Kritische Vierteljahresschrift für Gesetzgebung und Rechtswissenschaft
liechtVRG	(Liechtensteinisches) Volksrechtegesetz
luxembVerf	Verfassung des Großherzogtums Luxemburg
LTO	Legal Tribune Online (Rechtsinformationsmagazin)
mvVAbstG	Gesetz zur Ausführung von Initiativen aus dem Volk, Volksbegehren und Volksentscheid in Mecklenburg-Vorpommern (Volksabstimmungsgesetz)
m.w.N.	mit weiteren Nachweisen
NJW	Neue Juristische Wochenschrift
ndsVAbstG	Niedersächsisches Gesetz über Volksinitiative, Volksbegehren und Volksentscheid (Niedersächsisches Volksabstimmungsgesetz)
NordÖR	Zeitschrift für öffentliches Recht in Norddeutschland
nrwVIVBVEG	Gesetz über das Verfahren bei Volksinitiative, Volksbegehren und Volksentscheid (VIVBVEG) (Nordrhein-Westfalen)
NVwZ	Neue Zeitschrift für Verwaltungsrecht
NZZ	Neue Zürcher Zeitung

ÖJZ	Österreichische Juristenzeitung
österrB-VG	Bundes-Verfassungsgesetz (Österreich)
ParlStG	Gesetz über die Rechtsverhältnisse der Parlamentarischen Staatssekretäre
PartG	Parteiengesetz
PVS	Politische Vierteljahresschrift
Rn.	Randnummer(n)
rpLWahlG	Landeswahlgesetz (Rheinland-Pfalz)
RuP	Recht und Politik (Fachzeitschrift)
saarlVAbstG	Volksabstimmungsgesetz (Saarland)
sächsVVVG	Gesetz über Volksantrag, Volksbegehren und Volksentscheid (Sachsen)
schweizBPR	Bundesgesetz über die politischen Rechte (Schweiz)
schweizBV	Bundesverfassung der Schweizerischen Eidgenossenschaft
schweizRTVG	Bundesgesetz über Radio und Fernsehen (Schweiz)
schweizStGB	Schweizerisches Strafgesetzbuch
schweizVPR	Verordnung über die politischen Rechte (Schweiz)
SJZ	Schweizerische Juristen-Zeitung
slhVAbstG	Gesetz über Volksantrag, Volksbegehren und Volksentscheid (Volksabstimmungsgesetz, Schleswig-Holstein)
slhVerf	Verfassung des Landes Schleswig-Holstein
StGB	Strafgesetzbuch (Deutschland)
stVAbstG	Gesetz über das Verfahren bei Volksinitiative, Volksbegehren und Volksentscheid (Volksabstimmungsgesetz, Sachsen-Anhalt)
SVP	Schweizerische Volkspartei
SZIER/RSDIE	Schweizerische Zeitschrift für internationales und europäisches Recht / Revue suisse de droit international et européen
ThürVBl.	Thüringer Verwaltungsblätter
ungarGG	Grundgesetz (Ungarn)
VVDStRL	Veröffentlichungen der Vereinigung der Deutschen Staatsrechtslehrer
w.N. / m.w.N.	weitere Nachweise / mit weiteren Nachweisen
WRV	Weimarer Reichsverfassung
ZaöRV	Zeitschrift für ausländisches öffentliches Recht und Völkerrecht
ZAR	Zeitschrift für Ausländerrecht und Ausländerpolitik
ZParl	Zeitschrift für Parlamentsfragen
ZPol	Zeitschrift für Politikwissenschaft
ZRP	Zeitschrift für Rechtspolitik